LA FAMILIA
ES PRIMERO

Dr. Phil McGraw

La familia es primero

La estrategia ganadora para crear una familia fenomenal

Título original: *Family first*

Publicado originalmente por Free Press

Traducido por María Andrea Giovine

Copyright © Phillip C. McGraw, 2004

De esta edición:
D. R. © Santillana Ediciones Generales S.A. de C.V., 2006.
Av. Universidad 767, Col. del Valle
México, 03100, D.F. Teléfono (55) 54207530
www.**editorialaguilar**.com

Argentina
Av. Leandro N. Alem, 720
C1001AAP Buenos Aires
Tel. (54 114) 119 50 00
Fax (54 114) 912 74 40
Bolivia
Avda. Arce, 2333
La Paz
Tel. (591 2) 44 11 22
Fax (591 2) 44 22 0
Colombia
Calle 80, n°10-23
Bogotá
Tel. (57 1) 635 12 00
Fax (57 1) 236 93 82
Costa Rica
La Uruca
Del Edificio de Aviación
Civil 200 m al Oeste
San José de Costa Rica
Tel. (506) 220 42 42 y
220 47 70
Fax (506) 220 13 20
Chile
Dr. Aníbal Ariztía, 1444
Providencia
Santiago de Chile
Telf (56 2) 384 30 00
Fax (56 2) 384 30 60

Ecuador
Avda. Eloy Alfaro, N33-347 y
Avda. 6 de Diciembre
Quito
Tel. (593 2) 244 66 56 y
244 21 54
Fax (593 2) 244 87 91
El Salvador
Siemens, 51
Zona Industrial Santa Elena
Antiguo Cuscatlan - La
Libertad
Tel. (503) 2 505 89 y
2 289 89 20
Fax (503) 2 278 60 66
España
Torrelaguna, 60
28043 Madrid
Tel. (34 91) 744 90 60
Fax (34 91) 744 92 24
Estados Unidos
2105 NW 86th Avenue
Doral, FL 33122
Tel. (1 305) 591 95 22 y
591 22 32
Fax (1 305) 591 91 45
Guatemala
7ª avenida, 11-11
Zona nº 9
Guatemala CA
Tel. (502) 24 29 43 00
Fax (502) 24 29 43 43

Honduras
Colonia Tepeyac Contigua
a Banco Cuscatlan
Boulevard Juan Pablo,
frente al Templo
Adventista 7º Día,
Casa 1626
Tegucigalpa
Tel. (504) 239 98 84
México
Avda. Universidad, 767
Colonia del Valle
03100 México DF
Tel. (52 5) 554 20 75 30
Fax (52 5) 556 01 10 67
Panamá
Avda Juan Pablo II, nº 15.
Apartado Postal 863199,
zona 7
Urbanización Industrial La
Locería - Ciudad de
Panamá
Tel. (507) 260 09 45
Paraguay
Avda. Venezuela, 276
Entre Mariscal López y
España
Asunción
Tel. y fax (595 21) 213
294 y 214 983

Perú
Avda. San Felipe, 731
Jesús María
Lima
Tel. (51 1) 218 10 14
Fax. (51 1) 463 39 86
Puerto Rico
Avenida Rooselvelt, 1506
Guaynabo 00968
Puerto Rico
Tel. (1 787) 781 98 00
Fax (1 787) 782 61 49
República Dominicana
Juan Sánchez Ramírez, nº 9
Gazcue
Santo Domingo RD
Tel. (1809) 682 13 82 y
221 08 70
Fax (1809) 689 10 22
Uruguay
Constitución, 1889
11800 Montevideo
Uruguay
Tel. (598 2) 402 73 42 y
402 72 71
Fax (598 2) 401 51 86
Venezuela
Avda. Rómulo Gallegos
Edificio Zulia, 1º. Sector
Monte Cristo. Boleita Norte
Caracas
Tel. (58 212) 235 30 33
Fax (58 212) 239 10 51

Primera edición: enero de 2006

ISBN: 970-770-329-6
D. R. © Adaptación de cubierta: Antonio Ruano Gómez
Diseño de interiores: mancaso, servicios editoriales (mancaso3@prodigy.net.mx)
Impreso en México.

Para Robin, Jay y Jordan, mi
familia, mi base de operaciones,
mi fuerza en la vida.

Para mi madre, quien ha amado
y hecho sacrificios por su familia
con alegría y generosidad.

En memoria de mi padre, cuyo
crecimiento espiritual fue
inspirador.

Para todos los padres de este
mundo que se esfuerzan por hacer
lo correcto, comparten sus
historias y dan a sus hijos una
verdadera oportunidad de ser
auténticos, de tener éxito y
felicidad.

Índice

Agradecimientos

Proteger o cuidar a nuestras familias es una obligación, pero es una tarea que debe estar llena de alegría. De igual manera, la creación de este libro ha sido un proyecto demandante, pero del cual he obtenido un enorme placer. *La familia es primero* es uno de esos proyectos en la vida en donde mucha gente hace el trabajo, y sólo una persona obtiene todo el crédito. Tuve el gran privilegio de trabajar con una "familia" increíble de gente incansable y dedicada, quienes me ayudaron con el reto de reunir *La familia es primero*.

Primero le agradezco a Robin, mi esposa, amiga y compañera por su paciencia, consejo y aliento durante los más de dos años en los que he trabajado para pensar y escribir *La familia es primero*. La nuestra ha sido una verdadera sociedad, al educar a nuestros dos hijos con gran esperanza y optimismo para que un día se conviertan en jóvenes buenos. Robin: con frecuencia has dicho que Dios te puso en esta tierra para ser esposa y madre. Nuestra familia, de la cual tú eres el corazón, es testimonio de que surgiste para abrazar ese llamado. Durante los últimos 28 años, hemos amado, llorado, reído, dudado y celebrado. Tu compromiso como esposa y madre nunca ha titubeado y te agradezco por el regalo de nuestra familia, por el regalo que tú eres.

Agradezco a nuestros hijos Jay y Jordan por apoyar a su padre y por hacer un buen equipo al compartir nuestra familia frente a las cámaras y el mundo. Ustedes, hijos, hacen que todo valga la pena pues los veo convertirse en los jóvenes auténticos que están destinados a ser. Me enorgullecen cada día de mi vida.

Agradezco a mi madre y a mi padre, por haber hecho su mejor esfuerzo con lo que tenían en el momento y por no darse por vencidos conmigo o mi familia a lo largo de sus 50 años de matrimonio. También agradezco a mis hermanas Deana, Donna y Brenda, quienes estuvieron a mi lado mientras enfrentábamos los altibajos familiares, y quienes permanecen presentes en mi vida hasta hoy. Ser parte de nuestra familia me ayudó a prepararme para dirigir la mía.

Agradezco a Oprah por haber ayudado a que yo tuviera una oportunidad para marcar una diferencia en las familias de Estados Unidos y el mundo. Oprah, tú eres una inspiración y un ejemplo para todos nosotros, por la manera en que vives tu vida y das tanto a muchos. Gracias por ser tan buena amiga para mí y mi familia.

Un agradecimiento muy especial para el Dr. G. Frank Lawlis, psicólogo supervisor para el *American Mensa*, quien obtuvo el Diplomado de la Sociedad Americana de Psicología Profesional en psicología clínica y de asesoramiento, y es miembro de la Asociación Americana de Psicología. Frank: no sólo eres una invaluable enciclopedia andante de psicología, además por casi 30 años has sido un amigo valioso y cercano. Verdaderamente, creo que eres la máxima autoridad en psicología hoy en día y la perspicacia, análisis y pensamiento creativo que has traído a este trabajo ha sido enorme. ¡Sé que puedo seguir buscándote para que me guíes y para una buena discusión ocasional! ¡Eres parte de mi familia extra!

Un agradecimiento especial para la Dra. Maggie Robinson. Eres una gran editora y escritora, y tu trabajo diligente en la organización y fluidez ha hecho que este libro sea muy notable y benéfico. Lo he dicho antes y lo digo otra vez, estoy orgulloso de llamarte mi amiga.

Agradezco a Wes Smith. Tu actitud asombrosamente positiva, gran sentido del humor y vasta energía fueron esenciales para completar este proyecto. Tu participación y visión han hecho que este libro sea mejor.

También al doctor en teología, John Chirban, quien es instructor clínico en la Escuela de Medicina de Harvard, psicólogo en la *Cambridge Health Alliance*, profesor de psicología y presidente del Departamento de Desarrollo Humano del Colegio Helénico. Tu profundo conocimiento de la psicología y la teología fue incalculable en la revisión del manuscrito, y tu crítica y discernimiento verdaderamente ayudaron a que este libro creciera de forma importante.

Gracias a Terry Wood, Carla Pennington, Gwynne Thomas, Kandi Amalon y Angie Kraus; ¡Son un equipo de gran nivel! Su dedicación, retroalimentación y experiencia en la creación del programa *Dr. Phil* de todos los días y su ayuda para llevar mis ideas a tantas familias han marcado la diferencia. Gracias por su compromiso y por seguir siendo mi "lado femenino".

Mi aprecio y agradecimiento sinceros para Carolyn Reidy, presidente de Simon & Schuster, y para Dominick Anfuso, mi editor, por compartir mi visión en todo momento y ser siempre flexibles. Su participación íntima y su compromiso para que este libro llegara a cada hogar de la nación son invaluables y apreciados.

También doy las gracias a Scott Madsen por permanecer siempre a mi lado y trabajar incansablemente para mantener nuestro mensaje fluyendo, y por crear y proteger una imagen de orden en mi vida. Tu compromiso y apoyo nunca han disminuido en los últimos 35 años y no puedo expresarte lo importante que ha sido.

Gracias a Bill Dawson por ser siempre parte de mi equipo y por preocuparse tanto por mí y por mi familia. Bill, tu amistad, consejo y guía durante los últimos 15 años han sido muy valiosos. Gracias por las reuniones hasta altas horas de la noche y por ceder tus sábados y domingos con frecuencia.

Esta página no es lo suficientemente grande para agradecer de manera apropiada a mi equipo en Dupree Millar & Associates. Cuando Jan Millar se propone un proyecto, ¡el mundo debe rendirse! Jan, eres el agente perfecto y tu espíritu es sumamente inspirador, todos los días. Gracias por creer tanto. Cómo lo he dicho antes, Shannon Miser-Marven es un "arma secreta" definitiva en el mundo de las publicaciones. Shannon, eres la profesional más talentosa y comprometida con quien me he encontrado en cualquier campo. No podía haber hecho este libro sin tu participación directa minuto a minuto, hora tras hora. Jan, tú y Shannon son lo mejor de lo mejor y una gran combinación. Gracias también, a Alia Brinkman del equipo de Dupree Millar, aprecio tu arduo trabajo.

CARTA A LOS PADRES

Queridos padres:

Quiero hablarles acerca de la familia: la suya y la mía. Escribo este libro como un hijo de padres amorosos que a veces estaban poco preparados, como actual padre y esposo y, finalmente, como un profesional en el cuidado mental. Me gustaría hablar con usted, padre, como un padre igualmente preocupado.

Sé y siento que usted y yo, como padres, compartimos algunas prioridades. Al igual que usted, amo a mi familia más que a nada en el mundo y quiero que todos seamos seguros, sanos, felices y prósperos en todo lo que hacemos; dentro de nuestra familia, como afuera, en el mundo. Es un reto diario, pero la mayoría de los días parece que todo va "bastante bien" en mi casa. (Con dos hijos, uno de ellos adolescente y que ¡podría haber cambiado desde los últimos cinco minutos desde que comencé a escribir esta carta!). Espero que usted también disfrute de la armonía. Sin embargo, como padres, es nuestro trabajo estar alertas a aquello que podría tener impacto en nuestras familias. Debemos ser particularmente sensibles a las cosas que pueden amenazar nuestra existencia pacífica y armoniosa, ya sea que esas amenazas vengan del mundo exterior o que provengan de nuestros propios hogares, corazones e historias.

La gente entra a nuestro mundo familiar de todos los caminos de la vida: maestros, entrenadores, parientes, compañeros bravucones en la escuela, amigos maravillosos y demás personas. Algunos son bien intencionados y otros no. Ellos pueden tener prioridades y valores diferentes y pueden afectar enormemente la manera como nuestros hijos piensan, sienten y se comportan, así como las personas en que se convertirán cuando sean adultos. El bombardeo de los medios masivos puede debilitar la moral y los valores, aun en las familias más fuertes, si no hay un cuidado concentrado en controlar y contrarrestar esos mensajes. La televisión, la música y las películas manufacturan héroes e iconos sin conciencia de lo que se glorifica. Es nuestro deber, como líderes de nuestras familias, asegurar que estamos contrarrestando, en lugar de contribuir a la locura. Debemos asegurarnos de que no amenazamos a nuestras familias debido a nuestra falta de ajuste, pocas prioridades y ausencia de liderazgo, o por el uso de productos y técnicas negativas de nuestra propia educación. Como padres, no somos las únicas influencias en la vida de nuestros hijos, así que debemos tener la seguridad absoluta de convertirnos en la mejor y más persuasiva influencia en sus vidas.

Los cínicos le dirán que en nuestra acelerada sociedad, la "familia" se está haciendo obsoleta, que es un concepto pasado de moda y perdido, el cual se está enterrando en el mundo de la gente "iluminada". Estoy aquí para decirle que eso no es correcto, ni siquiera un poco. La familia es aún más importante hoy de lo que era en generaciones pasadas y su erosión es inaceptable. Ésta es una lucha que podemos y debemos ganar, una lucha que ganaremos si hacemos nuestra tarea y nos ponemos de acuerdo. Como padre, usted tiene el poder de poner a su hijo en el camino hacia el éxito. Usted puede o no sentirse poderoso ahora, pero si tiene el valor para enfrentarse a los retos, su hijo estará bendecido, más allá de las creencias.

Tengo un mensaje de esperanza y optimismo porque creo que las familias, su familia y la mía, pueden prosperar, sobrevivir y de hecho, ¡florecer! Más aun, creo que usted, específicamente, puede asumir ese noble papel de guiar a su familia a través de este laberinto moderno e incrementar los valores y creencias que definen lo que quiere para sus hijos y su familia. Lo que necesita es energía y un muy buen plan. En cuanto a la energía requerida, sólo necesita mirar el amor que hay en su corazón para saber que tiene el poder para cumplir con el reto de crear un medio ambiente en el que sus hijos y familia puedan alzarse por encima del ruido de un mundo que a veces parece haberse vuelto completamente loco. El amor que siente por sus hijos y familia es el combustible necesario para sus esfuerzos. Ahora viene el plan detallado paso a paso que requiere para ganar esta lucha crítica con el mundo y asegurar que ¡usted tiene y mantiene una familia fenomenal!

Lo que intento hacer en *La familia es primero* es decirle con precisión lo que es imprescindible dejar de hacer y lo que necesita empezar a hacer para guiar a su familia con una intención pura y con el poder para que sean adoptadas las influencias y mensajes adecuados. Mi plan es ayudarle a definir el éxito para sus hijos, o un hijo en particular, y después, dar los pasos para crearlo y reclamarlo para usted y los suyos. Sus hijos son las joyas de su corona y es momento de que brillen; es bueno para ellos brillar y si usted hace su trabajo, lo harán.

Es momento de que como padres digamos: "No me rindo, no me doy por vencido. No me intimidaré por las fuerzas que jalan la cuerda contra mis hijos y mi familia. No acepto que los hijos desconectados sólo sean "como son" hoy en día. No acepto las epidemias del sexo oral, las drogas y el alcohol que hay en las escuelas de clase media y alta. No acepto a un hijo que parece estar 'sordo' cuando le digo: "Recoge tus juguetes y ya no le pegues a tu hermana en la cabeza". No continuaré siendo padre con el miedo a que mis hijos no me quieran si yo exijo más de su comportamiento, estudios y espiritualidad, mientras yo les enseño que la construcción de relaciones es importante en la vida. ¡No me sentiré culpable ni me endeudaré, al tratar de darles ropa de diseñadores y juguetes desde que están en edad preescolar! No sentiré la carga de ser su amigo; mi tarea es ser su padre, su protector, su maestro y su líder. Me levantaré "por encima de mi propia educación", si es necesario, para romper con cualquier legado familiar que contamine la manera en que lidio con mi familia y mis hijos. Dénme las herramientas específicas, la guía y las técnicas y yo trabajaré para socializar con mis hijos para que se hagan inmunes a las diversas promesas seductoras de la gratificación instantánea, las realidades falsas y los estilos de vida provocativos del veloz mundo de hoy. No permitiré que la televisión o internet los "cuiden" mientras establezco la comunicación sólo por medio de correos electrónicos, radio localizadores o teléfonos celulares. En lugar de eso, me apegaré a la moda antigua y los prepararé para lidiar con las distracciones que los asaltan y nublan la visión de sí mismos. Crearé el orgullo, la unidad, la lealtad y el "espíritu de equipo", tan crítico para una familia fenomenal".

Como padres, Robin y yo oramos por este reto importante y nos hicimos una promesa el uno al otro, a nuestra familia y, finalmente, a Dios hace ya muchos años. Ahora lo invito a que haga lo mismo por medio de la lectura y la aplicación de *La familia es primero* y de cualquiera de los muchos recursos listados en las referencias bibliográficas. Lo que está a punto de hacer —ya sea parte de un esfuerzo para sacar a su familia del hoyo y ponerla de regreso en el camino de la vida, o reforzar y proteger a la maravillosa familia de la que ahora disfruta— es darle la mejor ventaja posible.

Así que ¡abroche su cinturón y agárrese bien, mientras hacemos este viaje juntos, tomados de la mano!

P. D. ¡Sus hijos ya tienen suerte!

Primera parte

CREAR UNA FAMILIA FENOMENAL

1

La familia importa

Qué pasa con el mundo...
La gente vive como si no hubieran padres.

The Black Eyed Peas

Este niño de 12 años vive en dos mundos. Cada día, entra y sale de ambos mundos; dentro y fuera de la pequeña casa con la pintura descascarada, en la que vive con su padre, su madre y tres hermanas. Decir que su vecindario es modesto sería muy generoso. Para el observador casual, las casas son indistintas. Hay cierto tipo de paz y orden en la uniformidad de los cortes, todo está en el lugar que le corresponde. Por lo menos, así parece. Como cualquier otro vecindario norteamericano, en las inmediaciones o la zona céntrica urbana, cada hogar es una fachada, una cara externa que muestra poco de lo que hay dentro. Algunas veces, es lo opuesto a la paz. Detrás de las máscaras sociales, con frecuencia se encuentran familias caóticas y desunidas, en la amenaza de desintegrarse en la próxima crisis. El niño vive en una familia norteamericana así.

Fuera de las puertas de su hogar, el niño encuentra un mundo que parece infinitamente más válido. Tiene un grupo pequeño de amigos y conocidos, con quienes se siente más cerca que con su propia familia. Sin embargo, ellos parecen distantes y diferentes porque *él* es diferente, por lo menos ante sus propios ojos. Entre ellos, como muchos otros, porta una máscara social de "bienestar", aunque no sabe que la de ellos es también una máscara. Parece relajado, e incluso confiado, aunque en secreto siempre está en guardia pues sabe que no es como ellos, no exactamente. Sabe que él y su familia son pobres y viven de manera diferente con problemas distintos, de los que uno no habla. Está cometiendo uno de los primeros y más comunes errores que los niños cometen. Comparan su realidad privada, su mundo detrás de la puerta, con la máscara social de sus amigos. Asume que lo que él ve es la verdad y al comparar la imagen de su situación familiar, sufre desconsoladamente.

Más allá de su hogar, el descubrimiento del deporte ha sido un regalo de Dios. Él y su familia no tienen dinero, ropa o habilidad para participar en actividades extracurriculares, excepto por el deporte, que es gratis para todos los estudiantes. De hecho, a su corta edad, el niño ya tiene dos empleos y toma al deporte como un medio de nivelación. En el campo de juego, no tiene que hablar con nadie más; no tiene que tener dinero o una casa elegante o un hogar estable. Sólo tiene que ser lo que es —un niño fuerte y con buena coordinación, capaz de sobresalir en cualquier deporte. Por este medio, él ha encontrado no sólo su autoestima, sino también una salida aceptable para quemar la furia incomprensible, aunque sepa que está ahí. Aun con el deporte como salida, la violencia y las peleas son eventos diarios en un mundo duro, regido por la testosterona. No hay opción de retroceder. Gracias a los deportes, le necesidad de ganar ha sido sembrada en su cabeza, como una semilla que crece rápidamente —ama estar en competencia y ha aprendido lo necesario para ganar eso que los otros están ansiosos de seguir. La semilla ha germinado; a él no le gusta ser el segundo.

La vida escolar es menos cómoda. Es inteligente, aunque no está motivado académicamente. Lee todos sus libros de texto de principio a fin durante las primeras semanas de la escuela y domina el material, pero le importan poco las clases o las calificaciones. Entrega la tarea sólo si es útil hacerla. Los maestros lo consideran encantador, pero renuente a involucrarse. Su escritura es excelente cuando se molesta en hacerla. Su promedio en exámenes es de 10.

Para las sensibilidades de este niño de 12 años, estar con sus amigos haciendo deporte apasionadamente y superándose cada día es de lo que se trata la vida —por lo menos "allá afuera" en "ese mundo". Allá afuera, en ese mundo, él es una persona, pero siempre a contracorriente de la otra realidad, el mundo detrás de la puerta.

Una vez que va a casa, entra en un mundo completamente distinto, y se convierte en una persona absolutamente diferente.

Separado de sus amigos, el deporte y su vida escolar, está aislado, malhumorado, deprimido, aletargado y emocionalmente lejano del resto de su familia. Al ser el único hijo varón, tiene su propia recámara y ahí pasa la mayor parte del tiempo. No tiene televisión, ni siquiera radio. Sólo permanece callado e, incluso, entra y sale por la ventana de su recámara para evitar caminar por la casa. Sin que sus padres lo sepan, camina por las calles después de que su familia se ha ido a dormir. Duerme poco ya que entrega periódicos, comenzando a las 4:30 de la mañana. Los días y las noches no parecen ser muy diferentes cuando está solo. Desea que las horas pasen para poder abrirse camino hacia el otro mundo, en el que es más funcional, participativo, exitoso y motivado, por lo menos en algunas áreas de la vida. Hay un contraste impactante entre lo que es en ese mundo, allá afuera, y lo que es en este mundo, dentro de la casa.

Pero, ¿por qué?

Antes de que responda la pregunta, permítame decirle que en los muchos años que he trabajado con padres de jóvenes problemáticos como este niño, me he acostumbrado a escuchar a una madre o un padre pidiendo que su hijo "problema" sea arreglado. "¡Enderece a nuestro hijo!", me dirían. "¡No sabemos lo que pasó! Parece como si se hubiera ido cuesta abajo de la noche a la mañana. Es retraído, triste y deprimido. ¿Qué le pasa a nuestro hijo? ¿No puede hacer algo para arreglar el problema?"

¿Esto es pensar correctamente? Ni siquiera un poco. No importan los comportamientos inadecuados que un niño muestre, le garantizo que el problema está en la familia y, con frecuencia, el niño sólo es el cordero que se sacrifica y es arrastrado hasta el altar del terapeuta, porque es quien hace más ruido y tiene menor cpacidad de poder o habilidad para cambiar el enfoque hacia alguien más.

Tratar de entender el comportamiento de un niño sin entrevistar al resto de la familia no funciona y cualquier terapeuta que se precie de serlo, lo sabe. Quiero estar seguro de que usted también lo sepa. Así que demos un paso hasta la entrada de la puerta de la casa de aquel niño de 12 años y observemos a las otras cinco partes de la familia que faltarían si el terapeuta, o aun más importante, usted como padre defensivo, minimizara o ignorara.

La vida "ahí dentro", la vida con su unidad familiar, es tumultuosa, volátil e impredecible. Aquí está la causa verdadera del rechazo del niño a conectarse con su familia: Su padre es un alcohólico severo y crónico. Normalmente, él no se encuentra disponible emocionalmente para el niño o para el resto de la familia. Él y el niño han chocado de manera violenta cuando el alcohol toma el control. El padre casi no recuerda los enfrentamientos, las experiencias se cauterizan en la mente y el corazón del niño. Además, el padre abandonó su carrera en ventas, desarraigó a la familia, mudándose a otro estado y regresó a la universidad, buscando un futuro más brillante pero dudoso. Aunque inspirada noblemente, esta decisión precipitó a la familia de seis miembros hacia la pobreza agobiante. Existe poco contacto interno debido a que las luchas personales de cada miembro de la familia les roban la energía. A veces el hambre los roe y no tener recursos es la forma de vivir. La vida es insegura, mientras que los niños son los pobres "nuevos" chicos. La vida es emocionalmente árida, llena de desesperación y drama, con una crisis tras otra. Esta familia, cansada y luchando constantemente, no está lidiando nada bien con las circunstancias.

Claramente marcadas por el estrés psicológico y emocional, las dos hermanas mayores del niño tratan de escapar del problema a su modo. Sin embargo, esto sólo resulta en un caso clásico de "ir de mal en peor". Desafortunadamente, ambas hermanas han huido con sus novios antes de terminar la preparatoria. La tensión ocupa el hogar. El niño ama a sus hermanas y ellas lo han protegido y ayudado de muchas maneras, pero se fueron. Cuando regresaron a casa eran distintas, de manera sorpresiva. Ya no eran sólo las otras niñas de la familia. Ahora, el niño se siente más aislado. Aunque amorosa y atenta, la madre trabaja largas y agotadoras horas parada como cajera en una tienda para llevar comida a la casa.

Ella no está bien preparada para lidiar o equilibrar a una familia dominada por un patriarca y con niños distantes que huyen del alcoholismo de su padre. La hermana menor es linda pero callada. Sólo Dios sabe en qué piensa. Es extremadamente dependiente y le da miedo salir de casa, hasta para quedarse a dormir con una amiga. Debe permanecer cerca; este asunto podría hundirse en cualquier momento. El niño se mantiene cercano a ella y hablan hasta altas horas de la noche, pero se da cuenta que no decirle mucho es mejor.

Tanto la madre como el padre nacieron en familias pobres y sin educación y, en consecuencia, no supieron que la vida ofrecía más allá de aquello a lo que estuvieron expuestos. Trágicamente, el padre había sufrido abuso severo mental, emocional y físico de su madre, y ese legado lisió la relación con su propia esposa e hijos.

Éste es el mundo en donde encontramos al niño de 12 años. Está incrustado en una familia al borde de la explosión interna y evaluarlo por separado sería un ejercicio inútil. En este mundo hay una desolación envolvente.

El problema viene en paquete

Si usted aún no se ha dado cuenta, conozco cada detalle de esta historia porque yo viví en esa casa. La historia es la mía. Yo era un niño de 12 años que se mudó de un mundo al otro y de regreso. Así viví y experimenté mi realidad. Eso no significa que mi percepción sea correcta o que sea cómo los otros cinco miembros de mi familia la hubieran descrito. La experiencia y percepciones de cada uno de los miembros de la familia son diferentes, pero usted puede apostar a que lo que cada miembro piensa, hace o siente afecta al resto de la familia.

Aunque no es muy divertido recordarla, le cuento esta historia porque es la que viví y me da la confianza para ilustrar el hecho de que la familia importa porque es el único factor que tiene más determinación en resultados que dan forma a las perspectivas y logros de cada individuo. Su familia intervino de manera poderosa en lo que usted se ha convertido, la manera como piensa de sí mismo y, por lo tanto, así será para sus hijos. Por esto es que entre todas las palabras del español, *nada* significa más para los seres humanos que "familia".

En una familia típica de cuatro miembros, existen cinco personalidades distintas porque también se debe contar la colectiva. La personalidad colectiva de su familia es un conjunto de las personalidades, subsistemas, papeles y reglas que existen, valores adoptados, la unión (o falta de) es donde usted vive, los estándares y expectativas, así como los pensamientos que comparten. La personalidad colectiva de su familia puede afirmar y construirse sobre lo que tiene para comenzar o aquello que puede anular y desgastar la unión familiar.

Si quiere entender a sus hijos, debe pensar en su familia como un sistema. Ya sea que estemos hablando de una familia con esposo, esposa y niños, una familia con madre o padre soltero, una familia mixta, una familia de padres *gays* o madres lesbianas o una familia multigeneracional con abuelos viviendo en el hogar. Una familia es un sistema, no sólo una colección de individuos. Si tuviera que buscar la palabra "sistema" en el diccionario, vería que se define como "grupo regularmente interactivo o interdependiente de objetos que forman un todo unificado". Para entender este concepto, piense en los sistemas del trabajo en la vida diaria e incluso en su cuerpo, hecho de partes que interactúan. Por ejemplo, si se lesiona un disco en la parte baja de la espalda, podría tener lo que se conoce como un dolor de secuela en las piernas, e incluso en las plantas de los pies. Ninguna parte funciona sola; la función o disfunción de un miembro afecta al todo.

Lo mismo pasa con la familia. En una familia donde la madre es diagnosticada con cáncer, su enfermedad no sólo es un problema personal; es un problema familiar porque la familia entera se ve afectada. Cuando algo le pasa a un miembro de la familia, ya sea el cáncer, el abuso de substancias, una adicción, una enfermedad crónica o fallas en las actividades de la vida, ningún miembro de la familia puede evitar que esto lo dañe.

Estos eventos tienen un impacto dramático en la forma de socializar de un niño: la habilidad de aprender, ser independiente, llevarse bien con otros y entender la importancia de las reglas. Además, afecta en el progreso académico y la construcción de la autoestima.

La socialización es uno de los trabajos más importantes con los que cuenta una familia. Cuando una familia falla en el cuidado sano que los niños requieren, el impacto en sus vidas los puede desestabilizar, además de quitarles la oportunidad de ser una mejor persona. Los niños que no socializan adecuadamente tienen problemas en el mundo. No respetan la autoridad, jerarquía o límites de sus padres. Tienen poco control de impulsos. Pueden ser egoístas y extremadamente demandantes, con poca consideración en cómo su comportamiento lastima a la familia. La disfunción que resulta en niños no sociables contamina simultáneamente a la familia misma, y puede haber sido la causa que genera sus problemas. A ciencia cierta es un círculo vicioso.

Por supuesto, en lo que usted se ha convertido también ha sido dictado por la educación y las relaciones con amigos, vecinos y patrones. Como se mencionó anteriormente, una gran influencia es la máquina de medios masivos: quinientos canales de televisión, Internet, radio y periódicos. Si usted no lo cree así, sólo considere la evidencia inequívoca hoy en día, al ver que la violencia en la televisión, las películas, los video juegos y la música incrementan el comportamiento agresivo y violento en niños, adolescentes e incluso, adultos.

Aun con esto, la familia —su familia— permanece como el factor de influencia más poderoso. Sus experiencias pasadas pueden hacer que usted quiera que su familia no sea una influencia tan poderosa en la persona que es o en quien se convertirá, pero así es, le guste o no. Conclusión: Necesitamos hacerlo bien y de una vez.

LA NOBLEZA DE LA PATERNIDAD

Como padre, usted es la cabeza de su familia y, por lo tanto, desempeña un papel increíblemente poderoso en dar forma al tono, textura, humor y calidad de esta importante unidad vital e interconectada. Usted es el administrador del sistema. Al administrar este sistema de manera exitosa, puede ser el guía del camino hacia una familia fenomenal y evitar los problemas y la erosión que se observan en tantas familias de su propio vecindario.

Pero permítame preguntarle:

- ¿Qué tipo de administrador de familia ha sido hasta ahora?
- ¿Está trabajando día a día en la administración de su familia, tratándola como un proyecto y dándole la prioridad que se merece?
- ¿Está creando un ambiente familiar que saque lo mejor de su hijo?

- ¿Tiene las habilidades necesarias para dar a su hijo (a) la mejor oportunidad de tener éxito en este mundo?

- ¿Ha superado cualquier "legado familiar" que haya contaminado la forma en que usted define y guía a su familia?

- Si su pareja está en casa o se mantiene activo en la vida de los niños posterior al divorcio, ¿ambos tienen un plan para ser padres y ofrecer su guía basada en valores consistentes?

- ¿Tiene en mente un plan y un objetivo de ser padre de manera exitosa y de lo que producirá en la vida de su hijo?

- ¿Ha creado un ambiente que genere sentimientos de seguridad, estabilidad, pertenencia, confianza en sí mismo y fuerza para el niño o niños bajo su cargo?

- ¿Su familia alimenta la individualidad y actuación de su hijo para asegurar que se convierta en una persona única y auténtica como Dios quiere?

Sé que acaba de responder esas preguntas, pero le pido que regrese y las lea nuevamente y que esta vez, las responda teniendo en mente que está escribiendo el futuro de sus hijos con sus respuestas. Esas preguntas son el comienzo de la evaluación de sí mismo, usted las debe llevar a cabo con disposición, si es que va a reforzar los cimientos sobre los cuales sus hijos construyen sus vidas. Francamente, sé que algunos de los que leen el libro ahora mismo, están eligiendo y tomando decisiones que ponen a sus hijos en el camino a una falla desastrosa. Quizá no lo sepa y no pueda ver los efectos hoy, pero créame, los verá en el futuro, si es que comete de manera inconsciente los mismos errores que muchos padres bien intencionados. ¿Es usted uno de esos padres? ¿Está guiando a su hijo hacia las drogas, la violencia, la promiscuidad, el alcohol o a retirarse de la vida y todo lo que ofrece? Intento aclararle ampliamente que sus prácticas de padre pueden darle resultados desafortunados y, de ser así, cómo puede cambiarlas comenzando hoy mismo.

Si usted desea una familia sana y robusta y niños exitosos y productivos, debe comprometerse consigo mismo, adquirir la perspicacia y habilidades necesarias para vivir los valores que reconoce como importantes dentro de su corazón. Usted no eligió este libro porque quería estudiar un grupo de teorías de desarrollo infantil. Compró este libro porque se preocupa por sus hijos y quiere información orientada a cómo darles la mejor posibilidad para el éxito. Lo eligió porque se preocupa por su vida familiar.

Con frecuencia escucho a los padres decir: "Moriría por mis hijos". Bueno, yo no quiero que muera por sus hijos, quiero que *viva* por sus hijos.

Su papel como padre es el más relevante y noble de los llamados que tendrá en su vida. Más aún, creo que usted puede y superará ese reto si obtiene el conocimiento y las herramientas adecuadas para esta importante tarea. Creo que ya posee el ingrediente más destacado y poderoso para tener éxito. Ese factor crítico se resume en el amor y la devoción incondicional y sincera que tiene por su hijo. Pero se requiere mucho más que amor y buenas intenciones porque usted no es la única influencia en la vida de su hijo.

Debe estar alerta, comprometido profundamente y activo de manera precisa. Los padres en todos lados se encuentran en una gran lucha por jalar la cuerda contra un mundo tramposo, de promesas falsas, resplandeciente y adecuado para determinar quién va a escribir el libreto de la vida de sus hijos. Considerando el estado actual del mundo, intento sostenerme de la punta de mi cuerda con ambas manos y desempeñar un papel trascendente en la escritura de ese libreto. Los valores sólidos y la moral parecen haber dejado de ser una forma de vida y, simplemente, se han convertido en la frase final de los chistes de quienes transitan en el carril de alta velocidad. Hace mucho tiempo que se fueron los días en los que hacer trampa en la escuela era un caso aislado de algún chico flojo que le copiaba al chico inteligente; hoy en día, más de la mitad de los estudiantes aceptan haber copiado. Incluso, algunos chicos utilizan radio localizadores electrónicos de alta tecnología durante los exámenes y plagian ensayos en internet. Antes, un chico podía comprar drogas ilegales en una esquina de los barrios bajos de la ciudad, ahora lo puede hacer por la internet desde la mesa de la cocina, mientras usted está sentado a unos tres metros de él. En un fenómeno llamado "amigos con derechos", los niños de hasta 12 y 13 años se involucran con el sexo, sin ningún otro pensamiento o consideración del que usted tuvo para tomarse de las manos o besarse en la mejilla. Sin relación alguna, sin emociones: sólo sexo. Cien por ciento de los niños con acceso a una computadora pueden ver pornografía con un click del *mouse*. Hoy en día, nuestros hijos son lo que llamo una "generación con pase de acceso total".

Sería excesivamente optimista si sugiriera que es posible proteger a su hijo completamente de la negatividad y la tentación del mundo de hoy. No puedo hacerlo y no creo que nadie más pueda.

Sin embargo, lo que sí puedo hacer es ayudarle a incrementar la lista de lo positivo en sus hijos. Como usted puede eliminar las malas influencias, debe crear experiencias, valores y creencias firmes, profundas, significativas y consistentemente positivas para hacerle contrapeso a lo negativo. Debe hacerlo aunque sus hijos le pongan cara y se resistan: Debe hacerlo, aun cuando sea atraido hacia un millón de direcciones distintas a cada minuto de cada día. El hecho de que sea difícil no lo hace menos importante, ni menos necesario.

Los malos resultados no sólo ocurren en las vidas de los niños ajenos, y por eso hay más razón para comprometerse y proteger a los propios. Educar a una familia no es una prueba y puede ser un trabajo de 24 horas, siete días a la semana que dure por encima de los 20 años de edad, así que debe saber cómo hacerlo bien.

Como mencioné anteriormente, lo que necesita además del amor en su corazón, es un plan de acción específico, un plan paso a paso para dirigir a su familia y así ser un padre con objetivos. Lo que necesita es un sistema apropiado de guía para que sepa que está rastreando el objetivo del éxito de un día tras otro. Necesita saber la forma para crear una familia fenomenal y adquirir las herramientas que harán que eso pase. Su familia vale todo lo que usted quiere para ellos y lo que aprenderá aquí le ayudará.

Lo que sus hijos serán se construye desde ahora. Seamos honestos; si usted es como cualquier otro padre que yo haya conocido, quiere que su hijo o hija sea estrella de su propia vida: el solista del coro, el *quarterback* del equipo de futbol americano, el protagonista de la obra, la reina de belleza, el mejor estudiante o el destacado en las mejores escuelas. No sólo eso, también quiere que sus hijos sean felices, seguros de sí mismos, confiados y que estén a salvo. Quiere evitar que sean empujados en el área de deportes, que no sean molestados por niños mayores o abusados sexualmente por psicópatas, quiere que estén a salvo de las fallas y adversidades y del dolor social e interpersonal en general. En la cima de todo eso, usted desea que sus hijos lo amen, acepten, respeten y admiren.

Lo que haga con ellos hoy, cuando tengan dos, tres, cuatro, cinco, seis o 16 años de edad, determinará lo que hagan a los 24, 34 ó 44. *Usted está criando adultos.* Ahora mismo, ellos están en construcción, como una nueva casa que se construye desde los cimientos. Una vez que esa casa esté completa, estará sujeta a las fuerzas de la naturaleza y al desgaste natural de la vida. ¿Se derrumbarán sus cimientos o goteará su techo? ¿Se mantendrá de pie o se hundirá?

¿Sus hijos resistirán las presiones de su vida y elmundo, o se quebrarán cuando las cosas se pongan duras? ¿Su cimiento es fuerte para lo que venga? Las respuestas a esas preguntas dependen en gran medida de la manera en que amolde y fortalezca a sus hijos, sus valores, su comportamiento, su habilidad para tomar decisiones importantes por sí mismos, y sobre qué tan bien honre su individualidad y alimente sus dones y talentos únicos. En resumen, el futuro depende de lo que hoy haga para ayudarlos a convertirse en adultos responsables. ¿Ha escuchado antes la frase: "Los niños son mensajes que entregamos a un futuro que quizá nunca veamos"? Usted está preparando futuros adultos y futuras familias. Usted se halla en una ardua búsqueda de lo mejor para sus niños y su familia, pero tal vez no sabe hacia dónde ir o cómo alcanzarlo. De eso se trata un "buen plan".

Estoy seguro de que no es una sorpresa viniendo de mí, pero la clave para ese plan es usted. Como en muchas de las cosas en la vida, el reto de criar una familia exitosa no puede ni podrá suceder hasta que usted no se decida a limpiar su casa interior. El viaje comienza con uno mismo. Usted puede ser un tipo de persona y otro tipo de padre. Si no remueve todas las capas de su dolor o decepción del pasado y sus legados auto destructivos y su espíritu negativo, entonces no importa cuánto más aprenda acerca de ser padre de manera exitosa, tendrá estándares bajos y valores tan pobres que continuará saboteando sus oportunidades, las de sus hijos y las de su familia para lograr una vida feliz.

Creo que todos tenemos algo llamado "verdad personal". Es lo que usted cree acerca de sí mismo cuando no está "actuando" y no utiliza su máscara social, tratando de hacer su mejor esfuerzo. Es lo que realmente cree acerca de sí mismo, cuando nadie mira y nadie lo escucha. Esta verdad personal es importante, porque creo que generamos para nosotros mismos y nuestras familias los resultados que creemos merecer. Si no creemos que nosotros y nuestra familia, nos merecemos una vida fenomenal, entonces nunca tendremos esa vida. Si cree que es un ciudadano de segunda clase, un individuo indigno, entonces generará resultados acordes a esa creencia. Por eso es importante que primero mire hacia adentro para asegurarse de que no haya un sentido comprometido de riqueza o valor que esté limitando lo que puede crear para su familia.

Su verdad personal se verá claramente reflejada en lo que yo llamo "actitud de acercamiento". Probablemente, usted heredó la mayoría o todos los pormenores de su acercamiento y quizá eso no sea bueno. Por ejemplo, si abusaron de usted, lo descuidaron emocionalmente o lo consintieron mucho, esas experiencias de vida pudieron haber sido grabadas con mucho poder y de manera primordial en la lista de sus características, provocando que lleve adelante una verdad personal comprometida que puede infectar a sus hijos con las mismas cosas que usted aprendió. Como consecuencia, tendrá una etapa de enormes retos para criar un niño y una familia felices, las dos cosas que deberían ser las primeras en sus prioridades. Los niños felices no llegan a serlo porque nacieron con un "gen de la felicidad". Los niños felices fueron enseñados acerca de cómo vivir, pensar, interactuar, controlar sus emociones, expresarse y disciplinarse en la misma forma en que fueron enseñados a andar en bicicleta o a amarrarse las agujetas. Ellos son *enseñados* sobre cómo ser felices. Éste es uno de sus retos, ya que la capacidad de criar niños felices es una habilidad que se aprende.

Cuando se habla de criar una familia y ser un buen padre para los hijos, nadie le enseñó realmente las reglas, lo dejaron jugar solo el juego. Piense en esto: ¿Por qué nuestros hijos comienzan a usar drogas, alcohol y a tener sexo a edades cada vez más tempranas? Porque nadie le ha enseñado a la gente cómo ser padres para sus hijos de forma que se les mantenga alejados de la necesidad de buscar esos mecanismos de escape para sentirse bien.

Ya que usted no obtuvo ninguna capacitación formal en la crianza de hijos por parte de la sociedad, probablemente, se basó en ejemplos de otros. Debido a que nuestros padres nunca fueron entrenados para ser madres y padres efectivos, ¿qué tipo ejemplos podrían ser? De hecho, le digo que si usted ha sido afortunado por tener padres que fueron ejemplos positivos a seguir, usted y ellos pueden dar gracias a la suerte ciega o al proceso de ensayo y error que derivó en buenos resultados, porque es una capacitación segura de apuestas que tuvo muy poco que ver con esto. De manera simple, esto no sólo significa que no tenga información crucial básica, sino que la información que tiene puede ser incorrecta. Algunas veces, la parte difícil en el aprendizaje de habilidades nuevas y mejores consiste en abandonar la forma antigua de hacer las cosas.

Yo he diseñado este libro para llegar a usted en cualquier punto en que se encuentre. No quise adivinar qué lugar era. No quise asumir que yo sabía lo que debía incluir en el libro, para asegurarme de que fuera absoluto, una respuesta acertada a sus necesidades. Por consecuencia, pasé más de un año diseñando y dirigiendo un enorme proyecto de investigación sobre los temas familiares y el ser padres enfrentados a la educación de los niños en el mundo de hoy. El proyecto de investigación incluyó a más de 17 000 personas entrevistadas, quienes generaron más de 1.3 millones de datos de información, misma que fue entregada para un análisis clínico y estadístico exhaustivo.

El análisis examina cómo los problemas más críticos que enfrentan los padres, los miedos más grandes, los niveles de respuesta de los niños a distintos acercamientos por parte de los padres, las mayores necesidades de los padres para buscar asistencia e información y una evaluación general de las actitudes y visión para el futuro. (Mientas lee *La familia es primero*, ponga atención a los "Resultados de encuestas" que aparecen a lo largo del libro. Cada bloque de información contiene datos que le abrirán los ojos sobre la forma en que las madres y los padres se sienten acerca del trabajo que hacen. Usted encontrará más información acerca de mi "Encuesta Nacional de Paternidad" en el "Apéndice").

No importa si tiene hijos buenos y bien adaptados, a quienes quiere apoyar para ver que les vaya bien y que sean mejores, o si tiene hijos cambiantes, desafiantes o mal portados que van camino a la cárcel, en lugar de dirigirse hacia la universidad. Quizá, usted tiene hijos en crisis, un niño que consume drogas o un adolescente deprimido. Las herramientas son las mismas, ya sea que su hijo sea un alumno destacado o un constante conflicto para la policía.

No importa qué tan alocadas estén las cosas o que tan estresado se encuentre, en el fondo de su corazón sabe qué tan afortunado es por tener el preciado y valioso tesoro que son sus hijos. Lo aliento para mirar el trabajo de la paternidad como algo noble, como un privilegio que se le confió y a tomar de esa responsabilidad un sentimiento significativo e importante.

> Resultado de encuesta: Una tercera parte de los padres que respondieron a la encuesta dijeron que si tuvieran que hacer todo nuevamente, no iniciarían una familia.

La lectura de este libro no tiene la intención de ser una experiencia pasiva. Mediante su lectura, verá que es un libro orientado a la acción y a poner manos a la obra. Cada capítulo hace un llamado para que usted desempeñe un papel activo. Usted aprenderá y pondrá en práctica habilidades para establecer ejemplos de disciplina, negociación, comunicaciones, construcción de inteligencia, refuerzo del valor y la confianza en uno mismo, control del comportamiento y manejo del estilo de vida familiar —útil o no al criar a sus hijos—; pero también al estructurar el contenido de su vida familiar para que apoye y levante sus esfuerzos. Obtenga estas habilidades correctamente y el resto de su vida como padre será fácil.

Si puede criar a sus hijos para que sean gente de confianza y competente como ellos se lo merecen, usted habrá satisfecho de manera exitosa su propósito como padre y habrá dado a sus hijos el mejor de los regalos. Es lo que quiero para mis hijos y sé que es lo que quiero para los suyos.

No es demasiado tarde. ¿No es hoy el día para comenzar? Si tiene una gran familia con hijos maravillosos, entonces construyamos sobre esa fuerza. Si siente que ha ido demasiado lejos, entonces es momento de "reiniciar la paternidad" para sus hijos. Reiniciar como padre significa regresar a lo básico y establecer nuevas metas, reglas, lineamientos y límites. Significa ser padre como Dios lo deseó cuando le dio el regalo de tener a sus hijos. Comience por despertarse cada mañana y preguntarse: ¿Qué puedo hacer hoy para hacer que mi familia esté mejor?, ¿qué puedo hacer hoy para introducir algo positivo en las vidas de mis hijos?, ¿qué puedo encontrar de bueno en cada uno de mis hijos y cómo puedo reconocerlo?

Comience el juego. Mi plan es que usted y su familia sean ganadores.

ESTRATEGIAS ESPECIALES PARA FAMILIAS DIVORCIADAS Y MIXTAS

El valor no está definido por aquellos quienes lucharon y no se derrumbaron, sino por aquellos que pelearon, se derrumbaron y se levantaron nuevamente.

ANÓNIMO

Para mis lectores quienes están divorciados, y viven como padres solteros, o en una familia mixta: Reconozco que hay muchos de ustedes allá afuera que necesitan respuestas y que las necésitan ahora. ¿Cómo desempeño el papel de padre y madre?, ¿cuánto exijo y requiero de mis hijos durante la transición del divorcio?, ¿qué papel desempeño con mis hijastros?, y muchas otras. De acuerdo con algunos estadistas, la taza de divorcio en los Estados Unidos es cercana al 50 por ciento. Lo que esto significa es que millones de padres e hijos en Norteamérica están luchando con problemas y necesidades significativas.

Antes de hacer referencia a los retos que sus hijos enfrentan, si uno de sus padres biológicos está fuera del hogar —o si usted ha introducido a una nueva pareja a la unidad familiar— quiero prevenirlo pues la mayoría de las dificultades que enfrentan los padres dentro de una estructura no tradicional no son iguales a las que enfrentan los de una estructura tradicional. Los niños son niños y usted no debe asumir que aun cuando enfrenta solo la paternidad, o que es padre con una pareja que acaba de llegar, las herramientas de paternidad y vida familiar son algo diferentes. Una vez dicho esto, ahora usted cuenta con algunos retos extra con que luchar, además de que requieren más herramientas.

De esto es de lo que se trata este capítulo. Voy a decirle lo que yo creo que es verdad acerca de qué puede y debe hacer para crear una familia fenomenal, aun si su familia es divorciada o mixta. Aquí le voy a dar una lista separada de temas de acción porque su situación así lo requiere. Su trabajo será entrar a este capítulo con la disposición de poner mucha atención y enfocarse con conciencia en las tareas que se presentan. Pero no se puede detener ahí. Las acciones que le daré deben encajar finalmente en un plan mayor, que funciona para todas las familias, divorciadas, mixtas o con ambos padres biológicos en el hogar. Ese plan es lo que usted encontrará en cada página de este libro, debe comprometerse a incluir en su vida familiar todas las herramientas, acciones, y estrategias que voy a darle durante la lectura de este libro. Sumérjase en este trabajo con un compromiso de corazón y también resurgirá como ganador.

Aún antes de un divorcio, los niños han interiorizado el conflicto entre los padres y ya podrían tener problemas de comportamiento. Entonces, hablemos de las condiciones que probablemente encontrará en un hogar que ha sido tocado por el divorcio o la separación. Si es padre soltero o de familia mixta, la vida de su hijo ha sido sacudida desde el centro. Mientras que los niños responden a este tipo de eventos en formas distintas, observar que un divorcio puede ser traumático. Su hijo o hija pueden experimentar mucho miedo con relación al futuro. Pueden preocuparse de que el padre que obtenga la custodia primaria también los "abandone". Pueden reaccionar con el apego predecible o la agresión basada en el enojo. Usted debe entender que si en la visión de su hijo, el padre o la madre han sido arrancados del hogar, entonces el niño puede culparlo por esa partida. Su enojo puede ser muy real, aun cuando no sea más que una expresión externa de dolor, miedo o frustración. Con frecuencia, el enojo es una manera de lidiar con la vulnerabilidad. Es un mecanismo de protección porque si usted ataca, ser rechazado ya no es un problema. Inconscientemente, la actitud del niño se convierte en "atrápalos antes de que te atrapen". Usted no debe tomarse estas reacciones como algo personal, es mejor que observe sobre la superficie y mire compasivamente lo que hay más allá.

Sin importar la reacción externa de su hijo, puede apostar a que la partida de un padre y/o la adición de un padrastro o madrastra al ambiente familiar provocarán una gran respuesta mental y emocional. Algunos niños se pondrán una máscara; otros no. De cualquier forma, está ahí. Ahora y en el futuro, continuará siendo una reacción y su trabajo será manejar esa reacción de forma constructiva y reincorporarla, de la manera en que sea posible.

Tanto la investigación como mi propia experiencia clínica me han enseñado que las necesidades psicológicas de su hijo se incrementan enormemente durante y después de un divorcio. El trauma de una familia fracturada deja un residuo más allá del corto plazo. La reacción residual puede ser emocional, logística o ambas. Por ejemplo, cuando un matrimonio se rompe, los problemas financieros no están lejanos. Los problemas económicos pueden dar lugar a situaciones dolorosas. Con frecuencia, existe inequidad inesperada y perturbadora entre el nivel de vida del padre divorciado y el de su esposa, un contraste que puede ser confuso para el niño. De acuerdo con las estadísticas, más mujeres que hombres obtienen la tutela del niño y, normalmente, las mujeres sufren más un descenso significativo en el ingreso. Después de un divorcio, aproximadamente la mitad de los niños no ven a sus padres. Y es aquí donde me entristezco: Los niños viven en medio de esta montaña rusa económica y emocional; experimentan culpa y miedo, además de la confusión.

Lo que es más, si usted es un padre soltero que luchó por obtener la custodia primaria, puede enfrentarse con mayor supervisión y disciplina de los hijos ahora que está solo. Y es duro. Hay una tendencia natural a dejar que la disciplina se relaje. Frecuentemente, usted se esfuerza poco y su hijo sufre.

Volver a casarse también trae una explosión de estrés, con nuevos hermanastros, nuevas reglas, demandas y prácticas religiosas. La pérdida de un ejemplo a seguir puede ser particularmente devastadora, si los niños se enfrentan con acelerados retos y elecciones. Encuentran que la brújula de padre custodio no siempre es muy confiable. (Éste es un tema crucial que discutiremos en el capítulo 13.)

Cada una de estas exigencias y muchas otras, demasiado numerosas para ser mencionadas, son parte de la realidad del divorcio en el mundo de hoy. Cada una requiere de una estrategia de adaptación específica. Sin embargo, permanece la constancia de las necesidades que acentúan estas exigencias y factores estresantes. Cualesquiera que sean los retos particulares, se convierten en fracturas para su hijo y pueden mitigar sus necesidades importantes. Estos retos pueden no llegar en el mejor momento para usted, ya que usted se encuentra emocionalmente en aguas agitadas. Se sentirá abrumado por momentos, al tratar de lidiar con ellos. Sin embargo, *debe* conectarse con las necesidades de su hijo. De acuerdo con la Academia Norteamericana de Pediatría, alrededor de la mitad de los niños muestran una respuesta sintomática durante el primer año posterior al divorcio. Estos síntomas incluyen irritabilidad, incremento del llanto, miedo, disminución en el desempeño escolar, abuso de sustancias, depresión, comportamiento agresivo y delincuencia. Si usted está conscientemente enfocado y es sensible a las necesidades de sus hijos durante este periodo difícil, realizará un mejor trabajo para llenarlas.

Sus necesidades más profundas (que pueden durar un periodo extenso, especialmente si son ignoradas o manejadas erróneamente) incluirán:

Aceptación. Ésta será la necesidad más grande de sus hijos porque tener un bajo concepto de sí mismos es muy probable en una etapa frágil y formativa; sobre todo, si ellos se encuentran en una edad temprana. Ellos necesitarán con urgencia tratar de obtener aprobación y "pertenencia", luego que el sentido de pertenencia a su familia ha sido destrozada.

Compromiso de seguridad. Usted necesitará ir más allá de los esfuerzos normales para asegurarles a sus hijos que, aunque su familia se haya fragmentado, la protección que siempre les fue otorgada permanece sólida. Ellos deben experimentar que su capullo vital está intacto y que usted está vigilando. Los hechos dicen más que las palabras, entonces la llave será mantener el paso, los límites y las rutinas normales en su hogar, preservando la misma participación en temas escolares, y dando a su hijo el mismo acceso a las interacciones con sus amigos.

Libertad de culpa o responsabilidad por el divorcio. Con frecuencia, los niños cargan con la culpa por la disolución del matrimonio. Este sentimiento nace de muchas de las acusaciones que surgieron durante el divorcio y los actos que parten del hecho de que los hijos son el pegamento principal que mantiene unidas a las familias. Los niños personalizan su parte en el divorcio porque saben que se portaron mal y sienten que, de alguna forma, son castigados por eso a través del rompimiento de sus padres. Recuerde que cuando los niños, solos o entre sus amigos, experimentan dolor, se sienten aislados. En sus mentes, la línea entre el dolor y el castigo se borra. Sea consciente de esto y asegure a sus hijos que ellos no tienen la culpa.

Necesidad de estructura. Con la pérdida de un líder familiar en la casa (ya sea el padre o la madre), sus hijos estarán revisando y probando una estructura. Déselas en grandes cantidades. Éste es el peor momento para romper los patrones e incluso, complacer. Refuerce la disciplina constantemente y con la cantidad adecuada de dinero por un buen comportamiento (usted aprenderá exactamente la manera de hacer esto en el capítulo 10). Ahora más que nunca, sus hijos necesitan la misma igualdad en todos los aspectos de sus jóvenes vidas. Ellos necesitan ver que el mundo sigue girando y que todavía son parte integral de lo que pasa.

Necesidad de un padre estable que tenga la fuerza para dirigir el asunto. Se sienta o no una persona valiente y fuerte, tiene que verse de lo mejor para sus hijos. Ellos están preocupados por usted y su pareja, sobre todo si hay una crisis visible. Ellos lo conocen mejor de lo que usted se conoce, con un frente valiente o sin él, así que tomarán ese gran desgaste emocional que ha experimentado. Sin embargo, usted debe hacer todo lo que sea posible para asegurarles que tiene fuerza, capacidad de atender el negocio. Al hacer esto, logra que ellos se relajen nuevamente. Así que muéstrese como una persona con fuerza y flexibilidad.

Necesidad de permitir que los niños sean niños. Sus hijos no deben adoptar la tarea de sanar el dolor. Con mucha frecuencia, los niños sirven como una armadura o como salvadores de los padres en crisis. Piense esto: ¿No cree que los niños ya están en una etapa difícil en este mundo sin la necesidad de arreglar su vida? Una vez dicho esto, hay dos reglas principales que usted debe seguir, sobre todo en la crisis y en los momentos de inestabilidad en su familia.

No agobie a sus hijos con situaciones que ellos no pueden controlar. Ninguno debe lidiar con tal responsabilidad. Esto promoverá sentimientos de impotencia e inseguridad, causándoles que se cuestionen sus fuerzas y habilidades propias.

No pida a sus hijos que lidien con temas de adultos. Los niños no están preparados para entender problemas de adultos. Su enfoque debe estar en navegar por las diversas etapas del desarrollo infantil por las que pasan.

Obviamente, su objetivo general debe ser cumplir con todas estas necesidades y minimizar el precio que su hijo debe pagar porque usted y su ex pareja han sido incapaces de mantener su relación. Digo esto porque es la verdad y no porque quiera culparlo. No estoy siendo juez. Sólo usted sabe si romper fue o no lo mejor para usted y sus hijos. De cualquier forma, es lo que sucede. El divorcio pasó y usted, su ex pareja y su hijo, o hijos, tendrán que sacar lo mejor de ello.

Creo fervientemente que un niño preferiría provenir *de* un hogar roto que *vivir* en uno. Las investigaciones nos dicen de manera obvia que los niños funcionan mejor en un hogar con padres bien adaptados que en uno con un solo padre. Sin embargo, las mismas investigaciones revelan que los niños funcionan mejor en un hogar bien adaptado con un solo padre que en un hogar hostil, emocionalmente dañado o caótico con dos padres. Si los niños están mejor cuando tienen consigo a ambos padres y cuando existe una relación sana entre todos los involucrados, entonces la etapa posterior al divorcio, —su objetivo final— se convierte en crear esa situación, sin importar el mapa de los acuerdos de vida. Aunque usted y su ex pareja hayan terminado su relación romántica y comprometida y ahora vivan en casas distintas, aún pueden comprometerse para mantener una relación de apoyo mutuo como compañeros de paternidad de sus hijos. Si ambos están dispuestos a dar prioridad a los intereses de sus hijos, será más fácil enfocarse en lo que usted necesita para minimizar el trauma relacionado con el divorcio.

Lo que usted y su ex esposo(a) deben resolver es la formación de una alianza, reconociendo que no han terminado su relación, sino que la han cambiado de una afiliación diaria íntima, emocional y romántica a una que se mantiene unida por objetivos comunes para sus hijos. Unirse a su ex pareja, poniendo los sentimientos de dolor a un lado y sin egoísmo, dejando atrás el dolor de la traición y la historia disfuncional, son regalos enormes para sus hijos.

Ser frío, saboteador e hiriente con su ex pareja, así como excluirlo(la) es, de alguna forma, hacer lo mismo con sus hijos. Si usted nunca se ha puesto a pensar de esta manera, entonces permítame decirle porqué debería hacerlo: Los niños tienen un poderoso enlace genético, emocional, e histórico con *ambos* padres y necesitan una relación sana con ambos. Si usted, al buscar cumplir con su propia agenda de cobrar los sentimientos de dolor, resentimiento, y enojo, separa a su hijo de su ex pareja, está atacando e hiriendo su habilidad de estar bien adaptado. Si su hijo parece estar de su lado, se puede decir que está ganando, pero le aseguro que no es así. Si usted minimiza a su ex pareja, le juro que algún día, sus hijos se lo dirán y le tendrán resentimiento por eso. Es como un veneno dulce. Quizá hoy se sienta bien al saber que sus hijos son leales con usted, que lo aman más y que preferirían estar con usted que con su ex pareja, pero, a la larga, sus hijos reconocerán que fue egoísta lo que hizo e hiriente para ellos. Es un hecho del que no puede ni podrá escapar. Aun si no trabaja para crear una relación sana entre usted y su ex pareja, y entre su ex pareja y sus hijos, es lo correcto, entonces hágalo por razones egoístas. Pagará un precio muy alto con sus hijos, si no lo hace.

¿Es posible que circunstancias tales como la enfermedad mental, el alcoholismo, la adicción a las drogas, u otros estilos de vida autodestructivos eviten que un padre sano promueva una relación entre su ex pareja y sus hijos? Absolutamente. Si es el caso, usted no debería mentir acerca de la realidad, y ciertamente, no debería esperar que su hijo esté expuesto a ese tipo de influencia. Sin embargo, asegúrese de que la evaluación de su ex pareja sea objetiva y no esté matizada por el odio, y tenga la seguridad de que no está utilizando estos temas para obtener una ventaja egoísta con sus hijos. Si le molesta menos que usted le dé carácter de enfermedad a los problemas de su ex pareja, entonces hágalo. Preserve la relación para el futuro con la esperanza de que su ex pareja se restablezca para un mejor comportamiento.

Aunque probablemente le suene ilógico, la mejor forma de saber que está "listo" para divorciarse y por lo tanto listo para formar una relación de compañeros en la paternidad es cuando usted cruza la puerta sin enojo, resentimiento, amargura, o problemas emocionales irresueltos. Usted probablemente está pensando: "Si es posible sentir tal aceptación sobre la relación, ¿por qué romper?" Permítame aclararlo: El momento para divorciarse es cuando usted se mira en el espejo y dice con honestidad que ha hecho todo lo posible para salvar su matrimonio. Usted debe dar por terminado su matrimonio, sólo cuando dentro de su corazón sepa que ha levantado todas las piedras e investigado cada avenida posible para la rehabilitación y aún no la alcanza. Si todavía alberga sentimientos poderosos y fuertes de dolor, le queda trabajo por hacer. No menciono esto para persuadirlo hacia un esfuerzo guiado por la culpa para reconciliarse con su ex pareja, sino para aclarar que usted debe pasar por sentimientos dolorosos para que pueda tener una relación de cooperación con el padre o madre de sus hijos. Si no estaba en ese estado mental cuando el matrimonio acabó, comprométase a llegar ahí ahora. Su hijo no debería pagar la factura por la incapacidad de sus padres para llevarse bien.

Usted tiene una gran tarea aquí, y es alimentar y preparar a sus hijos para la vida, a pesar de que la unión esté destinada a romperse. Debe hacer a un lado su agenda emocional. Si hacerlo requiere ayuda profesional, entonces búsquela. Si se encuentra atado financieramente, hay recursos en su comunidad y su iglesia u lugar de oración que ayudarán a un padre necesitado. Debe hacer lo necesario para crear una relación de trabajo más sana con el otro padre de sus hijos.

Hay que entender que ser padre en la etapa posterior al divorcio está cargado de peligros, que golpearán sin advertencia sobre el daño que el divorcio ha hecho. Para ayudarle a reconocer los errores y evitar errores futuros, quiero enlistar algunos de las peores y más frecuentes fallas que quienes están en su situación, cometen de manera típica:

- Sabotear la relación de su hijo con el otro padre.
- Utilizar a su hijo como instrumento para "vengarse" o herir a su ex.
- Utilizar a su hijo para obtener información o manipular e influir a su ex pareja.
- Transferir sentimientos de dolor y frustraciones hacia su ex, a través de su hijo. (Usted puede tener una tendencia particular a esto si su hijo tiene un parecido físico y de comportamiento de su ex.)
- Forzar a su hijo a que elija un lado cuando hay un conflicto por los horarios u otros retos de planeación.
- Convertir los eventos familiares a los que ambos padres asisten, en ollas de presión. Eventos que buscan de la sensibilidad e incluyen los cumpleaños, vacaciones, programas escolares, actividades extracurriculares y actuaciones.
- Depender demasiado de sus hijos para la compañía y el apoyo porque usted está dolido y solo, y ha adoptado una mentalidad de bloqueo: "Somos nosotros contra el mundo". Ésta no es una postura sana para usted y para su hijo.
- Tratar a su hijo como un adulto porque está solo o necesita ayuda. Es inapropiado dar a su hijo un trabajo de adultos.

- Estar tan emocionalmente necesitado que su hijo desarrolle sentimientos de culpa porque él o ella pase tiempo o quiera pasar tiempo con su ex, amigos, abuelos y otros.

- Convertir la acerca del divorcio en indulgencia, cuando se refiere a satisfacer los deseos materiales de su hijo.

Aparte de comprometerse a evitar estos errores, usted debería responsabilizarse de manera positiva con su familia, así como con la estrategia de ser padre para ayudar a que su hijo prospere en el hogar divorciado. Los componentes básicos de dicha estrategia incluyen:

- Comprometerse a aprender, adoptar y aplicar todos los principios establecidos en *La familia primero*. Las filosofías, herramientas y estrategias descritas en este libro son básicas para tener una familia sana y feliz y criar hijos exitosos y auténticos, aunque los padres no vivan en el hogar.

- Siéntese con su ex y haga un plan positivo que deje de lado las diferencias que puedan tener y se enfoquen a cumplir las necesidades de sus hijos. Si usted debe o no llegar a un acuerdo de lo que pasó o no pasó en su matrimonio, ponga el enfoque en lo que se *necesita ahora* para asegurarse que sus hijos no paguen el precio por su fracaso matrimonial.

- Acuerde con su ex, de manera definitiva, que ninguno menospreciará al otro ante sus hijos. Además, prohibirle a sus hijos que hablen de manera irrespetuosa sobre el otro padre, aunque a usted le suene como música para sus oídos.

- Negocie y acuerde la manera de manejar mejor los temas de visitas, vacaciones o eventos con sus hijos. Aunque, probablemente, la corte establezca parámetros para dichos temas de acuerdo con horarios, buscando la paz y la seguridad de sus hijos, es decisión de usted actuar en conjunto y sin egoísmo.

· Acuerde los límites y lineamientos de comportamiento para criar a sus hijos, de manera que haya consistencia en sus vidas, sin importar con cuál de los padres se encuentren en un momento dado. Esto debe incluir asuntos de horarios para ir a dormir, la televisión y el acceso a una computadora, socialización y otras situaciones y circunstancias diarias de comportamiento.

· En relación con los miembros del resto de la familia, negocie y acuerde sobre el papel que ellos desempeñarán y el acceso que tendrán mientras sus hijos estén a cargo del otro. Creo firmemente que la familia extendida desempeña un papel muy importante en las vidas de los niños, y particularmente, el papel de los dos pares de abuelos debe ser activo y fluir libremente, siempre y cuando ellos estén de acuerdo con las relaciones que la pareja divorciada haya acordado. El hecho de que sus padres menosprecien a su ex con los niños es inaceptable, al igual que usted menosprecie a su ex con sus hijos.

· Comuníquese de manera activa con su ex acerca de los aspectos del desarrollo de sus hijos. Ambos padres deben conocer cualquier evento positivo o negativo en el desarrollo de su hijo. Si hay problemas en la escuela o con amigos e incluso grandes logros, ambos padres deben estar al tanto de las respuestas consistentes que puedan obtener. Si se necesita hacer esto de manera escrita o por correo electrónico, hágalo.

· Reconozca que los niños tienden a probar la situación y a manipular los límites y reglas, sobre todo si hay posibilidad de obtener algo que normalmente no obtendrían. Es importante que usted y su ex pareja comparen notas antes de brincar a conclusiones o condenarse uno al otro acerca de lo que haya pasado.

· Aunque sea emocionalmente doloroso, asegúrese de que usted y su ex se mantengan informados sobre los cambios en las circunstancias de su vida para que su hijo nunca sea la primera fuente de información. Si usted sale con alguien más, cambia de trabajo o planea mudarse, sea lo suficientemente maduro para informarle a su ex y que él o ella no lo sepa por medio del niño, quien podría padecer la reacción.

· Comprométase a conducirse con integridad emocional. Si usted y su ex han acordado un plan, apéguense a él. Diga lo que siente; sienta lo que dice. Por ningún motivo se congracie con su hijo al darle más o permitirle más que el otro padre. Hacer esto no es más que un sabotaje pasivo y agresivo, y al final lastimará a su hijo.

Adoptar lo que se debe y no se debe hacer ayudará a normalizar las vidas de sus hijos. La clave está en que usted y su ex tomen el camino correcto y que hagan sacrificios genuinos para sus hijos. No sólo es indulgente con usted mismo, sino también auto destructivo empujar a sus hijos en medio del fuego cruzado emocional. Aún más, ellos simplemente no quieren escuchar eso. He platicado con muchos niños de hogares divorciados, quienes me dicen que están hartos de escuchar a sus padres quejarse y lamentarse sobre el otro, y que sólo quisieran poder gritar. No sea un pelmazo tedioso e inmaduro. Usted quería tener hijos y ahora los tiene. El hecho de que su relación no funcione es desafortunado, pero no es culpa de ellos.

Si su pareja simplemente no se une al juego y se adhiere a los lineamientos que he dado, hágalo de todas formas. La única persona a quien usted controla es a sí mismo. Permítame apelar a su avaricia y decirle que si toma el camino adecuado, al final de cuentas sus hijos lo admirarán por eso. Llegará el día en que mirarán hacia atrás y dirán: "Mi mamá (o papá) se comportó con tal clase, dignidad y respeto que ahora puedo ver cuánto me amaba y quería paz y tranquilidad en mi vida. Estoy muy agradecido por ese regalo. Sólo desearía que mi otro padre hubiera sido tan desinteresado".

Resultado de encuesta: Los tres problemas principales para las familias mixtas son la disciplina, la solución de conflictos y la división de responsabilidad.

Además del divorcio, ha tomado la decisión de volverse a casar, ahora tiene todo un grupo de retos frente a usted. Además de los retos de familias tradicionales y divorciadas, debe seguir los lineamientos y acciones que he presentado o que presentaré, y también tendrá una estrategia en su lugar para incluir una nueva persona al núcleo familiar existente. Si su nuevo esposo trae o no niños a la relación, la familia tendrá por lo menos un nuevo miembro, y eso creará retos para usted, especialmente si es quien llega a una familia formada. Definitivamente, incluya a sus hijos en la ceremonia nupcial. Si ellos tienen un papel especial y usted hace que sea una experiencia positiva, habrá avanzado más hacia un hogar armonioso.

Es importante reconocer desde el principio de un segundo matrimonio que si uno o ambos tienen hijos, sean o no el custodio con quien viven los niños, existen fuertes emociones asociadas con esas relaciones. Además de los lazos que existen entre cualquiera de los padres biológicos y el niño, también puede haber energía emocional adicional creada por el padre y el niño, siendo parte de la misma "trinchera de divorcio" previa al nuevo matrimonio. Esta emoción incrementada muy probablemente tomará la forma de protección por parte del padre. Ese padre puede estar pensando que el niño ya ha sido lastimado, y estará en el límite sobre cómo se trata al niño en la nueva estructura familiar. Para el nuevo esposo, la experiencia puede ser como caminar sobre cascarones, tratando de no hacer un movimiento que sea visto fuera de lugar o que traiga ecos desafortunados del pasado. Estas son las cosas que usted y su nuevo esposo deben discutir *antes* de que su matrimonio se lleve a cabo y, por supuesto, nunca es demasiado tarde.

Voy a discutir lo que yo considero como los aspectos más importantes de tener un padrastro en la relación con sus hijos, y la de ser un padrastro que tiene que formar una relación manejable con los hijos de alguien más. Francamente, el mayor reto aquí es el mismo que enfrentaría una pareja al esperar un nuevo hijo. Yo le diría a cualquier pareja que está a punto de tener un bebé que se sienten a discutir, y negociar, cuando sea necesario, un plan que incluya temas como:

- El papel que cada uno desempeñará en ser padres y que facilitará el desarrollo del niño.
- La división de trabajo en relación con el niño, cómo darle de comer, bañarlo, su supervisión, las visitas al doctor, la tareas, disciplina, etcétera.
- Las expectativas sobre la cantidad de espacio que habrá en la relación para que la pareja sea pareja, haciendo ocasionalmente cosas sin el niño.
- Qué tipo de acceso tendrán los abuelos y otros miembros del resto de la familia.
- Objetivos a largo plazo y las prioridades relacionadas con la educación y otras oportunidades de desarrollo.
- Planeación y prioridades financieras.

Ciertamente, estos temas generales deben discutirse dentro de las familias aunque apenas estén a punto de surgir, o si un padrastro está por agregarse. Si usted está a punto de embarcarse en este viaje o ya está en el carretera, le recomiendo que trabaje en la lista pronto y de manera frecuente para asegurarse de que la brújula de cada quien esté alineada. Es particularmente importante que cubra el papel del padrastro y la manera cómo ese papel puede ser lo más positivo posible.

Primero, hablemos acerca de la manera en que un padrastro puede relacionarse con los niños. Hemos escuchado acerca de los estereotipos de la madrastra malvada y del fenómeno del complejo de Edipo, donde la competencia de los niños por el amor, compromiso y lealtad del padre los lleva a muchas formas de dolor y descontento. Todos hemos visto las películas de clasificación B en donde el niño engañado grita su línea aparentemente obligatoria "¡Tú no eres mi madre!". No cabe duda de que ser padrastro es uno de los papeles más difíciles que cualquier adulto puede asumir. Demasiado dolor se consigue evitar si usted acuerda definiciones básicas de ese papel, y está alerta a las sensibilidades asociadas con esto.

Para manejar esta situación con la mejor eficiencia, tanto el padre biológico como el padrastro, comenzarán una discusión abierta y sincera acerca de los miedos y expectativas relacionados con los niños. Cada uno debe saber lo que el otro espera en relación con la participación del padrastro, al guiar, supervisar y disciplinar a los niños. Si la pareja se encuentra en el papel de padrastro, como de padre biológico, porque ambos tienen custodia primaria o parcial de sus hijos, entonces las expectativas de cada uno pueden diferir. En otras palabras, usted puede confiar en sí mismo para disciplinar a los hijos de él, pero no que él discipline a los suyos. Eso está bien. Lo que es importante es que cada uno tenga comprensión y un acuerdo acerca de cómo se negociará el papel de padrastro. Una vez que ambos entiendan cuáles son las expectativas de cada uno, tendrán un lugar para comenzar a dar forma a lo que será el papel de padrastro. Yo siempre pienso que es importante identificar primero en qué están de acuerdo y después ir disminuyendo las diferencias. La manera en que defina el papel del padrastro por supuesto que depende de usted. Las siguientes son mis recomendaciones basadas en lo que he visto en el trabajo, lo que he visto que falla y la mejor manera para establecer y definir el papel de padrastro:

1. Creo firmemente que a menos que usted, como padrastro, se agregue a la familia cuando los niños son muy chicos, lo más probable es que sea muy difícil disciplinar a los hijos de su cónyuge. Cada situación es diferente, pero en la mayoría de ellas, disciplinar a sus hijos no biológicos está lleno de peligro debido a que es muy probable crear resentimiento por parte de su esposo. Nuevamente, no siempre es el caso, y si ésta no es la circunstancia en su familia, eso es maravilloso porque el padre biológico obtiene un recurso adicional para manejar asuntos de disciplina. Mientras tanto, yo no creo que sea posible que en una situación manejable el padrastro discipline directamente, es muy importante que el padrastro sea un apoyo activo de los esfuerzos de disciplina del padre biológico. El padrastro puede ayudar con refuerzo y monitoreo para el acatamiento, aunque no sea su papel principal el imponer la disciplina. Ambos, padres biológicos y padrastros, deben discutir las reglas de la casa y negociar un acuerdo para los estándares a los

que los niños se atienen. Este elemento de vida familiar debe estar sujeto a la misma negociación y propiedad conjunta, como en cualquier otra situación familiar.

2. El padrastro, aunque no imponga activamente la disciplina directa, debe trabajar para mantener los límites normales que existen entre un adulto y un niño. Aunque sea el padre biológico quien entregue la consecuencia inicial por mal comportamiento, es importante que el padrastro esté activo en apoyar la decisión, y se debe cuidar que el respeto y reconocimiento sean otorgados. En otras palabras, el padrastro no es simplemente el esposo de la madre de uno. De hecho, él es un adulto y una figura de autoridad en el hogar.

3. En relación con todos los niños, el padrastro debe buscar definir su relación como un aliado y defensor. Ya sea que el padrastro sea del mismo sexo o del opuesto, su presencia puede desempeñar un papel importante de balance en términos del modelo de vida desde el punto de vista masculino o femenino. De ninguna manera, el papel del aliado y defensor se traduce como un intento de reemplazar al padre biológico.

4. Es importante que el padrastro no tenga falsas expectativas acerca del nivel de cercanía o intimidad con los hijastros. Las relaciones se construyen y toma tiempo y experiencias compartidas el crear una que sea significativa. El padrastro también debe estar alerta de que el niño puede experimentar una cantidad considerable de confusión emocional, y de hecho, pueden sentirse culpables de estar traicionando a su padre o madre biológicos al tener una relación cercana y cariñosa con su padrastro o madrastra. Se debe tener mucho cuidado y paciencia al

dar a un niño la oportunidad de trabajar con esos sentimientos.

5. La madrastra o el padrastro deben apoyar activamente la
relación del niño con su padre o madre biológicos aunque no viva en casa. Si usted está en el papel de padrastro, debe dar prioridad a alimentar una relación entre
usted y el padre biológico y a encontrar todos los caminos posibles para dar apoyo a la relación entre sus hijos.
Al tomar el camino hacia la facilitación, usted encontrará
que es más sencillo superar sentimientos de resentimiento, por parte del padre biológico como de los niños, a
quienes él o ella ya no tiene acceso diario. Esto puede
requerir un compromiso interno real de su parte porque
apoyar la relación de sus hijastros con su padre biológico, aunque ausente, puede ser equivalente a apoyar la
relación del padre del niño con la de su esposa. No permita que los celos o la envidia de la unión que comparten con sus hijos, o la historia y la buena relación con su
actual pareja, lo lleven a dar menos apoyo a esa relación.

6. Si usted es padrastro en una familia verdaderamente mixta, donde usted y su esposo tienen niños que son llevados
a un escenario de "tuyos, míos y nuestros", debe tener
mucho cuidado de no tener favoritos con un lenguaje
desde donde sus hijos disfruten de mejor trato que sus
hijastros. La verdad es que no importa qué poco popular o
políticamente incorrecto suene, es muy probable que tenga
sentimientos positivos más fuertes por sus hijos biológicos que por sus hijastros, por lo menos al principio. Usted necesitará disimular esta diferencia de intensidad
emocional. Cuando el tiempo pase y comparta experiencias de vida con sus hijastros, habrá una nivelación de

emociones hacia todos los hijos. Mientras tanto, usted debe ser muy sensible a la necesidad de tratar con cada uno de la misma forma. Puede ser de gran ayuda que en las primeras etapas se cuantifique y equilibre el tiempo, las actividades y el dinero que se gasta en los hijos biológicos y los no biológicos.

7. Si usted como padre biológico tiene problemas con el padrastro y lo que este hace con sus hijos, lo aliento a que desde un primer momento deje de quejarse y comience a pedir específicamente lo que quiere y necesita. Por ejemplo, si siente que él o ella pasa más tiempo jugando algún juego con *sus* hijos, pídale que juegue tres juegos de mesa a la semana con *su* hijo. Si él o ella lleva sus hijos biológicos a un restaurante de comida rápida que sea divertido (quizá de manera inocente) porque acaba de pasar por uno después de recogerlos del club él o ella puede no darse cuenta de que su hijo biológico no fue incluido. Pida específicamente lo que quiere.

En resumen, permítame decirle que es verdaderamente difícil ver las cosas por medio de los ojos de alguien más si no se ha puesto en sus zapatos. Ya sea usted el padrastro o su esposo, hablen con frecuencia de lo que pasa y lo que significa la experiencia desde el punto de vista de otro. Si tienen buenas intenciones y corazón sincero, esto puede funcionar. Un padre biológico puede obtener lo que necesita para proteger a sus hijos. Un padrastro puede obtener el tiempo que necesita para viajar por la curva de aprendizaje de la construcción de relaciones. La clave es recordar que los niños son pasajeros en este tren. Ellos no tuvieron la oportunidad de escoger si querían o no a un nuevo miembro en la familia, por lo tanto se debe tener mucho cuidado y paciencia para ayudarlos a adaptarse a la situación.

Mientras avanza en la lectura de *La familia es primero*, recuerde que todas las filosofías, evaluaciones y herramientas aplican a su situación como padre soltero o padre en una familia mixta. Usted tiene los mismos retos ante sí que cualquier otro padre para lidiar con la creación de una familia fenomenal. He hecho referencia a algunos de los retos específicos que enfrenta al estar en esta situación particular. No pretendo sugerir que he cubierto toda la gama de retos que enfrenta o enfrentará. Espero que encuentre y adopte mis recomendaciones adicionales mientras sigue leyendo el libro.

3

LOS CINCO FACTORES PARA UNA FAMILIA FENOMENAL

Instruye al niño en su camino y aun

cuando fuere viejo no se apartará de él.

PROVERBIOS 22:6

Comenzando ahora mismo, usted puede dar inicio a tomar decisiones y llevar a cabo acciones día a día que crearán nada menos que una familia fenomenal. Ya sea que su familia funcione bien y todo lo que quiera es mejorarla, o sea un lío disfuncional; no llegó a estar de esa forma por accidente o por algo que hizo alguien externo. Cualquiera que sea el estado, bueno o malo, pasa mientras usted está. Mi papá solía decir que el mundo está hecho de cosas que hacer y no hacer y que era mi decisión escoger los pensamientos y acciones que quería ser, de modo mental, emocional, espiritual, financiero y en cualquier otro aspecto. Creo que estaba en lo correcto: "Si quieres ser diferente, tienes que *escoger* diferente". Tener una familia fenomenal no requiere que usted haya tenido una crianza maravillosa con modelos positivos, ni tampoco requiere que sus hijos le digan: "¡Maravilloso, qué excelentes ideas, mamá!" "¡Estoy lleno de energía, hagámoslo!" Usted puede escoger tener una familia fenomenal si tan sólo se decide a hacerlo y a saber en dónde pone el enfoque. Es el punto en que entran los cinco factores para una familia fenomenal. Estos factores no son heredados, pero tampoco son particularmente difíciles de implementar. Crear estos factores en su familia comienza por usted, razón por la cual hablé de la verdad personal en el capítulo 1. Usted debe comenzar por creer en sí mismo y en el derecho de su familia a ser fenomenal.

Cuando digo "familia fenomenal", me refiero a una familia donde cada miembro es una estrella por derecho propio. Cada uno hace uso de sus dones, habilidades y talentos, y se siente bien acerca de quienes son y cómo encajan. Viven con esperanza, pasión y energía. Su experiencia es la de ser amados, cuidados, valorados y obtener todo lo que necesitan para salir al mundo como individuos capaces, sanos y confiados en sí mismos. Una familia fenomenal es también una familia sana, en la que el bienestar de cada persona es buscado y protegido para beneficio del resto.

Al mismo tiempo, existe interconexión entre los miembros que unen a la familia, muy parecida a los alpinistas que se unen con una cuerda para escalar una montaña, para que en el caso de que alguno se resbale o necesite apoyo, sea detenido por los otros, hasta que retome el paso. También entienda que esta interconexión tiene un pegamento, un sentimiento de "todos estamos juntos en esto". *Todos estamos pintados con las brochas de los demás cuando somos una familia.* Este capítulo trata de decir "Mi familia puede disfrutar de una vida juntos más cercana y conectada, compartiendo la fuerza, con cada persona sintiéndose asegurada e inspirada en formas que cambian la vida. La mía puede ser una familia que alcance nuevos niveles de cuidado, aliento y aceptación. Mi familia tendrá las oportunidades para alcanzar lo mejor y conseguirlo. Y sobre todo, no dejamos a nadie atrás".

Ser fenomenal no es una fantasía. Se puede lograr. Los cinco factores para una familia fenomenal que está a punto de aprender aquí, le darán el poder para llevar a su familia a un nivel más alto de funcionamiento, si es que usted está dispuesto a que todos se conviertan en los nuevos cimientos de su vida familiar. Son estos factores los que le ayudarán a llevar a su familia en la dirección de mayor felicidad, satisfacción y amor. Debe decidir que su familia vale todo lo que usted quiere para ellos. Debe decidir que la paz, felicidad y abundancia en una familia no sólo son para los que viven al lado o al final de la calle. Son para *su* familia.

Parte de la solución es exactamente esto: tener una nueva mentalidad, una nueva filosofía y una verdad personal, así como un plan de acción. Al tomar estos retos, usted va a proceder desde una posición de fuerza porque estará introduciendo conocimiento valioso y claridad en lugar de confusión. El conocimiento es poder, comprender estos cinco factores y contar con un plan de acción específico para su implementación le permitirá levantarse y buscar cosas buenas para su familia. Es momento de que se convierta en una persona de "tener" en lugar de "no tener".

Permita que hoy sea un nuevo comienzo del compromiso para usted y su familia. Su familia no tiene que vivir con los mismos patrones y mentalidad antiguos. Usted tiene la habilidad y el poder de escoger cómo vive su familia y, entre más ejercite su poder de elegir, más increíble será su familia. Así que comience ahora y adéntrese en la actitud de que va a empezar nuevamente a ser padre para su familia. Resuelva tener la mente y su comportamiento en marcha. Aquí están los cinco factores, con recomendaciones orientadas a la acción para el cambio.

Factor #1: Crear un sistema familiar de nutrición y aceptación

La necesidad número uno de todas las personas es la posibilidad de aceptación, la necesidad de experimentar una sensación de pertenecer a algo y a alguien. La necesidad de aceptación es más poderosa en su familia que en cualquier otro lado. Permítame preguntarle: ¿Alguna vez se ha detenido a pensar por qué algunos niños juran una lealtad inmortal a un equipo, una pandilla, un grupo de amigos e incluso al "grupo equivocado"? Esto se debe a que esos grupos, buenos o malos, llenan la necesidad de seguridad emocional, expresión y pertenencia. Si esa necesidad no es cumplida por la familia, créame, sus hijos irán a otro lado a buscarla para encontrar aprobación y aceptación. Hay muchas cosas implicadas aquí porque usted quiere que esas poderosas afiliaciones estén presentes en su familia. Cuando cumple esas necesidades, sus hijos tienen menos probabilidad de unirse a grupos inapropiados afuera. El orgullo de un niño en un equipo escolar, coro o grupo de amigos es grandioso. De lo que hablo va mucho más allá. Si los niños experimentan en su familia el espíritu de aceptación, entonces verán que usted es más accesible y lo buscarán, porque ellos saben que su familia es un lugar de amor a donde pueden acudir.

Debido a que este factor es un requisito central para construir una familia fenomenal, aquí está lo que yo desearía que pensara, dijera y adoptara en su verdad personal ahora, durante y después de que lea el Factor #1:

Quiero y reclamo el derecho de mis hijos a sentirse apreciados y valorados por mí y por todos en nuestra familia. No quiero que ellos se sientan solos ni que duden del lugar que ocupan en una familia amorosa y comprometida. Quiero que mis hijos sepan y sientan que son amados por lo que son, que estoy orgulloso de ellos y que siempre estaré aquí para ellos. Quizá no apoye en todo momento lo que hacen, pero nunca los rechazaré. Si cualquier miembro de la familia siente que sus contribuciones no son reconocidas o aceptadas por los otros miembros de la familia, no está bien, ni ahora, ni nunca. Creo que los niños viven lo que aprenden, y quiero enseñarles que, por ejemplo, las relaciones en nuestra familia son sagradas para ser honradas y apreciadas. Sé que nuestra vida familiar tiene sus altas y bajas, sus argumentos, problemas, conflictos y diferencias de opinión. Nunca ha existido una familia que esté libre de situaciones difíciles. Pero quiero que nuestras relaciones familiares sean fuertes para que trasciendan la rivalidad diaria e inevitable de la vida familiar. Quiero que cada uno en mi familia sea honesto consigo mismo, que se amen, se sientan plenos y vivan con paz, felicidad y emoción para cada nuevo día.

Ahora mismo, quizá usted piense que estos objetivos están fuera de nuestro alcance, que representan algún tipo de idea fantástica, Beaver Cleaver, en donde todos caminan con una sonrisa de plástico. Si ese tipo de familia alguna vez existió, ciertamente no es ahora. No le digo que finja que no hay problemas, o que se irán, hay buenos y malos momentos en cada familia. Así que por favor, no se sienta intimidado por el sonido de las necesidades de aceptación y cuidado de una familia; no se sienta decepcionado al pensar que está restringido por ellos. Permítame asegurarle que son accesibles para usted, si los desea para su familia. Cualquiera puede crear un ambiente de aceptación y cuidado. Ésa es una verdad importante para que usted la reclame y la viva. Tómese un momento de silencio y reflexione sobre el amor que hay en su corazón para cada miembro de su familia. Usted no necesita buscar más allá para encontrar su combustible, su fuerza y su poder.

Ahora hablemos sobre la forma en que puede tener el espíritu de aceptación para la acción interactiva y afirmativa en su familia. La siguiente es una lista específica de lo que debe hacer:

1. *Ponga a su familia en Estado de Proyecto.* Para que cree una familia de aceptación y cuidado, usted comenzando ahora, debe poner su vida familiar en lo que yo llamo Estado de Proyecto. Esto significa que debe decidir con conciencia, trabajar activamente y lleno de objetivos para mejorar su situación familiar, todos y cada uno de los días. No quiero decir que usted "necesite", quiera o tenga la intención de trabajar en eso. Poner a su familia en Estado de Proyecto puede requerir sacrificios significativos. De hecho, tan radical como parezca, usted puede necesitar hacer cosas como:

Reagende o apártese del trabajo o las actividades de negocios para tener tiempo de estar con sus hijos. La vida es una serie de elecciones y el dinero no puede ganar siempre.

Cambie su rutina normal para que pase más tiempo con sus hijos. Esto puede incluir leerle a sus hijos al momento de ir a la cama, hacer actividades juntos o tener una noche de cine con la familia una vez por semana.

Haga una cita con su familia y manténgala. Establezca una hora al día para la familia, hágalo diariamente. Algunas veces esto es difícil de conseguir porque significa que debe dar prioridad a sus actividades. Estoy consciente de que hay muchas otras cosas importantes qué hacer, pero esto es algo que no se pospone. Hágalo hoy.

Ayude a sus hijos a establecer y lograr metas. Una familia en Estado de Proyecto es una familia orientada hacia las metas. Sus hijos necesitan dirección en sus vidas. Cuando mi hijo Jay hacía la investigación para su libro *Estrategias de vida para adolescentes*, entrevistó a muchos chicos sobre su consumo de drogas y alcohol. Los chicos que los consumían dijeron que lo hacían porque no tenían una razón para no hacerlo; lo hacían para divertirse. Por otro lado, los chicos que elegían no usar esas substancias tuvieron una respuesta completamente distinta. Le dijeron a Jay: "No consumimos drogas o alcohol porque no encaja en nuestro plan". Estos adolescentes estaban ahorrando dinero para comprar un coche, trabajando duro para entrar a un equipo deportivo, grupos de debate o concentrándose para obtener becas para la universidad. En otras palabras, ellos tenían metas y usar drogas era un impedimento para lograrlas; no los ayudaría a alcanzar lo que querían. No sólo era una moral alta, ellos rechazaban "egoístamente" las drogas y el alcohol. Se hicieron a ellos mismos la vieja pregunta: "¿Y qué gano yo?". Como padre, usted puede ser una persona influyente para contribuir a que sus hijos establezcan metas, ya sea poniendo el ejemplo o dándoles las herramientas para que lo trabajen. Como dice el dicho: La ociosidad es la madre de todos los vicios.

Adopte con pasión una actividad mental para que esté comprometido con el esfuerzo.

Una fórmula probada y verdadera que se ajusta aquí es: Ser-Hacer-Tener. Comprométase, haga lo necesario y obtendrá lo que quiere. No decida trabajar en su vida familiar sólo una semana, un mes o un período. Usted debe ser padre de sus hijos *para siempre...*

2. ***Comprométase a un nivel de Estado de Proyecto para descubrir y sacar la autenticidad de cada miembro de la familia.*** Cada niño vino a este mundo con un equipo básico de habilidades, facultades, intereses y talentos únicos. Todos forman su identidad genuina, su "yo auténtico". Todas sus fuerzas y dones son suyos de manera única y necesitan ser expresados. El yo no es lo que usted quiere que sea; es quien ellos están habilitados, dotados y predispuestos a ser de manera única. Este viaje puede ser realmente emocionante cuando usted descubra y redescubra su propio niño interno.

"Auténtico" es una palabra que no usamos mucho en nuestras conversaciones diarias, así que permítame definirla de la manera en que yo creo que se puede aplicar con los niños. Los niños auténticos tienen un sentido de esperanza, un sentimiento de que hoy es tan divertido y emocionante como ayer, y que mañana será tan divertido y emocionante como hoy. Estos niños tienen pasión y emoción por lo que pasa en sus vidas y ante lo que va a pasar después. Se sienten bien acerca de sí mismos. Tienen intereses y cualidades fundadas que simplemente "los iluminan". Tienen seguridad en sí mismos y se aceptan. Sus jóvenes vidas están llenas de colores vívidos como una caja de crayones. Pasan cada día haciendo o descubriendo lo que aman absolutamente, pasionalmente y sin equivocación. Un niño auténtico es un niño feliz y, debido a que tiene un espíritu positivo, rara vez se opone. Tiene respeto por sí mismo, así como por los otros. Son responsables y son considerados en formas adecuadas a su edad.

El problema es que la autenticidad de su niño pudo haber empezado limpia, sólida y nueva, como el último par de tenis que les compró. No tenía marcas y estaban bien hechos, sin ningún rasguño. Si usted deja los tenis en su caja original, guardados en el clóset, se mantendrán en una buena condición. Pero la vida no se trata de no entrar al campo de juego. Una vez que sus hijos usan esos tenis en el mundo exterior, están sujetos a la tracción, la mugre y las exigencias del juego duro. Comienzan a mostrar rasguños, el desgaste por el uso a causa de estar en el mundo. Se hace más difícil mirar los tenis e imaginarse que una vez fueron nuevos. Pero lo fueron.

Al igual que esos tenis, su niño auténtico queda rasguñado por el mundo —incluyendo usted— que comienza a escribir en su lápida quienes fueron. Estas experiencias de la vida, estas "escrituras", comienzan cambiando lo que son. Quizá es la tensión y lucha en su hogar, su divorcio, ser molestado en la escuela o el modelo negativo que representan usted y otras figuras adultas de autoridad, lo que comienza a obscurecer esa luz brillante, ese espíritu feliz y auténtico.

La vida puede ser dura y por eso es muy importante que el medio ambiente familiar sea el oasis de su hijo. A través de estas experiencias de vida es como los niños comienzan a ser programados para creer lo que se espera que ellos sean y hagan, en lugar de que sean lo que están *destinados* a ser. Sin embargo, hay un niño auténtico ahí. Brillaba antes de que los dolores del crecimiento y la experiencia de la vida lo marcaran. Hay un ser auténtico en cada uno de los niños (y en usted también), y su trabajo es crear un ambiente familiar que lo saque a flote.

Las siguientes sugerencias le ayudarán a descubrir las formas para traer a la superficie la autenticidad y talentos escondidos e intereses de cada uno de sus hijos. Esto puede significar ¡labrar un nuevo suelo!

Abra la puerta a experiencias diferentes para sus hijos: música, arte, teatro, literatura, ciencia, liderazgo, viajes, deportes, etcétera. Alentándolos, exponga a sus hijos a experiencias diferentes, permitiéndoles colorear afuera de las líneas para ver de qué se sostiene. Permítales buscar actividades para que descubran un interés que quizá no sabían que tenían; disfrute dichas actividades. Esto significa que usted tendrá que tener la mente abierta y besar a muchas ranas en el camino. Cuidadosamente, tome nota de las actividades y experiencias a las que sus hijos tienen tendencia natural. Nuevamente, no sólo escoja las cosas que a usted le gustan o que piensa que a ellos les gustarán. Tómese el riesgo; ¡diviértanse!

Comience a reconocer y observar talentos particulares o rasgos de intelecto en sus hijos e inspírelos a que los desarrollen. Si a su hijo le gusta golpear las teclas del piano, llévelo a un recital o sugiera clases de piano. Los niños dotados verbalmente con frecuencia hablan o leen a edades muy tempranas. Usted puede alimentar este don dándoles libros, buscando oportunidades para escribir o darles una computadora para que lo hagan. Si observa que su hijo es bueno en los números o disfruta los rompecabezas, él podría tener el don de las matemáticas o habilidades para la ciencia; aptitudes que pueden ser alentadas al llevarlos a las ferias de ciencia o exhibiciones de cómputo, dándoles una computadora o haciendo experimentos juntos. Los niños orientados visualmente gustan de dibujar o construir cosas. Usted puede alentar este don con equipos de arte, juegos de construcción o visitas a museos.

La historia de Ron es un ejemplo típico de la manera como usted puede descubrir dones en sus hijos, aun cuando los detalles de la historia sean únicos para él. Ron tiene un niño de nueve años, Stephen, quien recibió una cámara digital de Navidad y aprendió a usarla rápidamente. Stephen pidió permiso para llevar la cámara a un paseo al zoológico de Bronx. Ron y su esposa, Stephanie, se resistían, pues Stephen tenía la naturaleza de perder las cosas, pero aceptaron. No se imaginaron la sorpresa y gusto cuando Stephen y dos amigos, con la ayuda de su profesor, incorporaron lo mejor de sus 267 fotografías del zoológico en un video digital narrado del paseo y lo mostraron a toda la clase, así como en una audiencia para padres. Era muy impresionante para Ron y Stephanie que estos niños dominaran la tecnología tan bien y que le dieran un uso creativo. Ron reconoció al genio de la tecnología como parte de la autenticidad de su hijo y ahora lo alienta a tener más de lo mismo. Así como Ron lo hizo, usted querrá encontrar esos dones en sus hijos para poder construir en ellos e impulsarlos en sus búsquedas.

Respete y aliente la originalidad de su hijo. Los gustos, disgustos, intereses y talentos particulares de cada persona, sin importar qué tan diferentes sean el uno del otro, son respetados y se hace "espacio" para las diferentes perspectivas, siempre y cuando esa originalidad no sea destructiva para ellos mismos u otros. De hecho, a cada uno se alienta para ser original y auténticamente quien es.

Sorprenda a sus hijos cuando hagan algo bien. Con frecuencia, los niños escuchan que hacen algo mal. La búsqueda de errores constante puede derribar el sentido de valoración de sí mismo y la iniciativa de un niño. Si usted critica, no está alabando. Debe empezar a alabar a sus hijos por su buen comportamiento. Usted no sólo quiere alabar, quiere alentar el buen comportamiento que observa. Dígale a sus hijos cosas como: "Estás haciendo un buen trabajo en cumplir con la tarea", "Estoy muy contento de ver que hiciste un buen trabajo en la limpieza de tu cuarto", "Agradezco que compartas tus juguetes con tu hermano menor", y "Gracias por ayudar a tu mamá a lavar los trastes". Reconocimientos como éstos llegan muy lejos al construir el carácter y autoestima de los niños.

Observe las mejores intenciones en sus hijos. Con mucha frecuencia pensamos que nuestros hijos se portan mal y a propósito. En lugar de culparlos inmediatamente, escoja el mejor camino y asuma que su hijo tiene intenciones positivas. Si su hijo dibujó un mural en la pared con sus crayones, por ejemplo, quizá él sólo está buscando estimularse y le falta juicio; no necesariamente se está portando mal o está siendo latoso. Si usted marca el comportamiento como tal, su hijo lo tomará personal y seguramente, creerá eso de sí mismo. Entonces usted tendrá verdaderos problemas. Además de buscar las mejores intenciones, redirija la energía de su hijo a un comportamiento más adecuado; haciendo que dibuje en un atril y no en sus paredes, por ejemplo.

Nunca, jamás, reprograme o recargue el tiempo de su hijo con demasiadas actividades. Esto tiene el potencial de ser contraproducente en gran medida, haciendo que su hijo no guste de la actividad y, finalmente, la deje.

Al crear un ambiente familiar que le dé a sus hijos espacio para explorar sus dones, talentos, e intereses únicos —a su propia velocidad y con el aliento y apoyo— usted ha construido y alimentado una atmósfera en donde comienzan a vivir una infancia dirigida de manera auténtica.

3. *Cree un sentido de seguridad y paz en su hogar.* Sus hijos los miran a usted y a su esposo como una base sólida y segura de operaciones, y su hogar debe ser un lugar en donde no tengan que cuidarse la espalda o cuestionar las lealtades de los miembros de la familia cuando sus niños atraviesen por la puerta y la cierren detrás de sí. Necesitan saber que no tienen que traer la antena lista. Cuando están sujetos a un hogar dominado por los conflictos, con comportamientos tales como la hostilidad, pleitos y otras muestras de furia entre dos personas con quienes ellos cuentan para su seguridad y bienestar personal, su base se cimbra hasta el centro. Ellos comienzan a experimentar inseguridad y tienen miedos de la desintegración de la unidad familiar.

En lo que a sus estándares de relación se refiere, comprométase consigo mismo y con su pareja a no gritarse uno al otro frente a sus hijos. Los niños también tienden a culparse por las discusiones desagradables que se convierten en ataques personales, sin importar lo ilógica que sea la culpa para alguien que mira desde afuera. Ellos tienden a decirse a sí mismos "De alguna forma, esto debe ser mi culpa". Los niños también piensan que es su trabajo arreglar las cosas. ¿Se puede imaginar lo terrible que es para ellos responsabilizarse por algo sobre lo que, absolutamente, no tienen control? Sus niños normalmente no están ahí para la reconciliación. Lo triste es que ellos están expuestos a todos ensayos y tribulaciones sin el beneficio de participar cuando se hacen las paces. Esto los sacude hasta el centro, desgastando su autoestima y con-

fianza dentro de sus propias situaciones sociales. Particularmente, en hogares volátiles, los niños tienen miedo de llevar
a sus amigos porque temen sentirse avergonzados por las hostilidades abiertas y descontroladas.

Si usted discute o tiene desacuerdos, hágalo con dignidad
y respeto por la individualidad de su pareja y tenga en mente
el impacto que la riña tiene en los otros. No es necesariamente tóxico discutir o estar en desacuerdo frente a sus hijos,
siempre y cuando no haya gritos, llantos o agresiones verbales.
Enfrentémoslo: Los miembros de la familia están en desacuerdo.
Los desacuerdos honestos pueden dar una buena lección en la
que los miembros de la familia aprendan que la gente que se
ama puede estar en desacuerdo y a expresar sus propios puntos
de vista sin el miedo de perderse del otro o de su base de
operaciones. Los niños que nunca ven una discusión pueden
volverse ingenuos y vulnerables a las realidades de las relaciones más adelante en la vida. Sólo cuando las discusiones
se deterioran hasta el llanto, los gritos y la destrucción del
carácter, es cuando la seguridad de los individuos y la fuerza
de la familia se ven amenazadas. Es entonces cuando los niños se vuelven inseguros.

Por lo tanto ¿Cómo puede asegurar que su familia se convierta y siga siendo una base segura y estable para sus hijos
y no una zona de guerra? Para ayudarle a responder esa pregunta, aquí tiene algunas acciones que usted querrá comenzar ahora.

Llévelo a la privacidad y manténgalo así. El pleito injusto,
con gritos y destrucción del carácter en frente de sus hijos
no es otra cosa que abuso infantil. Es posible que los marque
emocionalmente, y todo porque usted no tiene auto control
para contenerse hasta que pueda hablar en privado. Si usted

simplemente no puede controlar su temperamento y permite que los desacuerdos se transformen en ataques personales, en lugar de ser sesiones de solución para los problemas, por lo menos confronte a su esposo a puerta cerrada y no haga que los niños inocentes paguen la factura.

Deje de ser un "luchador por los derechos", discutiendo sobre quién está en lo correcto o quién esta equivocado. A sus hijos no les importa quién tiene la razón. Ellos sólo quieren que usted deje de pelear.

No diga que usted no puede controlar su temperamento. Eso no es cierto. Lo que pasa es que usted no controla su temperamento. ¿Alguna vez ha tenido discusiones en casa de su jefe? ¿En la iglesia? ¿En un restaurante con amigos? Usted no lo hace cuando no puede. La única persona a quien controla es a usted mismo. Elija controlar sus impulsos. Busque una salida diferente para su frustración. No se desquite con sus hijos. Los niños aprenden lo que viven. Deténgase y piense lo que usted les enseña cuando demuestra poco control de sus impulsos.

Si usted tiene un desacuerdo honesto, permita que sus hijos observen que lo resuelve.

Comparta un momento de paz para reafirmar su unión una vez que se ha alcanzado la solución o una decisión. Esto puede ser que, por ejemplo, un abrazo silencioso de 60 segundos, o mirarse uno al otro a los ojos por un minuto.

Elimine patrones de abuso verbal. Usted es una persona pivote en la vida de sus hijos. Cuando grita, critica o avergüenza a su hijo, está dejando una marca permanente en él o ella. Cuando no dice lo que lo enorgullece, por qué es un niño especial o que lo ama, usted también escribe en la lápida de ese niño. La tabla en la página 40 aprece la lista de los pasos que puede tomar para condicionarse a sí mismo para detener el abuso verbal (los mismos pasos pueden darse si es emocionalmente o físicamente abusivo).

Apóyense de manera activa, uno al otro cada día. Haga que sea una política familiar el dar por lo menos, un comentario de apoyo uno al otro cada día —entre más es mejor— pero con un mínimo de uno al día. Éstos puede ser tan sencillos como decir: "Estaré pensando en ti cuando hagas tu examen hoy", o "Sé que la vida parece extraña a veces, pero quiero que sepas que estamos juntos en ella". Estas declaraciones pueden convertirse, en lo más poderoso en la vida de un niño y quizá nunca lo sepamos. Además, pregúntele a los miembros de la familia cómo están, y no tome "bien" como la respuesta final. Mírelos a los ojos, realmente pregúnteles y esté preparado para escuchar y así generar una respuesta honesta. Muestre interés en la ruta de la vida de sus hijos.

CÓMO ELIMINAR EL ABUSO VERBAL

Identifique la primera señal de transformación. Para comenzar a manejar su comportamiento, usted debe identificar la primera señal que indica que usted comienza a perder el control. Puede tener la boca seca, las orejas rojas, la cara ruborizada, mariposas en el estómago o palpitaciones del corazón. ¿Qué señala el comienzo de su transformación? Es imperativo identificar esta señal, porque es parte de una cadena conductual a la que ya se ha acostumbrado. La primera señal puede llevarlo al segundo enlace en la cadena, que es dónde puede tomar una decisión importante.

Conscientemente elija arreglar la situación. Usted puede usar su primera señal de transformación como una marca para manejar la situación, en lugar de una señal para la transformación. Cuando sienta la marca que ha identificado en el paso número uno comienza a aparecer, usted puede tomar una decisión consciente y utilizarla para iniciar su secuencia para arreglar la situación.

Dé una respuesta incontestable. Usted necesita superar ese momento de impulso. Para lograrlo, debe hacer que sea imposible abusar de su hijo. ¿Qué debería conseguir? Abandone la habitación. Salga de la casa. Haga todo lo necesario para garantizar que no abusará de su hijo.

Dígale a su persona de confianza. Usted es abusivo porque no tiene la responsabilidad. Para poder detenerse, usted debe asumir la responsabilidad. Escoja a un amigo, un miembro de la familia o alguien más para que sea su "persona de confianza". Usted será moralmente responsable con esta persona. Cada vez que usted escriba un pensamiento destructivo o evite una situación de abuso, llame a esa persona. Léale lo que escribió en su diario de responsabilidad y háblele de cómo se siente.

Involúcrese en una interacción positiva. Cuando esté pasando por una etapa de impulso, regrese a la habitación con su hijo. Déle un abrazo, una palmadita en la espalda; haga algo positivo.

A largo plazo: obtenga terapia. Usted necesita ver a alguien regularmente para lidiar con lo que le pasa. Puede ir con un terapeuta, un sacerdote, una trabajadora social, alguien que lo escuche y continúe guiándolo en la dirección correcta. Asegúrese de que se está cuidando a sí mismo.

Lidie de modo directo con el comportamiento destructivo.

La aceptación de los miembros de la familia no significa aceptación de *todas* las actitudes o comportamientos. Significa valorar al ser humano y mirar lo que vale, su vulnerabilidad y lo bueno. Si hay una situación en donde alguien se comporta destructiva o exageradamente —ser irrespetuoso, mal portado, bebedor o usar drogas— usted puede lidiar con él o ella de una forma que comunique de manera clara que su comportamiento es inaceptable, de tal forma que finalmente se promoverá su autoestima. Por ejemplo, usted puede decir "No puedo y no toleraré o apoyaré tu comportamiento porque sé que tú eres mejor persona que esto. No te juzgo porque sé que tienes mejores cualidades, rasgos y características. Sé que puedes responder de una manera más sana y positiva. Y no te permitiré que seas menos de quien eres. Voy a requerir que seas una mejor persona".

4. ***Respete y reconozca abiertamente los papeles y contribuciones de cada miembro de la familia.*** En una familia sana e interconectada, todos tienen un papel y un objetivo. De hecho, todos deben sentir y saber que tienen una contribución que hacer a la familia, sería terrible si no lo hicieran.

Como mencioné anteriormente, durante mis años de secundaria y preparatoria, estuve muy metido en el deporte. Con frecuencia, mi familia iba a mis juegos y me veía jugar futbol bajo las luces brillantes del estadio, o básquetbol, en una cancha cargada de emoción o luchar en un gimnasio lleno de gente. Para una familia pobre, sin dinero para entretenimiento y sin prospecto alguno, ir a mis juegos era un verdadero evento brillante. Si anotaba un *touchdown* o hacía una gran jugada, había un gran orgullo familiar. La gente se acercaba a mi padre, le daba un palmada en la espalda y decía: "Gran juego, Joe", como si él mismo hubiera jugado. Yo era el entretenimiento de mi familia y una fuente de orgullo. Tan retraído como era, ése era uno de mis papeles. Era "aceptación" para mí y servía como propósito necesario para la familia. Me sentía bien con eso porque yo sí importaba.

> Resultado de encuesta: Cincuenta y tres por ciento de los padres indicaron tener un resentimiento significativo al hacer sacrificios como padre.

Algunas familias tienen un "bufón", el designado como el payaso de la familia. Normalmente, la madre de una familia es el "pegamento", el adhesivo que sostiene a la familia junta. Las madres, típicamente, cumplen el papel de cuidadoras, sobre todo al asegurarse de que todos estén nutridos (forzándolos a comer a todos, si es necesario). Yo encontré una madre así recientemente, Gail, la madre de Anna, uno de los miembros de mi equipo de trabajo. Gail tuvo que ser operada del corazón y se recuperaba en el hospital cuando Anna llegó a la habitación para verla por primera vez después de la cirugía. Parecía que apenas estaba viva, su cuerpo tenía tubos intravenosos que salían en todas direcciones, Gail levantó la mirada, viendo borrosamente que su hija había viajado cientos de kilómetros para verla, y llamó a su esposo. "Ed", le dijo con voz que apenas se escuchaba, "necesitas conseguirle a tu hija algo de comer".

Aunque los papeles son flexibles y están sujetos al cambio, no hay enmendaduras en los papeles entre padres e hijos en una familia sana. Hay una jerarquía dentro de la familia, una muy clara ley del más fuerte. Establecer papeles claros en su familia requiere que usted:

Sea una figura de autoridad clara. En una familia fenomenal, usted como padre no es realmente el "amigo" de su hijo, ni ellos son sus iguales. Usted puede ser amigable y debe serlo, pero jamás traspasar el límite. Sus hijos necesitan que sea una figura de autoridad que les permite saber en dónde están los límites de comportamiento aceptable. Tratar de ser su amigo sólo minará su autoridad. Inevitablemente, cuando usted debe pasar del papel de amigo al del padre para poder disciplinar a su hijo, puede ser muy confuso y dejarlos con el sentimiento de traición. "¡Yo creí que eras mi amigo y ahora me castigas [o te llevas mis juguetes]!" Así no funciona. Usted es o padre o amigo; no puede ser ambos.

Tome las decisiones en su familia. Cuando todo está dicho y hecho, las decisiones finales recaen en usted. Mi propia familia es muy democrática; tomamos en consideración la opinión de todos. Pero cuando se refiere a tomar una decisión, no formamos un comité. Robin y yo siempre tenemos la última palabra.

Nunca tenga favoritos. Ningún niño está por encima de otro, y como padre, usted nunca debe tener favoritos. Los niños sienten el favoritismo, y con frecuencia lo interpretan cómo falta de amor. Esto deja un residuo que se puede mostrar más adelante como baja autoestima.

Así que el mensaje debe ser obvio: Un espíritu de aceptación es un requisito básico para alimentar y construir una familia fenomenal. Cuando usted exhiba un espíritu que diga que acepta a sus niños, está diciendo que aunque no siempre apruebe lo que sus hijos hacen, los ama. Usted está diciendo que a pesar de todas las cosas que le gustaría que hicieran o no hicieran, la base es que los acepta como son y siempre los apoyará. Cuando los niños viven con aceptación, aprobación y alabanza, ellos aprenden a quererse a sí mismos, a tener fe y a amar.

FACTOR #2: PROMUEVA EL RITMO EN SU VIDA FAMILIAR

Uno de los temas más importantes que me escuchará repetir a lo largo del libro es que la familia fenomenal tiene un cierto ritmo, un compás que comunica: "De aquí somos, es en donde estamos parados y lo que hacemos juntos". La vida comienza con este ritmo. Un niño que aún no nace siente los latidos del corazón de su madre desde el útero, un sonido agradable y relajante que continúa hasta después del parto; cuando ella sostiene a su bebé de manera instintiva contra su corazón, un ejemplo del orden natural del universo. Es el compás de la vida lo que nos da tranquilidad, la seguridad y certeza que nos alimenta y nos ayuda a crecer, y después nos conecta a un ritmo más profundo de vida dentro de nuestra familia. Los niños necesitan este ritmo en sus vidas y es inquietante para ellos cuando no lo tienen. Este factor es absolutamente crítico para el bienestar de su familia.

Cada familia tiene un ritmo distintivo o diferente. La familia con seis niños tiene un ritmo muy diferente a la familia con uno. Si usted compara a la familia que vive en la Calle Elm #6 en Estados Unidos y a la familia de la Calle Elm #7, también en Estados Unidos, usted escucharía un ritmo distinto, dos canciones diferentes. Aunque ambas podrían ser canciones hermosas, cada una es diferente. En algunas familias, el ritmo puede ser metalero, mientras que en otras puede ser un ritmo suave de jazz. Pero no todos los ritmos son buenos; pueden estar definidos por caos, dolor, estrés, heridas, rencor, paranoia, falta de confianza, desacuerdo o estándares de relaciones deterioradas. Son ritmos obscuros. Ése puede ser el ritmo de su familia.

Por medio de la práctica privada de psicología y ahora por medio de la televisión, he buscado educar literalmente a millones de padres y familias, ayudándoles a crear y mantener un ritmo en su vida familiar que aunque no dé el acorde perfecto —porque no existe el padre perfecto o la familia perfecta— es significativo para cada persona en la familia. Si usted no puede encontrar su ritmo o no le gusta el ritmo, ¿Cómo lo cambia o crea uno nuevo? Permita que las siguientes notas le ayuden a definir para usted el ritmo en su familia y cómo restaurarlo.

1. *Cree una paz predecible de vida familiar.* Sé que es difícil acomodar eventos del día o la semana en su agenda, pero su familia necesita paz; un nivel de progreso a lo largo del día, construido alrededor de actividades clave. Por ejemplo: establezca horarios específicos para las horas en que se sirven los alimentos y para ir a dormir; establecer una lista específica de ayuda en el hogar, tener ciertos horarios para tareas, televisión, uso de internet, etcétera. La constancia de estas cosas otorga una dimensión coherente a la vida familiar de la que cada uno depende. La predicción puede tener un efecto relajante y conciliatorio.

Juegue o realice actividades como familia. Los niños son inventivos por naturaleza y disfrutan los juegos en familia. Al tener de manera regular un juego o un rompecabezas para armar por la noche, cada semana, usted le da a su familia una estructura positiva, algo que cada uno empieza a desear y crea oportunidades para la conexión y la comunicación. Por cierto, simplemente ver la televisión o una película no es una actividad familiar ya que no requiere interacción.

Desarrolle proyectos voluntarios juntos. Otra forma de crear ritmo es alentar a toda su familia para que hagan trabajo voluntario juntos y que ayuden a los menos afortunados. Involucre a su familia en la iglesia, en un refugio o en una actividad de caridad con regularidad. Haga lo que haga, convierta el concepto de dar en un comportamiento pro activo. Cuando usted lo haga, dará a sus hijos un gran sentido de logro, y el valor de dar se convertirá en algo tan forjado en la fábrica de su vida familiar que definirá quién es su familia y por lo que lucha.

2. *Refuerce los valores de su familia.* Éstas son las convicciones fundadoras por las cuales su familia se sostiene: convicciones con las que se rige, no parte, sino todo el tiempo. Al reconocer y vivir sus valores, usted lleva este ritmo tan necesario a su vida. Una forma de hacerlo es darles voz a sus valores por medio del diálogo constante, para reforzar lo que su familia abraza y sostiene con tanto cariño. Por ejemplo, Robin y yo siempre hemos definido para nuestros hijos lo que significa ser un McGraw. Decimos cosas como: "Los McGraw no mienten, roban, hacen trampa, dicen groserías, hacen comentarios racistas o son malos con otras personas. Los McGraw no se burlan de la gente discapacitada, y no hablamos ni somos groseros con los vecinos o los ancianos". Usted debe explicarles a sus hijos por qué la familia no hace esas cosas, por qué eso es inaceptable. Usted

puede explicarlo diciendo que no es justo o correcto. No es algo de lo que se pueda sentir orgulloso o quizá no es productivo.

3. **Cree un sentido de la identidad de su familia.** Una forma de hacer esto es investigar su árbol genealógico. Con frecuencia, las grandes historias familiares se olvidan, y, como resultado, la gente deja de existir en nuestra memoria. Haga que sea un proyecto el aprender acerca de las generaciones previas, incluyendo a aquellos que han muerto. ¿Quién sabe? Usted podría estar relacionado con alguien famoso o no tanto. Entender la historia de su familia refuerza los lazos entre miembros de la familia.

Además, involucre a su familia en crear un símbolo familiar, así como las culturas antiguas solían hacerlo cuando diseñaban coronas familiares para sus hogares, clanes y escudos de batalla. Este es un proyecto familiar valioso que tiene mucho valor, al aprender acerca de las raíces familiares y al construir un equipo de trabajo entre miembros de la familia.

4. **Establezca patrones de conducta.** Probablemente, hay cosas que su familia constantemente adopta o repite, y éstas son parte de los patrones de conducta. Muchos deben estar muy ajustados y no abrirse a la discusión constante. Por ejemplo, desde que yo tenía tres años, mi papá siempre me dijo: "Hijo, cuando conozcas a alguien, te paras, le hablas por su nombre, lo miras a los ojos y le das un saludo de mano firme". Así que si alguien venía a nuestra casa o nos encontraba en la calle, yo sabía exactamente lo que debía hacer. No estaba perdido, intimidado o

confundido. Sabía lo que se suponía que debía hacer y eso quitaba la presión de mis hombros.

Como niños, aprendimos pronto acerca de la importancia de ser considerados con otra persona. Nos dieron lecciones sobre modales y moderación de uno mismo. Tuvimos un ritmo en nuestra familia de siempre decir "por favor" y "gracias". Nunca entramos a una cocina sin playera, ni antes ni ahora. Respetar la privacidad del otro, pedir permiso para entrar a su habitación y mostrar respeto eran los patrones de conducta que vivimos. Yo no entraba a la habitación de mi hermana, esculcando para encontrar algo. Le preguntaba si estaba ahí y si podía entrar a buscar. Ella no entraba a mi habitación para tomar prestados mis calcetines para ir a correr; tenía que pedirlos. Había un ritmo que se sentía como si todos tuviéramos un espacio dentro de nuestra casa. No teníamos que guardar bajo llave nuestras cosas. No teníamos que esconder nada, porque sabíamos que nadie se metería con ellas. Una familia con patrones de conducta es una familia que funciona bien.

5. *Sea responsable de sus elecciones.* Usted y su familia son enteramente responsables de las elecciones que hacen. Las elecciones que usted hizo y continúa realizando son cien por ciento su responsabilidad, y hay un costo por éstas, buenas o malas, para aquellos con quienes comparte su vida, porque afectan a todos los demás. ¿Recuerda mi punto anterior acerca de cómo todos estamos pintados por la brocha de los otros? Usted elige las actitudes que trae a sus relaciones familiares. Elige las emociones y sentimientos que controlarán su comportamiento en la familia. Y elige cómo quiere actuar y reaccionar con los

demás en la familia. Sus elecciones afectan su interacción
con los otros.

Cuando pienso acerca de esto, no puedo evitar recordar a
Tom, mi amigo de la secundaria, y cómo solíamos atrapar y
coleccionar serpientes. En un momento, teníamos 30 serpientes, incluyendo ocho o diez víboras de cascabel que eran
enormes. Mi papá, mi mamá y mis tres hermanas tenían fo-
bia absoluta a las serpientes, estaban tan horrorizados por
ellas que yo no tenía permiso de tenerlas en ningún lugar de
la casa. Pero el papá de Tom no tenía problemas con las serpientes, así que las manteníamos en jaulas en su patio. De
esta forma, podíamos sacarlas para jugar con ellas cuando
quisiéramos. Yo no tenía permiso de hacer esas cosas en mi
casa porque afectaba a mi familia. Yo tenía la responsabilidad de lo que hacía.

Reconocer genuinamente su responsabilidad, y cómo sus
elecciones afectan a los otros miembros de la familia, significa que usted debe estar dispuesto a preguntarse cosas como
las siguientes:

- ¿Existen ciertos comportamientos o malos hábitos que
  necesito detener? Si es así, ¿cuáles son?

- ¿Gasto más dinero de lo que puedo pagar, posiblemente
  arriesgando la situación financiera de mi familia?

- ¿Elijo vivir de manera arriesgada y sin contemplar mi
  seguridad personal?

- ¿Estoy teniendo problemas en el trabajo, causados por
  mis propias actitudes o comportamiento o por comprometer mis principios?

- ¿Considero las consecuencias de un cambio de carrera,
  positivas o negativas, para mi familia?

- ¿He tomado riesgos innecesarios?
- ¿De alguna forma he tratado injustamente a mis hijos?
- ¿Estoy fallando en el cuidado de mi salud al no reparar lo suficiente en mí mismo?
- ¿He fallado en tomar mis votos de matrimonio seriamente, no estando disponible emocionalmente o siendo infiel? ¿He considerado cómo afecta este comportamiento a mi familia?
- ¿Elijo poner el trabajo sobre la prioridad que es la familia?

Responda estas preguntas y cualquier otra que le llegue a la mente, para ver de qué modo sus elecciones tienen el poder de impactar a su familia. Permita que sus respuestas identifiquen para usted cuáles son las prioridades que necesitan reubicarse.

6. *Defienda a su familia y a cada uno en ella.* En una familia fenomenal, la familia está primero; por lo tanto, la lealtad es crítica para establecer ritmo en su familia. Usted no deja a su familia por su novio, novia o sus amigos. No hay un escenario de ellos contra nosotros. Se trata sólo de nosotros. Ciertamente, usted debe apoyar al equipo en donde juega su hijo, los amigos que tiene, el coro del que es miembro; y aquellos subgrupos a los cuales usted les tiene lealtad. Pero es un nivel distinto de lealtad del que tiene por su familia. Su sentido de pertenencia primario viene de su familia. Usted no puede servir a dos patrones; no puede tener lealtades divididas.

Los miembros de una familia se defienden y dan la victoria uno al otro. Cuando mi hijo Jay tenía nueve años, un amigo vino a jugar a nuestra casa. Este amigo en particular contaba con una familia grande que era muy combativa, física y verbalmente. Cuando mi hijo más chico, Jordan, entró al cuarto, queriendo participar en las actividades, el amigo de Jay se agitó y le hizo bromas. Después de poco rato, Jordan fue por unas galletas para todos. Cuando se fue, el amigo de Jay sugirió que se fueran por la puerta trasera y se escondieran para que Jordan no los pudiera encontrar. Jay se negó diciendo: "Nosotros no somos malos los unos con los otros en nuestra familia". Jay estaba siendo leal con su hermano menor.

Una vez trabajé con una familia problemática en donde el hijo se había involucrado mucho con las drogas, fue atrapado por tráfico y lo enviaron a prisión. La familia estaba avergonzada por los actos criminales, sobre todo la hermana. Mi mensaje para ella fue: Sé leal con tu hermano; no te avergüences de que sea tu hermano. Si alguien te pregunta ¿Tu hermano está en la cárcel?, responde diciendo: "Sí, hizo unas elecciones muy malas. Ahora está pagando por eso y realmente estoy apoyándolo para que dé un giro a su vida".

La lealtad comienza en el hogar. Los miembros de una familia hacen sacrificios por el resto. Se unen por los demás frente a otros. Se sostienen por su familia. Los amigos van y vienen, pero usted sólo tiene una familia, y será suya para siempre.

Supongamos que hay una "nota plana" en el ritmo de su familia: ¿un padre adicto al trabajo, una pareja que no apoya el deseo de crear una familia sana o un padre con un lado oscuro? Crear el ritmo adecuado no requiere la participación de ambos padres. En un mundo perfecto, claro que sí, pero no espere por su pareja. El cambio comienza con usted cuando decide qué hacer con su familia. Al romper el estancamiento de sentarse y esperar a ver quién hace el primer movimiento, usted crea la energía y la renovación. Su pensamiento constructivo será contagioso para todos a su alrededor, sobre todo para su pareja. Lo que usted espera es que por medio de sus discusiones, sus ejemplos y sus elecciones, usted sea una inspiración para todos en su familia.

Necesita reclamar y encontrar el ritmo para su propia familia, uno en el que haya patrones positivos, como la disciplina que establece el orden y no la opresión, una atmósfera que motive e inspire el cambio y los valores que sostienen y definen quiénes son ustedes como familia y en lo que creen. Sobre todo, una familia con ritmo es una en la que ustedes como padres viven el amor que dicen sentir.

Factor #3: Establezca rituales y tradiciones significativas

Ya sean las cenas tradicionales de días festivos que disfrutaba en la casa de los abuelos o las vacaciones que tomaba cada año con sus padres, cualquiera recuerda eventos y celebraciones que definen quiénes somos como familia y cómo estamos conectados unos con otros. De lo que estoy hablando es de las actividades y patrones predecibles en su vida familiar, que sirven como anclas psicológicas y de comportamiento para sus valores y creencias, y dan a su familia una sensación de estabilidad e identidad, refuerzan su herencia familiar, otorgan significado a su familia y continúan creando ritmo en la vida de ellos. Por ejemplo, su familia puede celebrar actos ceremoniales como bautizos o consagraciones judías, rituales de ir a dormir, de un baño seguido por una lectura, o rituales importantes tales como celebrar cumpleaños o aniversarios de bodas. También hay rituales de afiliación, en los que nos identificamos con instituciones, grupos y cosas más grandes que nosotros mismos. Echar porras a su equipo favorito, o pararse hombro a hombro con otros miembros de la comunidad para ver los juegos pirotécnicos del Día de la Independencia son actos que ejemplifican lo que estoy hablando.

Por definición, los rituales familiares son actividades que se repiten, deliberadas o coordinadas y que tienen significado. Usted acepta el compromiso de hacerlas. Usted no las realiza sólo cuando son convenientes y las ignora cuando no lo son. El poder de los rituales y las tradiciones se encuentra en su repetición. Sin estas características definidas, un ritual se convierte en una rutina y pierde su poder.

Para ayudar a explicar este concepto con mayor claridad, permítame compartir con usted algunos de los rituales de mi propia vida familiar. Cuando solía llevar a mis hijos Jay y Jordan a la cama cada noche (después de que Robin había hecho el trabajo duro todo el día), les contaba una historia ficticia que los maravillaba y los convertía en los héroes. "Érase una vez, una gran montaña", yo comenzaba la historia, "y en la punta de la montaña vivía un pequeño niño cuyo nombre era Jordan". Mi historia se desenvolvía lentamente, contando de sus aventuras, su valentía y otras cualidades que inspiraran a mis pequeños. Después de que la historia había terminado, les preguntaba "¿Cómo suponen que de todos los niños en el mundo, yo obtuve los mejores?" Jay y Jordan siempre se reían diciendo "No sé, papá". Hasta este mismo día, estos rituales de ir a la cama permanecen transparentes como el cristal en las memorias de mis hijos. Para los tres, éstos eran rituales de conexión.

Ahora, aquí está mi punto: Rituales como éstos ayudan a sus hijos a adquirir una sensación de continuidad, seguridad y amor, particularmente en el mundo de hoy, en donde hay gran ruptura familiar y distancia emocional, y tanta actividad que es, literalmente, una nube de hiperactividad, diversión y distracción, y que es lo que yo llamo vivir en el carril del láser.

Los días festivos, vacaciones, reuniones familiares y otros eventos especiales que reúnen a las familias son ejemplos de tradiciones. Las tradiciones no son hábitos sin significado o formas de hacer cosas; como los rituales, crean una sensación de identidad y de pertenencia entre los miembros de una familia.

Una de las primeras y más memorables tradiciones celebradas en nuestra familia comenzó cuando nuestro hijo mayor, Jay, tenía cuatro años. Cada año, viajábamos a la Ciudad de Kansas, en donde viví durante mis años de preparatoria, para una de las exhibiciones de luces navideñas más espectaculares y grandiosas de todo el país. Con un interruptor, el área entera de catorce cuadras que medía la *Country Club Plaza* en el centro de la Ciudad de Kansas, se iluminaba con miles de focos de colores de piedras preciosas delineando cada torre, domo, balcón, jardín y edificio. El primer año, cortamos un billete de un dólar a la mitad y lo escondimos en la fuente de la plaza. Al siguiente año, lo sacamos y lo comparamos con el que teníamos. Entonces celebrábamos el comienzo de las fiestas navideñas con esa tradición. Sacamos el mismo billete durante 12 años. Hace como un año, visité Kansas, y Jay quería saber si revisaría el billete. ¡Si ese niño llega a vivir 110 años, nunca olvidará nuestros viajes a esa ciudad!

Desde que nuestros hijos ya estaban lo suficientemente grandes como para tener un vocabulario mínimo, Robin y yo teníamos la tradición de hacer un video en la víspera de Navidad acerca de la visita inminente de Santa Claus, de los recuerdos del año que terminaba y lo que cada chico deseaba y esperaba para Navidad. Siempre teníamos una silla mecedora pequeña en donde sentábamos a los niños, les ponímos un gorro navideño en la cabeza y los entrevistábamos con la cámara. Frecuentemente, bailaban o brincaban, cantaban o esquivaban la cámara. Ésa era su personalidad en ese momento. Cuando fueron creciendo, ponían cara y decían cosas de sabelotodo ante la cámara, pero aún amaban esa tradición familiar. Nuestros rituales y tradiciones familiares eran una de las formas en que creábamos un ambiente cálido, amoroso y nutrido para nuestra familia.

Los rituales y tradiciones de la vida familiar son tan importantes que los científicos sociales nos dicen que sin ellos, una familia puede carecer de formas vitales. Sus hijos tienen más probabilidad de desarrollar problemas de comportamiento; usted experimentará mayor conflicto en su hogar y, en general, usted creará menos estabilidad familiar. Aún más, los rituales han sido fundados para producir cambios positivos en el cuerpo físico, en fortalecer la inmunidad, niveles más bajos de hormonas de estrés y reducción de la presión arterial.

No crea que existe una forma grabada en piedra para hacer rituales y tradiciones. No la hay y no es cirugía del cerebro. Puede haber tantas formas distintas de crear rituales y tradiciones, como familias que las hacen. Una forma no es mejor que la otra. Aquí hay algunas maneras de establecer rituales y tradiciones en su propia familia:

Planee celebraciones con objetivos. Los cumpleaños, el día del padre, día de la madre, día de la Independencia y otros eventos, son oportunidades para crear una tradición e incluso un ritual (ver la lista en las págs. 98-99 sobre cómo crear rituales significativos). Éstos son momentos que tienen un significado específico que pertenece directamente a los miembros de su familia. No los estafe; invierta su tiempo y esfuerzo en una celebración significativa. Durante las fiestas, cree tradiciones como hornear un pastel de manzana cada año o decore el árbol con los mismos adornos. Toque la misma música en las fiestas de cumpleaños. Asegúrese de que sus hijos compren o hagan sus propios regalos. Si usted lo hace por ellos, les quita la oportunidad de ser un participante activo en el ritual. Usted ni siquiera tiene que esperar a esos eventos anuales. Invente una celebración mensual, por ejemplo, una fiesta de "estoy contento de haber llegado al final de mes" o una fiesta de "proyecto de resumen de acontecimientos".

Lleve a cabo rituales de nombramiento. En la mayoría de las culturas nativas, los jóvenes pasan por un ritual de llegada a cierta edad que, con frecuencia, incluye la elección de un nuevo nombre. Nombrar a un bebé bendice al niño y le da la bienvenida a la familia y a la comunidad. Los rituales de renombramiento permiten al individuo relacionarse y expresar lo que está en el corazón de quien es. Usted puede hacer algo parecido a esto con sus hijos hoy. Cuando un niño crece y quiere que lo llamen con un nombre más maduro, por ejemplo, es perfectamente normal decir "Ahora te llamaremos Kathleen, en lugar de Kahty", o "Roberto, en lugar de Beto".

Cuente historias familiares. Ya sea que traten de eventos familiares o de algunos asuntos relacionados, las historias familiares son un vehículo por medio del cual cada generación aprende a interesarse en las previas. Construya momentos especiales de reunión para contar estas historias, complételas con transparencias, fotografías o recuerdos. Traiga los álbumes familiares o las viejas películas para incrementar la experiencia de la historia.

Realice rituales especiales a la hora de la comida. Para incrementar la comunicación en la mesa, haga espacio para que cada miembro de la familia comparta dos cosas buenas que le han pasado durante el día y dos cosas que no fueron tan buenas. Ésta es una forma excelente para que los miembros de la familia se abran ante los otros y sirve para unirlos.

Recen juntos. Para muchas familias, ir al templo a orar es un gran ritual. Los servicios religiosos vinculan a las familias con una comunidad que comparte creencias y brinda apoyo, así como con un poder más alto, y otorgan una experiencia de unidad. La participación familiar en los servicios religiosos es una forma excelente de estimular la fe a través de rituales y establecer un vínculo espiritual con los niños.

Lo importante es que usted encuentre maneras para mantener unida a la familia. Cumpla o no ciertos estándares que haya leído, con los que estén de acuerdo con lo que sus vecinos hacen no debe importar. La prueba de fuego es reconocer si lo que hacen como familia genera unión, comunicación, continuidad y cercanía. No es importante que siga determinados principios. Sino que éstos funcionen, y que escriba las reglas. Concéntrese en lo que funciona para la familia.

CÓMO CREAR RITUALES SIGNIFICATIVOS EN SU VIDA FAMILIAR

Todos los rituales, simples o complejos, tienen cuatro características clave que operan conjuntamente para que el ritual tenga un significado especial para cada uno de los involucrados:

Celebración de uno mismo: Normalmente, un ritual se enfoca en una o varias personas que expresan qué tan especiales son, o para ayudar a identificar sus fortalezas y cualidades. Usted tiene un ritual para el momento de ir a la cama al contarles un cuento a sus hijos, por ejemplo, para unirse emocionalmente con ellos, o su hija participa en su graduación de primaria como un paso hacia su futuro.

Separación a un lugar sagrado o especial: Debido a que los rituales están destinados a celebrar el cambio, necesitan llevarse a cabo en un lugar especial, fuera de su vida regular. Usted puede realizarlos en un lugar de oración, en el campo o en un lugar callado o, simplemente, puede transformar el ambiente del hogar con velas, música o juguetes especiales con los que sus hijos disfrutan jugar.

Transición: Esta parte del ritual reconoce el nuevo papel de una persona o su entrada en otra etapa de la vida —su bebé es bautizado y lo rocían, su hija cumple doce años y es festejada con regalos, o la familia se reúne para celebrar el 50 aniversario de los abuelos. Con frecuencia, hay algún tipo de componente simbólico para esta parte del ritual.

Esmero personal para una vida mejor: Para que un ritual tenga significado, debe permitir al individuo apreciar más que nunca qué hay en su corazón: un hijo quien ha obtenido el estatus de adulto ahora puede tener más privilegios y más responsabilidad; un adolescente que tuvo un logro, ahora puede ser honrado por la familia.

Factor #4: Sea activo en su comunicación

Las mejores cosas que les puede dar a sus hijos son sus oídos y su voz. Cuando mi hijo Jay le preguntó a los adolescentes del país qué era lo que más querían de sus padres, la respuesta número uno era que ellos se involucraran en sus vidas. Los hijos no quieren ser interrogados, ¡sólo platicar! En el corazón de una familia fenomenal hay una comunicación activa. Me refiero al diálogo significativo que toma en cuenta la necesidad de cada miembro de la familia de ser aceptado, respetado, alentado y sentirse seguro, y busca satisfacer estas necesidades como parte de la práctica diaria. Cuando usted se comunica activamente, escucha con el objetivo de entender, responder sin juzgar, compartir información de manera abierta y honestamente, para hacerlo de manera que mantenga las relaciones familiares sobre bases sólidas y amorosas.

Desgraciadamente, la agenda de la comunicación familiar se ha convertido en algo guiado por problemas. Aun en las familias más fuertes, si con frecuencia la gente no habla de otra cosa que no sean problemas, lo que siempre tendrá son relaciones conflictivas. No se comunique sólo cuando hay problemas o cuando está molesto con otro o decepcionado por algo.

Algunas familias fallan al hablar, algo que causa más problemas de lo que se puede imaginar. Mi investigación clínica muestra que la cantidad de problemas en que los niños se involucran es inversamente proporcional al número de palabras que se dicen en el hogar. Lo que eso significa es que entre menos se habla en casa, los hijos se involucran en más dificultades fuera del hogar. Por lo tanto, necesitamos impulsar la comunicación activa en nuestras familias. Aquí hay diversas estrategias para llevarlo a cabo en familia:

1. *Hable acerca de las cosas que no importan.* Comente las cosas pequeñas, como lo que pasó en su día o en el día de su hijo. Este enfoque tiene el valor de mantener las líneas de comunicación abiertas, sobre todo cuando hay problemas o una emergencia. Hay una analogía útil en la medicina que ilustra de qué estoy hablando: Si alguna vez usted ha estado en urgencias, ha sido hospitalizado o ha estado con alguien en esa situación, quizá notó que el primer procedimiento administrado es la colocación del suero intravenoso. Esto se hace rápidamente para que haya una canalización intravenosa en caso de que el paciente padezca algo como una fuerte convulsión. La línea a la vena ya está abierta, y la medicina puede ser inyectada directamente al torrente sanguíneo. Ya hay flujo constante. De manera similar, cuando es momento de hablar acerca de algo serio con su hijo, las líneas de comunicación ya están abiertas. ¿Cómo espera hablar con ellos acerca de cosas que importan si no ha practicado hablar de las cosas que no son relevantes? Entre más hablen unos con otros, más fuertes serán los lazos. Usted se encuentra en un plano completamente distinto y no hace nada por transformar esta relación.

2. *Cambie el fondo o el contexto en que se realiza la comunicación.* Descubrirá que sus hijos están más cómodos, receptivos y tienden a abrirse más en ambientes seguros, que si usted los sienta en una silla o la mesa para hablar. Esto sirve sólo para hacerlos más defensivos y suspicaces, y se desconectarán de usted. En dichas circunstancias, lo que es real nunca tiene voz, y lo que tiene voz nunca es real.

Permítame darle un ejemplo de cómo la comunicación activa se incrementa cuando está en un ambiente en el cual su hijo se siente cómodo. Mi hijo Jordan y yo tenemos un videojuego de futbol, en el que yo comienzo abajo y disminuyo paulatinamente. No tengo idea de cómo generar puntos extra y la mitad del tiempo detengo el control al revés. Es obvio que me gana siempre y que disfruta mucho administrando cada paliza. Sin embargo, el juego se ha convertido en el fondo de conversaciones importantes en las que él me ha compartido muchos de sus pensamientos más profundos. Escuchar discos compactos con sus hijos, ir con ellos a ponerle gasolina a sus coches o jugar cartas juntos, son modos de relacionarse que rompen las barreras, dando a ambos un resultado mucho más alentador del que se obtiene al forzar la comunicación. Usted obtendrá más información y una mejor unión, siempre y cuando no interrogue o le dé a su hijo una atención de tercera.

Haga tiempo para hablar en el coche, mientras juegan a algo o antes de ir a la cama. El punto es hacer un esfuerzo consciente para buscar momentos para hablar con su hijo a solas.

3. *Conéctese al mundo de su hijo.* Cuando hay algo que su hijo hace y usted no entiende al principio, el primer paso no debe ser juzgar o criticar. Su primer paso debe ser conectarse. Si a su hijo de catorce años le gusta la música *rap*, por ejemplo, y es música que no está vetada en la radio, acérquese a él en ese tema. Si mi hijo compra discos compactos nuevos, quiero hablar de eso. No es la música lo que es importante. Lo relevante para mí es que es importante para él.

No sólo se conecte con sus gustos o compras musicales; también con todo en lo que él se involucra o en lo que está interesado: materia favorita en la escuela, sitio de Internet favorito, amigos, etcétera. Sepa lo que pasa en la vida de sus hijos y en sus cabezas y corazones. Después hagan un compromiso por interesarse de manera activa en la vida del otro. Si quiere tener intereses mutuos, ustedes deben estar disponibles mutuamente.

4. Hable de temas delicados, como la política o la religión. Estas discusiones tienen el propósito de enseñar a sus hijos cómo expresar sus opiniones y comunicarse. No es un debate, sino una oportunidad para ellos de sentirse libres de articular opiniones sin crítica. Dar un foro para que su hijo se exprese es una de las formas en que usted puede reforzar la confianza en él mismo e incremente sus habilidades de comunicación.

5. Hagan "colchas" juntos. De hecho, este es un término que yo utilizo para describir las interacciones familiares que involucran una actividad en común. Originalmente, hacer colchas era una actividad grupal en la que se unían pedazos de tela para formar una colcha como distracción para fines benéficos. El objetivo de hacer colchas es comenzar un proyecto de grupo; no necesariamente coser colchas, sino estimular el espíritu general del grupo. Ejemplos de proyectos conjuntos incluyen pintar una habitación, limpiar la casa, lavar el coche, hacer una casa de muñecas, o una casa en un árbol, o plantar un jardín.

Hacer colchas es una forma excelente de crear oportunidades para la comunicación y reunir a la familia.

Hablaremos con más detalle, ¡mucho más detalle!, de la comunicación como herramienta de paternidad en el capítulo
8. Comience ahora para dar prioridad a la comunicación activa y constante en su vida familiar, aun cuando usted sea el
que deba iniciarla. Esto reforzará las relaciones familiares,
construirá puentes entre usted y los otros miembros y ayudará a alimentar la autenticidad de cada niño.

Factor #5: Aprenda a manejar las crisis

Cuando se habla de vida familiar, no se pregunta si habrá una
crisis o no, sino cuándo. No importa qué tan bien vaya su vida,
ni qué tan bien lleve la paternidad con un propósito, usted se
encontrará con alguna crisis, y ésta afectará su vida familiar.
Quizá usted descubra que su hijo es adicto a las drogas o el
alcohol. Tal vez su familia debe adaptarse a un hijo o un padre
con una enfermedad crónica. Es posible que su familia esté lidiando con un divorcio, o encuentra evidencia de que su hijo se
identifica con alguna contracultura, como los *darks*. Quizá su
hijo esté en vías de reprobar la escuela. Hay retos infinitos que
surgirán, porque la vida no es sólo un viaje de éxitos. Un sello
distintivo de las familias fenomenales es que no entran en pánico ni se dan la espalda unos a otros cuando llega la presión. Las
familias fenomenales tienen miembros leales y emergen de las
crisis más fuertes y unidas que nunca.

Algunas crisis son fruto de nuestras propias acciones; otras
provienen de factores externos a las familias. No importa
cuál sea el origen, una crisis es una llamada para despertar y
ver que algo está mal en su familia y que puede amenazar su

funcionamiento. Recuerde que ciertos eventos podrían no parecer crisis para usted como padre, pero quizá podrían ser enormes ante los ojos de un niño.

Hay algunas familias que cuando se enfrentan a una crisis son propensas al pánico, a descompensarse o desmoronarse. Cuando se enfrentan a los retos, estas familias están limitadas por las creencias de autolimitación. Esas creencias son extremadamente importantes, porque pienso que la gente crea para su vida los resultados que cree merecerse. Si usted es un padre quien cree que la paz, la tranquilidad y las cosas buenas de la vida son significativas para otras personas, las que se merecen cosas buenas, entonces su familia está destinada a una existencia dolorosa. Este tipo de padre simplemente se aferra a la creencia de que cualquier crisis es muy abrumadora e imposible de manejar. Se dan por vencidos, ante un resultado negativo sin pelear u ofrecer resistencia.

Por otro lado, estoy seguro de que usted ha visto otras familias que lidian con una crisis devastadora de manera contractiva. Ellos ven la crisis como un reto manejable, compartiendo una convicción: "Creemos que merecemos sobrevivir intactos y todos encontramos una manera". Como resultado, están mejor equipados para encontrar soluciones manejables y tienen menos probabilidad de pasar por alto alternativas que pueden ser increíblemente poderosas. Estas familias tienen las habilidades para pasar por una crisis y surgir más fuertes que nunca, con mayor atención a lo que importa; un enfoque renovado en las prioridades, una brújula moral más clara y un sentido de propósito más afilado en sus vidas o relaciones familiares, que son más amorosas de lo que habrían sido de otra manera. Comprenda esto: Usted *sí* tiene una opción para que la crisis sea la ruina absoluta de su familia, o para que ésta se reúna, surja con mayor fuerza y conozca el valor de la adversidad. El peor de los momentos puede sacar lo mejor de su familia.

Su mejor oportunidad para navegar por las duras aguas de una crisis es tener un plan de manejo de crisis, diseñado a conciencia para superar las cosas difíciles antes de que suceda el golpe. En los primeros años en mi carrera, tuve el privilegio de involucrarme profesionalmente en la aviación —una de mis pasiones desde muy joven— como consultor de factores humanos para diversas aerolíneas, reconstruyendo las circunstancias psicológicas que llevan a los desastres de aerolíneas.

Para el manejo de la crisis, la industria de la aviación adoptó lo que se conoce como un plan de manejo de recursos de la cabina, que incluía un procedimiento de emergencia muy específico. La clave era que el plan de emergencia se decidía con mucha anticipación de acuerdo con el equipo de vuelo que se enfrentaba a la emergencia. La razón para esto era muy obvia: El momento de decidir qué hacer cuando hay un incendio en el motor no es cuando ya hay un incendio en el motor, es antes de que suceda. Los pilotos tienen acceso a un manual extenso de dos mil páginas que describe qué hacer en cualquier caso de emergencia. Pero, como habrá sospechado, ellos no tienen tiempo para buscar en el manual hasta encontrar la manera de evadir el peligro; ni siquiera confían en su memoria. En lugar de esto, tienen algunas instrucciones de emergencia impresas en negritas pegadas al panel de instrumentos, que les dicen exactamente qué hacer en una crisis; por lo tanto, pueden reaccionar ante los problemas de manera oportuna.

Estoy convencido de que las familias deberían tener un plan similar para el manejo de crisis: líneas escritas que establecen exactamente lo que su familia hará cuando las cosas se salen de control o algo va mal, para que ni siquiera tengan que pensar. El momento de hacerlo es ahora mismo. Su plan "en negritas" puede incluir cualquiera de los siguientes puntos:

Prepárese antes de que la crisis ataque. El punto crucial de la crisis es la preparación. De la página 110 a la 113 se muestran las señales que indican cuando usted pueda tener una crisis en sus manos, o de que está una en camino. Como padre, manténgase alerta a estas señales tempranas. Ignorarlas puede significar un resultado trágico para su hijo o para la familia.

Mantenga la calma. No importa cómo se sienta cuando la crisis llegue, debe permanecer calmado. Contrólese a sí mismo, y esto inspirará confianza y seguridad en el resto de la familia. Haga ejercicios de respiración profunda si es necesario, ya que esto le dará a su cerebro más oxígeno para pensar claramente y tomar mejores decisiones.

Quite el peligro. Esto puede significar llamar a la policía, confiscar objetos peligrosos, evitar que su hijo tenga contacto con ciertas personas o apartarlo de un lugar peligroso (física o emocionalmente).

Trabaje en el problema, no en la persona. Una de las herramientas a su disposición para manejar y superar la crisis es trabajar en el problema, no en la persona. Nunca ataque o culpe al miembro de la familia en crisis. Cuando usted está molesto con un hijo, puede ser muy tentador culparlo o criticarlo. Sin embargo, si usted elige culpar a un niño de los problemas, él aprenderá a cubrir sus pasos la próxima vez que se meta en líos. Y créame que él se meterá en problemas nuevamente, ya que el comportamiento propenso a la crisis sin resolver no hace otra cosa que incrementarse.

Si mejor dirige sus energías a la solución del problema, usted se asegura de que trabaja la crisis para solucionarla, en lugar de enjuiciar a la persona con la culpa y el castigo. Con sólo ejercer ese simple control en su vida familiar trabajando el problema y la crisis, no a la persona, usted ha dado otro paso gigantesco hacia la construcción de una familia fenomenal.

Cierre filas. Cuando surge una crisis, los miembros de la familia tienden a darse la espalda unos a otros, culpándose y lanzándose ataques personales. Una vez que este espíritu toma el control, la relación se paraliza y la destrucción de las relaciones familiares comienza. Existe poca coexistencia pacífica y de apoyo por parte de la gente que se supone debe aceptar y creer en ellas mismas y en los demás. Nunca, nunca se pongan en contra del otro, extiendan las relaciones familiares al límite o se rinda ante la presión. En lugar de eso, cierren filas y apóyense uno al otro. Usted debe entender que las relaciones no deben basarse en la culpa o los ataques personales. Si los miembros de la familia no pueden recurrir a los demás, la crisis destrozará la unidad familiar y hará prácticamente imposible el que atraviesen juntos los momentos problemáticos.

Comuníquese. Para manejar una crisis familiar, la comunicación es vital. Sea honesto y aliente un ambiente de apertura. La mejor forma de lograr esto es simplemente dejando de hablar y comenzando a escuchar. Dé a su hijo atención sin divisiones. Escuche a su hijo, o escuche a las autoridades y su punto de vista. Permita que sus hijos hagan preguntas libremente, y premie sus preguntas con palabras tales como: "Estoy contento de que hayas venido a mí con esa pregunta". También dígales: "Estoy aquí para ti, para responder a tus preguntas y preocupaciones". Cuando usted habla, las palabras en sí son menos importantes que la actitud que transmite. La actitud que usted debe adoptar es de esperanza para la solución de la crisis y de amor por su hijo, sin importar nada más.

Dé al miembro de la familia en crisis la seguridad de que el hogar es un lugar seguro, en donde la familia se preocupa por él. Quizá no le guste lo que su hijo hizo; con certeza, usted no aprobó que reprobara en la escuela, usara drogas, fuera promiscuo o cualquier otro motivo de la crisis, y hace responsable a su hijo por su comportamiento, pero él o ella sabe que usted le ayudará a controlar el daño de la situación. De hecho, en una familia sana nadie debe tolerar un comportamiento inadaptado, como la violencia física y abuso mental o emocional y, ciertamente, ningún abuso de sustancias. Si las ruedas se salen, se saldrán, pero usted se va a mantener al lado de su hijo durante la crisis y lo ayudará a superarla. Usted es un recurso para sus hijos. Dígale a su hijo: "Me preocupas, tú eres mi más alta prioridad y estarás protegido". Además, transmita a su familia lo siguiente: "La vida no será así por siempre. Nuestra familia *sanará*".

Mantenga un grado de normalidad. Quizá no pueda hacer lo que solía hacer, pero trate de mantener sus rutinas y rituales familiares diarios tanto como sea posible. Esto tendrá un efecto estabilizador y de calma en el resto de la familia.

Contacte y utilice los recursos que tiene. Su familia no tiene que pasar sola por una crisis. Haga uso de recursos como un pastor, ministro, rabino u otro líder espiritual; otros miembros de la familia; los profesores de sus hijos; el psicólogo o consejero de la escuela; el pediatra de su hijo;

grupos locales de apoyo; o la asociación de salud mental de su condado o estado. Estos recursos le ayudarán a identificar e implementar soluciones constructivas. Permítales ayudarle.

Esté abierto a todas las soluciones, aun las que usted quiera pasar por alto en un principio. No porque usted no esté sinceramente de acuerdo con un posible planteamiento, esto significa que no podría funcionar en su familia. No cierre la puerta a ciertas alternativas o herramientas para salir adelante, tales como actividades de reducción de estrés, sin explorarlas completamente primero. Quizá piense que no le ayudarán o que no funcionarán. ¿Pero qué pasa si esto es lo que usted necesita cuando la crisis golpea? Por favor, entienda: Ahora no es el momento de juzgar y resistirse a algunas herramientas y recursos que le pueden ayudar realmente. Si usted toma esta actitud, podría estar haciendo trampa a su familia más tarde.

No se preocupe por el futuro. Deje de preguntarse a sí mismo "¿Qué pasará si algo sucede nuevamente?". Recuerde que algo traumático sucedió y lo superó. Si algo sucede nuevamente, usted lo superará también.

Señales de alerta

Aquí hay algunas señales de alerta que puede utilizar para determinar si un miembro de su familia está en camino hacia una crisis.

AL PONER EN PELIGRO A UNO MISMO
O A LOS DEMÁS

· Pláticas acerca de cometer un acto criminal u hostil, especialmente en contra de él, con un plan.

· Comienza a poner en acción el plan; por ejemplo, a acumular armas, veneno o pastillas para dormir.

· Regala posesiones preciadas.

· Comienza a tomar riesgos impulsivos consigo mismo u otros.

· Comienza a descuidar su apariencia.

· Abusa de las drogas o el alcohol.

· Se aísla a sí mismo (a) (escapando, saliendo de la escuela, etcétera).

· Muestra cambios drásticos de comportamiento y el estado de ánimo.

· Tiene un amigo cercano o un familiar que comete un acto hostil o suicidio.

· Pierde o aumenta de peso.

· Tiene problemas de sueño (duerme excesivamente o tiene insomnio).

· Muestra poco juicio de manera consistente.

DEPRESIÓN

· Pérdida de interés en todas las actividades, especialmente aquéllas en las que se interesaba previamente.

· Alteración del apetito con cambio en el peso, sea aumento o disminución.

· Dificultades para dormir.

- Agitación e inquietud.
- Poca energía.
- Grandes sentimientos de inutilidad o culpa.
- Dificultad para concentrase o pensar en soluciones.
- Ideas de suicidio.
- Alucinaciones, delirios o suspicacia extrema hacia otros.

Estrés elevado

- Problemas para concentrarse debido a un evento traumático significativo.
- Miedo, desamparo u horror intensos.
- Falta de respuestas emocionales (indiferente, aturdido).
- Reducción de conciencia del medio ambiente ("estar en el limbo").
- Pérdida de memoria, especialmente acerca de un evento traumático.
- Pesadillas e imágenes recurrentes o pensamientos temerosos.
- Poca concentración.
- Irritabilidad e inquietud.
- Problemas para dormir.

Abuso de drogas

- Cambio de amigos; el nuevo mejor amigo usa drogas.
- Descuido de la apariencia personal.
- Disminución en la participación en las actividades del hogar.

- Baja de interés en actividades recreativas, deportes o actividades que eran sus favoritas.
- Irritabilidad y cambios de humor extremos.
- Alteración de los hábitos de sueño y alimento.
- Falta de apreciación de los valores familiares.
- Mentiras.
- Cambios en el desempeño escolar, tardanza y ausencia escolar injustificada.
- Falta de dinero, objetos personales, medicamentos prescritos.
- Uso de lenguaje callejero o narcótico.
- Ojos rojos o vidriados o nariz que escurre sin una alergia como causa.
- Historia familiar de alcoholismo o drogadicción.
- Descubrimiento de pipas, papeles ondulados, botellas de medicamentos, encendedores de butano u otros objetos sospechosos.

Pandillas y violencia

- Admite que está en una pandilla.
- Está obsesionado con una vestimenta en particular.
- Muestra un deseo inusual de guardar secretos.
- Muestra un cambio de comportamiento y conducta, se aísla de la familia.
- Miente frecuentemente sobre sus actividades.
- Bajas calificaciones en la escuela.
- Ausencia escolar injustificada / registros de impuntualidad.
- Comienza a romper las reglas con frecuencia.

- Obsesión con música o videos de pandillas.
- Muestra evidencia de heridas físicas, pero miente acerca de las causas.
- Obtiene dinero, ropa, discos compactos de música de manera inexplicable.
- Muestra uso de drogas y alcohol.

ENCUENTRE SIGNIFICADO A SU SUFRIMIENTO

No se permita sentirse devastado sin razón alguna, sin significado o propósito. Usted debe generar valor para el dolor que experimenta en su vida. No sugiero que una de sus elecciones sea decidir que nada puede pasar en su vida. Obviamente, ésa no es siempre la reacción racional. Si algún daño o tragedia sucede a alguno de sus hijos o a algún otro miembro de la familia, usted puede elegir aprender del evento, y por lo tanto, proteger a su pareja y a sus hijos de manera más efectiva en el futuro; puede elegir que su hijo aprenda a lidiar con la adversidad y a superarla; puede elegir ayudar a aquellos que van más atrás en el camino que usted; o elegir ejercer alguna labor social para entender el significado del sufrimiento, cambiar la situación que originó la crisis y así proteger a otras familias. Si usted utiliza el dolor y lo que ha pasado en la vida, extrae valor de la adversidad.

Al incluir estos cinco factores para una familia fenomenal en su vida familiar, diviértase y muestre a los demás miembros de la familia que las cosas son diferentes. Algunas veces, hasta las cosas más simples pueden atraer la atención de su familia y alertarla frente a la llegada de un nuevo día y un nuevo momento. Aquí hay algunas simples sugerencias probadas y comprobadas para señalizar el cambio en su vida familiar día a día. Estos cambios, a primera vista superficiales, no tienen otra función que la de obtener la atención de todos y permitir a cada uno saber que su familia está haciendo cosas distintas, comenzando el día de hoy. Comience con esta lista corta de sugerencias, y siéntase libre de divertirse y agregar más puntos. Por ejemplo:

* Haga que sus hijos cambien de habitaciones.
* Sirva la cena en el comedor, en lugar de hacerlo en la mesa de la cocina o la barra.
* Pinte la sala, déle nuevo color.
* Córtese el cabello de manera distinta.
* Escuche música en su casa, en lugar de ver la televisión constantemente.
* Reacomode los muebles de su casa.

Si usted se compromete o está dispuesto a llevar estos factores a la vida en su propia familia, verá un progreso sorprendente en la calidad e interconexión de su vida familiar. Si a pesar de sus mejores esfuerzos, simplemente no tiene fuerza para crear el cambio que quiere, sea paciente.

Puede pensar que cambia su comportamiento, así como las características y los matices de su ambiente familiar, cuando de hecho no lo hace verdaderamente. Por ejemplo, usted puede sentir que se ha vuelto más disponible emocionalmente y que ha cambiado su interacción con su familia para mejorar. Sin embargo, otros pueden estar en desacuerdo. Así que sea paciente; debe trabajar muy duro para incorporar estos factores a su familia. Es un proceso que implica compromiso y persistencia. Sea honesto con usted mismo si aun está luchando; esté alerta frente al hecho de que usted o algún otro miembro de la familia; pueden estar experimentando más la falta de conocimiento acerca de cómo crear un comportamiento familiar sano. Tal vez sufra dolor o conflictos serios y profundamente arraigados en su vida, que bloquean su habilidad de implementar estos cinco factores. Usted no puede regalar lo que no tiene, y estos cinco factores se tratan de dar. Si tal es el caso con usted o uno de sus hijos, esto también está bajo su control. Aun cuando dichas barreras existan fuera de su alerta consciente, su inhabilidad para lograr un cambio significativo de una manera oportuna debe ser una pista. Su responsabilidad se extiende hasta alcanzar ayuda adicional. Como líder de la familia, es su trabajo hacer lo necesario para crear lo que quiere. Un psicólogo, psiquiatra, trabajador social o consejero religioso bien elegido podría ser la chispa que necesita para lograr hacer realidad estos cinco factores en su hogar. ¡Usted puede lograrlo!

Mi meta en este capítulo ha sido darle factores formados por pensamientos, sentimientos y comportamientos que pueden ser creados por usted para su familia de adentro hacia afuera. En el próximo capítulo, hablaremos acerca de los aspectos importantes en su historia de aprendizaje que pueden estar contribuyendo o contaminando su vida familiar. La verdad es que puede haber barreras internas, pero el primer lugar en donde mirarlas es su legado familiar. Llegue al siguiente capítulo con la mente abierta y la disponibilidad para considerar los puntos a favor y en contra de su crianza. Al dar una mirada más cercana a su legado familiar, identificaremos los regalos que recibió de sus padres, así como los posibles contaminantes que le hayan afectado.

Familiarizarse con estos aspectos implicará acción y hará que su viaje por este libro sea emocionante, le abra los ojos y sea infinitamente útil para usted como padre. Mantenga esto en mente: Permita que el destino hacia donde nos dirigimos sea siempre la creación de su familia fenomenal.

4

Su legado familiar

*Frecuentemente, los padres hablan de la generación joven
como si ellos no tuvieran nada que ver con ella.*

HAIM GINOTT

Usted sabe que hay cinco factores para una familia fenomenal, cada uno con acciones diseñadas para atraer estos factores vivos a su familia. El siguiente paso lógico es evaluar si los aspectos de su educación sabotean o facilitan la implementación de los factores.

Un poeta particularmente inteligente (y obviamente un padre muy observador) escribió una vez "Los niños aprenden lo que viven". Nunca se han escrito palabras más ciertas en papel. Usted es quien es hoy en día, en gran parte, debido al impacto que sus padres tuvieron (y aún tienen) en su vida. Cuántas veces ha dicho de broma o de otra forma: "¡Señor, por favor no permitas que me convierta en mi madre!" (Todos lo decimos, aun cuando amemos a nuestras madres profundamente). La verdad es que todos estamos propensos a reflejar valores, pensamientos, acciones y creencias profundas en nuestra vidas que fueron modeladas consistentemente para nosotros por nuestros padres. Algo de lo que modelaron fue muy bueno y valioso, pero otro no lo fue. El impacto de nuestros padres varía desde lo poderosamente evidente hasta lo profundamente sutil; desde lo sólido y vital hasta lo enfermo y destructivo. Sorprendentemente quizá, las influencias sutiles, las menos obvias de los padres, son las que con mayor probabilidad se han filtrado sin detección en sus pensamientos, sentimientos, creencias y comportamientos. Sospecho con fuerza que usted encontrará evidencia de esas influencias sutiles en sus expresiones físicas, tales como los gestos, la forma de caminar, la manera en que inclina la cabeza o la entonación de su voz. De manera similar, apuesto a que hay ciertas palabras o frases que dice exactamente como su madre o su padre. Usted se puede encontrar en ciertos eventos o circunstancias que son tan evocadores de su infancia que usted casi puede ver y oír a su madre o padre mientras habla o reacciona aquí y ahora.

Muchos de sus comportamientos, como padre y en otros aspectos, pueden ser reconstruidos desde sus años de crecimiento, cuando usted vivía con ellos. ¿Es una gran revelación? Por supuesto que no. Cada uno sabe que nuestros padres tienen impacto en lo que somos o en lo que nos convertimos. Usted *sabe* que es como su padre o su madre. Probablemente ha dicho una y otra vez: "¡Estoy haciendo exactamente lo que mis padres hicieron, y lo odio!"

La razón por la que incluyo esta discusión aquí y ahora es porque quiero que usted lleve esa alerta de sentido común al siguiente nivel de especificidad y comprensión. Quiero traer su educación al escenario central de su conciencia para que pueda lidiar de manera activa con ella y que no sea padre con los ojos tapados. No sólo quiero que asuma que sus padres probablemente dieron forma a quien usted se ha convertido en general, y en quien se ha convertido como padre en particular. Lo estoy retando a identificar con gran detalle, exactamente qué valores, creencias, características, rasgos y comportamientos le han sido heredados de sus experiencias con sus propios padres. No quiero que esto sea un ejercicio filosófico; quiero que sea un plan de acción orientado a un cambio específico y duradero. Sólo cuando usted identifica y aísla los elementos de su legado familiar, puede crear una lista de pendientes orientada a la acción para un cambio positivo. El truco es centrar la puntería y separar las influencias negativas de las positivas para que pueda alimentar unas y erradicar otras.

Como lo dije antes, yo estaba muy frustrado por el alcoholismo de mi padre y por los rasgos que exhibía cuando estaba tomando. Odiaba cada segundo de esos momentos y a veces lo odiaba por lo que nos hacía a mí y a mi familia. Cuando tomaba era egoísta, rudo, insensible a veces, simplemente de espíritu malo. Me sentía humillado por su comportamiento y vivía con miedo constante de que nos apenara más a todos. Yo respondía aislándome, siendo cauteloso y cínico. No quiero traer esos rasgos, actitudes o miedos a mi familia ahora. He tenido que separar esas experiencias y tener cautela contra su influencia en mí en el aquí y ahora. Pero, éste es un gran "pero", él también modeló para mí un gran trabajo de ética y la intención firme de proteger a nuestra familia de gente, lugares y eventos peligrosos. Nunca diría que algo no puede hacerse y no era intimidado por ningún hombre o reto. Él era un romántico absoluto con mi madre y, con frecuencia, hacía sacrificios por todos nosotros que quizá pensó que pasaron inadvertidos. No fue así. Me enseñó a guiar a mi familia y apreciar a mi esposa, aun cuando él a veces fallaba en lo anterior. Su esfuerzo era inspirador; soy un mejor hombre por haber estado expuesto a estas cualidades, y aún más por haber estado muy alerta y eliminar las influencias negativas.

Aunque muchas experiencias de la infancia fueron breves, pudieron haber tenido efectos duraderos; ciertas experiencias del aquí y ahora nos pueden regresar a aquellas memorias perdidas en un instante. Algunas veces, estos eventos que pensábamos se habían ido regresan, con frecuencia con emociones muy vívidas y poderosas. El Dr. Joe Miller, un gran amigo de mucho tiempo y el médico que trajo al mundo a mis dos hijos, una vez escribió un artículo preciso acerca de dicho fenómeno. Subrayaba que aun algo tan simple como ciertos olores o aromas nos pueden regresar al pasado en un instante, de forma que podemos recordar y reexperimentar de manera poderosa los sentimientos conectados con un acontecimiento en particular que tuvimos cuando éramos niños. Cuando leí el artículo, sentí escalofríos subir por mi espalda, porque he experimentado ese fenómeno una gran cantidad de veces.

Por muchos años, durante mi infancia, mi padre, para mi gran disgusto, fumó puros de olor penetrante. El olor se le impregnó como pegamento, aun cuando no estaba fumando. El olor penetró la piel, el cabello, la ropa, el coche e incluso su silla favorita. Hasta este día, puedo pasar caminando junto a un fumador de puro en la calle, recoger la esencia del tabaco e instantáneamente experimentar una evocación poderosa de mi padre. En ese momento, veo su cara, la expresión de sus ojos, la forma de sus hombros, y escucho su voz en mi cabeza. No, no estoy loco, no estoy alucinando. Sólo estoy experimentando una evocación poderosa que, afortunadamente para mí, es muy agradable, ya que el tiempo y la madurez han pulido gentilmente mis memorias de ese hombre imperfecto, pero devoto. Ahora veo cierta simetría en haber tenido un padre con imperfecciones, ya que yo era todo menos un niño perfecto.

¿Qué me dice de usted? ¿Está siendo padre con el piloto automático puesto? Piénselo: Si un simple olor que se experimentó hace más de cuarenta años, agradable o molesto, puede tener un efecto tan poderoso, ¿cuál es el potencial de las acciones y las palabras de los padres?

Hablemos con claridad. Sus padres lo criaron de cierta manera, y probablemente, usted está reflejando esas experiencias de una u otra forma. La primera reacción, y la más común, es hacer exactamente lo que sus padres moldearon cuando lo criaron. Si ellos eran gritones y enojones, lo más probable es que usted también lo sea. Si ellos eran fríos, se aislaban y estaban totalmente absortos en otros aspectos de sus propias vidas, descuidando la de usted, usted probablemente haga lo mismo. Si ellos vivieron indirectamente por medio de usted o sus actividades, viéndola como una "segunda oportunidad", usted probablemente merodeaba por las líneas laterales durante cada juego de Ligas Menores de su hijo, gritando como un idiota fanfarrón (¿se da cuenta de que eso realmente me molesta?) o asumiendo el papel de madre en el escenario durante un pequeño concurso local de belleza. ¡Nada bueno!

La segunda respuesta más común es reaccionar en *contra* de la experiencia y comportarse de una manera radicalmente diferente. Como reacción a haber sido criado con gritos y enojos, usted puede ser el padre más amable, dulce e indulgente que jamás se haya imaginado. Suena perfecto, pero algo tan extremo no lo es. Esta reacción opuesta lo pudo haber llevado a ser demasiado indulgente al consentir a sus hijos; un comportamiento que lleva al más mínimo control de impulsos en sus hijos, al mal comportamiento, e incluso, a un desempeño académico bajo.

Ambos extremos pueden dejar cicatrices permanentes en sus hijos. El punto es que bueno o malo, correcto o equivocado, su familia en general, y sus padres en particular, escribieron de manera poderosa en la lápida que es usted. La manera en que es padre de sus hijos hoy en día está claramente influida por sus propios padres, y hasta cierto punto, usted pudo haberlo aceptado antes de este momento, de manera involuntaria, y ahora la paternidad está en piloto automático.

He visto esta verdad vivir una y otra vez durante los casi treinta años en que he trabajado con gente. Marisa fue abandonada por su madre cuando apenas empezaba a caminar y, en la ausencia del lazo maternal, ella creció con falta de autoestima hasta el punto en que rara vez salía de su casa. Claramente, esta horrible deserción la marcó de por vida. Tímida en extremo, Marisa estaba aterrorizada ante cualquier experiencia nueva que la pusiera en la niebla de retos impredecibles. Como una enfermedad contagiosa, el miedo de Marisa sobre lo desconocido fue heredado a tres de sus hijos. Una de sus hijas nunca encontró un verdadero empleo, y dos de sus hijos permanecieron en empleos marginales por décadas, porque lo conocido era infinitamente preferible a lo desconocido.

Eva trabaja duro toda la semana como profesionista responsable; sin embargo, convierte su hogar en un campo de batalla de ebrios cada fin de semana. A la hora de la cena, los viernes en la noche, ella ya va por la segunda botella de vino. Su esposo debería dibujarse un juego de tiro al blanco en el pecho. Él es el objetivo mientras una lucha abrumadora y larga se desarrolla frente a su hija de siete años de edad. La guerra termina cuando Eva azota la puerta de su recámara y se queda ahí hasta la mañana, cuando se despierta y actúa como si nada hubiera pasado. La misma canción, el mismo verso. Ella creció exactamente con el mismo asunto; lo vivió cada fin de semana cuando era niña.

El sueño de Daniel es que un día su hijo Bobby de nueve años llegue a las grandes ligas. Cada práctica, Daniel presiona a Bobby. Le grita cuando batea, cuando está en el campo: "¡Hazlo mejor! ¡Esfuérzate más! ¿Qué te pasa? ¡Apúrate, apúrate, apúrate! ¿Quieres ser un perdedor?" Bobby ha crecido odiando el béisbol. Cada vez que no es lo suficientemente bueno para su padre, se siente como un fracasado. Trata de esconder las lágrimas, pero aun cuando lucha contra ellas, ruedan hacia "adentro" no hacia afuera. Lo que Daniel parece no recordar es que, hace veinte años, eran sus propias lágrimas las que rodaban por las mejillas cuando su padre lo presionaba de la misma manera.

A lo que me refiero cuando hablo de estas historias es a su legado familiar, a la programación poderosa que su crianza ejerció en sus decisiones y en el comportamiento como adulto y como padre. Es imposible enfatizar demasiado el poder de este legado en su vida. Sólo cuando usted se da cuenta de esto puede empezar a tomar decisiones conscientes aquí y ahora acerca de cómo educa a sus hijos, en lugar de estar controlado negligentemente por su pasado. Intento mostrarle cómo retomar el poder y tomar sus propias decisiones acerca de cómo quiere educar a sus propios hijos.

Usted probablemente tiene cualidades como padre y, probablemente, también defectos. Hace lo que sabe porque no puede hacer lo que no sabe. Lo que sabe y lo que ha aprendido puede ser información defectuosa, pero no puede pasar a menos de que reconozca la fuente y evalúe el verdadero impacto en usted cuando lo recibió.

Antes de pasar a otra cosa, quiero enfatizar que no se trata de culpar a sus padres, o a cualquier otra persona, por la forma en que educa a sus hijos. Por favor no lo haga. Es mucho más fácil decirse a sí mismo que cualquier problema con sus hijos es la culpa de alguien más: culpa de los maestros, culpa de su grupo de amigos, culpa de sus padres, culpa del entrenador; incluso, culpa de sus hijos (como en la llamada teoría de la mala semilla sobre la idea de que un niño puede nacer malo).

Usted no quiere que las cosas sean su responsabilidad; entonces, irá a cualquier extremo de racionalización y justificación para explicar por qué no lo son, hasta el punto de transferir la culpa a otro. Pero la realidad es que usted jamás arreglará sus problemas culpando a alguien más. Entre más pronto acepte esto, más pronto mejorará la vida.

Usted no tuvo elección en cuanto a la manera en que sus padres lo educaron, ni tuvo elección acerca de la forma en que lo programaron para ser padre de sus hijos. Ciertamente, no quiero que trivialice lo que tuvo que soportar cuando era niño. Para nada. Me doy cuenta de que ciertas realidades, algunas de ellas horriblemente enfermas, pudieron haberle hecho mella en su infancia. No estoy sugiriendo que como niños elijamos algunos o todos lo eventos y circunstancias en nuestras vidas. No elegimos a nuestros padres. No somos responsables ni se nos puede responsabilizar de tragedias como ser violados, abusados o molestados. No es eso de lo que hablo. Lo que digo es que mientras era un niño, usted quizá no tuvo el conocimiento o el poder para tomar ciertas decisiones y que, por lo tanto, no es responsable de esos eventos; como adulto tiene la habilidad de elegir su reacción ante los eventos y circunstancias de la infancia. Usted debe aceptar la premisa de que el único tiempo es ahora. El pasado terminó, y el futuro no ha sucedido aún. Puede continuar de manera pasiva como producto de su legado familiar, o puede hacer una elección consciente para tomar un camino distinto y aprender habilidades y destrezas diferentes comenzando aquí mismo, ahora mismo. Esto no se trata de culpa, se trata de cambio.

> Resultado de encuesta: 48 por ciento de los padres dijo tener expectativas muy altas y que esto causó mucha ansiedad para ellos como adultos.

Usted puede pensar que su vida familiar y sus habilidades como padre han fallado; puede sentir que ha intentado todo, cansado, desanimado y vencido, y culparse a sí mismo por la manera en que sus hijos se desenvuelven. Al leer este libro hasta este punto, usted ya podría reconocer errores que ha cometido, pero ahora dése una oportunidad. Si usted lo hizo mal, apuesto a que no sabía cómo hacerlo. Lo hizo sin *advertirlo*. Si esto es cierto, no debería *culparse*. Culparse a uno mismo puede paralizar, y no tenemos tiempo para que usted se patee a sí mismo. Lo necesito enteramente en este proceso en que estamos embarcados. La Encuesta Nacional de Paternidad que llevé a cabo con miles de padres revela que una cifra significativa de padres y madres se *culpan* a sí mismos con la responsabilidad de escasas cualidades paternales. Permítame hacer una pausa aquí y explicar que hay una diferencia importante entre culpa y responsabilidad, y usted necesita entender esta distinción.

Para merecer la culpa, debió tener alguna intención o descuidado imprudentemente las posibles consecuencias. En contraste, la responsabilidad significa que usted estuvo involucrado y tomó acciones que generaron consecuencias, pero nunca hubo una intención maliciosa. La responsabilidad, o conciencia, no implica intento o imprudencia; sólo señala que usted hizo o permitió que se hiciera algo, cualquiera que fuera el resultado final. No sólo estoy usando la semántica para hacerlo sentirse mejor. Éste es un punto importante.

Si estoy peleando con mis amigos, brinco en una silla con ambos pies y la rompo, lo mínimo que mostré es un descuido imprudente por la propiedad. Soy responsable del daño, y puedo ser *culpado* justamente por eso. Ahora supongamos que simplemente me siento y se rompe. Soy responsable por el daño, pero estaba usando la silla apropiadamente y no tenía intención de romperla entonces no se me puede culpar; ya que no tuve intenciones maliciosas. Aún sigo siendo responsable y soy consiente, pero la *culpa* es inapropiada.

El comentario de la poetisa Maya Angelou acerca de los comportamientos lo dice mejor: "Usted hacía lo que sabía hacer, y cuando supo más, lo hizo mejor". Cualquier cosa que haya hecho en el pasado para criar a su familia, hizo lo que sabía cómo hacer. Lo hizo, está consciente de ello y es responsable de eso. Espero que mientras trabajemos juntos a lo largo de este libro, usted sabrá más y hará lo mejor, mucho mejor.

De hoy en adelante, me gustaría que se hiciera consciente que debe tomar decisiones inteligentes e informadas acerca de la manera de guiar a su familia y ser un padre para sus hijos. Lo que haya hecho o no, lo que sintió o no sintió, dio o no dio, compartió o no compartió, está hecho. Lo que es importante al leer este libro, al hacer el trabajo que se indica, al abrir su mente y corazón a la posibilidad de una diferencia en su vida familiar y en su papel como padre, es que ha tomado el camino correcto.

Quizá aún no tiene todas las herramientas que necesita, pero es ahí donde entra este libro. Nuevamente, usted tiene el elemento más importante para el éxito: el amor incondicional por sus hijos, que sólo un padre puede tener. Como dije al principio: "Usted debe pasar por encima de su educación". No hay tiempo como el presente, y el cambio comienza con la responsabilidad que mencioné anteriormente. Tiene que hacerse algunas preguntas difíciles.

- Cuando uno de mis hijos se porta mal, ¿respondo de la forma en que mis padres lo hicieron, quizá con enojo, gritos y llanto?
- ¿Vivo otros patrones de segunda mano de la paternidad? ¿He duplicado mi infancia?
- Si estoy repitiendo "patrones de abuso" obtenidos de mi propia crianza, ¿puedo admitirlos, adueñármelos y cambiarlos?

La investigación nos dice que usted podría estar preprogramado neurológica y psicológicamente para responder de cierta forma. Los estudios muestran que los eventos traumáticos de la infancia, aun aquellos significativos por su ausencia, ya sea que los recordemos o no, pueden dejar cicatrices que duran toda una vida. Por ejemplo, si cuando usted era un niño lo consolaban poco, podría no tener un recuerdo consciente, pero después, como padre, descubre que está misteriosamente angustiado o ansioso cuando muestra o expresa afecto por su hijo. Su hijo podría recoger estas señales y creer que de algún modo no vale. Éste es un gran peso para que un niño lo cargue de manera equivocada y todo porque usted está viviendo su legado. El problema es que nunca nadie le ha enseñado cómo matar la infección para que no la transmita. Usted aprenderá cómo hacerlo aquí.

Querrá considerar los eventos significativos, y los recuerdos de ellos que se han marchitado en su corazón y en su mente. Pasará por un proceso diario dirigido a identificar los acontecimientos y experiencias del pasado que dan forma a su comportamiento actual como padre. Finalmente, tendrá que entender lo que sus padres le han dicho de manera muy persistente y, a veces, destructivamente, y cómo usted puede estar haciendo eco de esos mensajes en sus hijos. La clave para identificar estas influencias es conocer de manera precisa qué preguntas hacer.

Verá que una parte significativa de su legado familiar es lo que sus padres *no* le enseñaron. Erin tuvo dicho tipo de legado. Ella fue criada por dos padres amorosos. Pero su padre era como muchos padres: él no buscaba realmente una participación activa en la vida de Erin. Ni una vez durante sus años escolares revisó su tarea, sus exámenes o proyectos. Con regularidad se perdía de los deportes en los que ella competía. Nunca le leyó historias a la hora de ir a dormir. Desde los primeros años de Erin, su padre se desentendió de virtualmente todo en lo que ella se involucraba. Cuando Erin se convirtió en madre, caminó fuera de esta historia y creó una forma enteramente diferente de paternidad. Ella y su esposo John se hicieron padres involucrados, activos en todos los aspectos de las vidas de sus hijos. Hay muchos padres como Erin que tuvieron el valor y la sabiduría para pasar por encima de su educación.

Mi predicción es que antes de que usted termine este capítulo, muy probablemente habrá retrocedido hacia su vida familiar y se habrá preguntado cómo es posible que haya estado pensando lo que pensaba, no viendo lo que no veía y eligiendo los comportamientos que elegía. Responder a estas preguntas acerca de usted mismo y su familia, las preguntas correctas, le puede ayudar a ser honesto con usted mismo y comenzar a pensar cómo y dónde puede cambiar. No puede darse el lujo de ser ingenuo o crédulo al valorar lo que sucede en su vida familiar. Vamos a lidiar de manera constructiva con algunos hechos clave que le ayudarán a tener una visión más clara del legado que ha heredado. Si usted se preocupa por su familia, y sé que lo hace, se comprometerá completamente con esta serie de retos.

Importante: Manténgase abierto a las partes *positivas* de su legado familiar para que pueda heredarlas a sus hijos mientras avanza a través de los días y años de su vida.

PERFIL DEL LEGADO FAMILIAR

Este ejercicio requerirá que usted lleve a cabo una "autopsia" de la relación con sus padres en la infancia. Si sus padres todavía viven, tendrá que poner a un lado su relación actual para poder recordar profundamente sus impresiones y emociones como niño o adolescente, bajo su control. En otras palabras, su relación con su mamá o su papá ya pudo haberse convertido en una relación sana que, en su totalidad, puede tener un carácter completamente distinto al de su infancia. Sea honesto acerca de la manera en que era. Usted debe ignorar cualquier sentimiento bueno presente por el momento. Usando un diario confidencial, sólo para sus ojos, responda las siguientes preguntas acerca de su madre y su padre de manera tan detallada como sea posible. Mientras trabaja con el ejercicio, verá que algunas preguntas piden una sola palabra, mientras que otras necesitan un párrafo corto para ser respondidas correctamente. Al decidir cuánto detalle dar en una pregunta en particular, por favor mantenga en mente lo siguiente: Entre más detallado sea al buscar las raíces de sus experiencias familiares del pasado, más efectivo será al cambiar la manera en que interactúa con su familia del presente. Intente que uno de sus hermanos también responda estas preguntas. Al hacerlo, le dará la certeza de que es honesto acerca de su pasado. Entonces, usted podrá comparar notas para usarlas en la planeación posterior.

- Las mejores cualidades de mi madre eran:
- Las mejores cualidades de mi padre eran:
- Los peores defectos de mi madre eran:
- Los peores defectos de mi padre eran:
- Lo que más amaba de mi madre era:
- Lo que más amaba de mi padre era:
- Mi madre mostraba su amor por mí al:
- Mi padre mostraba su amor por mí al:
- Cuando tenía miedo, mi madre / padre:
- Cuando mi familia celebraba un acontecimiento (Navidad, un logro, etcétera), nosotros:
- Con frecuencia, me sentía más seguro cuando mi madre / padre:
- Mis recuerdos favoritos de mí y mi familia son:
- Los momentos que me gustaría olvidar acerca de mi familia son:
- El afecto que mostraba mi madre / padre hacia mí era:
- Los momentos más destructivos en mi familia eran:
- Cuando mis padres se peleaban, ellos:
- Lo que tengo de mi madre que no quería es:

- Lo que tengo de mi padre que no quería es:
- Lo que más resentí de mi madre fue:
- Lo que más resentí de mi padre fue:
- Mi relación con mi madre ha contaminado mi relación actual con mi familia al:
- Mi relación con mi padre ha contaminado mi relación actual con mi familia al:
- Si tuviera un último minuto para decirle a mi madre algo, le diría:
- Si tuviera un último minuto para decirle a mi padre algo, le diría:
- Describiría el estilo de paternidad de mi madre como (estricto, moderado, democrático, indulgente, tolerante, sin involucrarse, etcétera):
- Describiría el estilo de paternidad de mi padre como (estricto, moderado, democrático, indulgente, tolerante, sin involucrarse, etcétera):
- Otras personas quienes fueron significativas en mi infancia y adolescencia como figuras paternas fueron:
- Estas otras figuras paternas significativas dieron forma a mi desarrollo al:
- Las características en los comportamientos maternales de mi madre que ahora veo en mí son:
- Las características en los comportamientos paternales de mi padre que ahora veo en mí son:
- Los tipos de comportamiento maternal de mi madre que quiero evitar en mí son:
- Los tipos de comportamiento paternal de mi padre que quiero evitar en mí son:

Como he dicho antes, la verdadera clave es saber qué preguntas lo llevarán a respuestas importantes. Usted acaba de responder preguntas muy enfocadas en sus padres, sus comportamientos y la forma en que lo criaron. Extendámonos en esto. Le voy a pedir que escriba un breve perfil, o borrador, de sus padres. Para hacerlo, sería de gran ayuda que recreará una imagen mental de ellos y su vida familiar mientras usted crecía, usando las siguientes preguntas de gran alcance para aclarar esa imagen y detallarla lo más posible. Responda a estas preguntas en forma de un ensayo que fluya libremente. Tenga cuidado de incluir subdivisiones de cada punto. Entre más escriba, más aprenderá. Si uno o ambos de sus padres o padrastros han fallecido, será difícil visualizar sus vidas tempranas, pero haga lo mejor que pueda.

1. ¿La relación con sus padres se caracterizó por gran calidez y afecto, o fue más fría? ¿Alguna vez se sintió despojado o descuidado emocionalmente? ¿Cómo expresaron su afecto hacia usted? ¿Le negaron afecto? ¿Utilizaron actos físicos particulares tales como abrazos para comunicar su afecto? ¿Le dijeron frases cariñosas?

2. Cuando usted se portaba mal, desobedecía o se metía en problemas, ¿cómo lo disciplinaban? ¿Sus padres usaron castigos físicos, como nalgadas, o restricciones como mandarlo a su habitación? ¿Trataron de hacerlo sentirse culpable por lo que hizo o le retiraban su amor? ¿Sus padres eran indulgentes y con frecuencia lo perdonaban? Trate de recordar y escribir eventos específicos que respondan estas preguntas.

3. Ahora quiero sacar a la luz algunos temas emocionales de su pasado enterrados, positivos y negativos, que pudieron perdurar hasta sus interacciones familiares pre-

sentes. Requiero de usted los recuerdos más detallados y completos. Piense en experiencias de la infancia y la adolescencia que involucren a sus padres cuando usted se sentía muy amado, temeroso, solo, alegre, en paz, triste, victorioso, seguro, a salvo u otra emoción poderosa que recuerde.Ha aprendido de y ha sido transformado por estas experiencias. Describa estas emociones y las circunstancias unidas a ellas del modo más claro posible, para la profundidad que necesita. Las cosas que le afectaron emocionalmente a los cuatro años todavía pueden afectarle a los cuarenta y dos. ¿Qué se dice a sí mismo acerca de estos eventos o circunstancias hoy en día?

4. Sus padres pudieron haberlo etiquetado de alguna manera. Las etiquetas son descripciones de uno mismo que reflejan ciertas conclusiones a las que han llegado acerca de usted. Muchas de estas etiquetas vinieron de sus padres, de un grupo de compañeros crueles, de los maestros y entrenadores, o de su interior cuando usted veía que se equivocaba en la vida. Cualquiera que sea la fuente, usted tiende a interiorizar estas etiquetas, a creer en ellas y a cumplirlas. Entonces se pueden convertir en la definición de usted si lo permite. Haga una lista de las etiquetas que le pusieron sus padres (tonto, inteligente, flojo, buen chico, guapo, etcétera). Ponga una marca junto a las que siente que son parte de usted hoy en día. Encierre en un círculo las que usted les pudo haber dado a sus propios hijos.

5. Todos tienen cintas que se repiten en sus cabezas. Las cintas son un tipo de diálogo interno basado en experiencias pasadas, generado a partir de momentos en particular u observaciones de uno mismo en su historia pasada. Éstas han sido codificadas en su memoria y son

parte de su diálogo interno, la conversación interna que tiene dentro de usted todo el día. Las cintas predicen y, por lo tanto, controlan su pensamiento y su comportamiento y, de este modo el resultado obtenido. Por ejemplo, si su diálogo interno dice así: "Mi padre era un perdedor; yo seré un perdedor, sin importar lo que pase", entonces es muy probable que la cinta lo programe para perder en la vida. En este ejercicio, me gustaría que comenzara a pensar acerca de las cintas negativas que su legado familiar pudo haber grabado en su mente. Escríbalas en su diario. Para ponerlo a pensar, aquí hay unos ejemplos adicionales.

Yo nunca tendré una buena experiencia; mi familia era tan disfuncional que nunca aprendimos cómo divertirnos.

Mi futuro será como mi pasado, sin suerte e improductivo. Nunca debería esperar ser exitoso, porque no es mi destino.

Abusaron de mí cuando era un niño. La gente me usará para lo que quiere y será insensible con respecto a lo que siento.

Mi familia era de clase baja. Yo seré de clase baja. No hay nada que pueda hacer para cambiarlo.

6. Ahora intente recordar cuando surgía un conflicto en su hogar. ¿Los desacuerdos crecían hasta llegar a una guerra extrema que seguía su curso frente a usted o sus hermanos? De manera alternativa, ¿sus padres trataban cualquier tipo de conflicto como si fuera vergonzoso o inaceptable, al grado que hasta los mínimos desacuerdos se suprimían rápidamente? ¿Acerca de qué peleaban sus padres: finanzas, responsabilidades, hábitos pater-

nales o actividades familiares? ¿Cómo describiría la actitud de sus padres en el conflicto? ¿Qué estrategias utilizaron para resolver la disputa? ¿Hacían compromisos? ¿Se ofrecían disculpas? ¿Tomaban una postura y comunicaban libremente sus posiciones? ¿Se retiraban tras azotar la puerta, negándose a negociar? ¿Nunca resolvían el conflicto y lo dejaban empeorar?

7. ¿Qué tipo de ambiente familiar crearon sus padres? ¿Había tensión en el aire? ¿Permitieron a usted y a sus hermanos expresar sus opiniones, o fueron reprimidas? ¿Los problemas eran discutidos o se escondían debajo de la alfombra? ¿Sus padres participaban y se mantenían involucrados en sus actividades escolares? ¿Qué tan interesados estaban en sus trabajos escolares, su desempeño académico, sus amigos, sus actividades y su vida en general?

8. ¿Con qué defectos de comportamiento, problemas psicológicos o comportamientos de inadaptación creció usted que sus padres también mostraban? Algunos ejemplos son: depresión; alcoholismo, uso de drogas u otra adicción; ausencia del hogar; favoritismo hacia ciertos hermanos; divorcio o separación; conflictos con hermanastros; abuso físico o verbal; conflicto abierto; o una relación sin pasión con un esposo. ¿Algunos de estos patrones o circunstancias disfuncionales están causando estragos o devastación en su vida o en la vida de sus padres hoy en día? Piense acerca de estas situaciones de su pasado y cómo podrían estar infectando a su propia familia hoy.

Reuniéndolo todo

Antes de continuar, revise lo que ha escrito acerca de su legado familiar: las preguntas que ha respondido, los párrafos que ha registrado en su diario. Si ha hecho un trabajo honesto y a conciencia con los ejercicios, ha encendido los reflectores sobre temas muy importantes. Ha identificado legados, buenos o malos, útiles o dañinos, que suceden en su propia familia hoy en día. Usando el trabajo que acaba de detallar, complete las siguientes declaraciones; permita que den un enfoque estructurado para obtener mayor control de su legado familiar y tomar las riendas para el cambio.

- Mis comportamientos en la relación con mi esposo o pareja difieren de los de mis padres de las siguientes maneras:

- Mi comportamientos en la relación con mi esposo o pareja son muy similares a los de mis padres de las siguientes maneras:

- Los resultados de comportarme y reaccionar de este modo han sido:

- Mis comportamientos paternales con mis hijos difieren de la paternidad que yo recibí de las siguientes maneras:

- Mis comportamientos paternales con mis hijos son similares a las de mis padres de las siguientes maneras:

- Los resultados de comportarme y reaccionar de este modo han sido:

- Basado en las respuestas que di anteriormente, mi relación existente con mi esposo en el futuro será:

- Basado en las respuestas que di anteriormente, los resultados en el futuro de mis hijos serán:

· Este ejercicio sugiere que los comportamientos que necesito eliminar son:

· Este ejercicio subraya la importancia de enfatizar el cambio y la mejora en los siguientes comportamientos:

Atando los puntos

Al completar el inventario anterior de su legado, usted ha identificado los comportamientos, actitudes y creencias que se han quedado en usted. Sus padres podrían no estar ahí para criticarlo, pero créame, si está viviendo su legado usted se está haciendo cargo ahora. Pero tenga ánimo. Ha encontrado la base; aquí viene el poder. No puede cambiar su legado. Pero puede variar lo que haga como respuesta a ese legado, para que su pasado no se convierta en su futuro. Lo que está a punto de aprender en el siguiente proceso de pasos múltiples le dará el poder de eliminar esas influencias negativas de su vida familiar actual y crear un cambio perdurable.

Paso #1: Reconozca e identifique las partes de su legado que deben cambiar

Con base en sus respuestas a las preguntas anteriores, usted ahora tiene en sus manos información valiosa acerca de un comportamiento que vale la pena cambiar en su vida. Revise sus respuestas a estas últimas diez preguntas. ¿Cuáles son los legados que más necesita cambiar? ¿Qué acciones necesita tomar para cambiarlos? ¿Qué está contaminando actualmente su forma de paternidad hoy en día?

En su diario, haga dos columnas. Al principio de la primera columna, escriba "cambios"; al principio de la segunda columna escriba "acciones". Después, haga una lista de los cambios y las acciones que necesita tomar para reparar estos comportamientos de segunda mano. Permita que sus acciones sean metas para cambiar. Para echar a andar su pensamiento le doy unos ejemplos.

Cambios	Acciones
Más apoyo emocional en la crisis de mi hijo.	Expresar mis opiniones acerca de las necesidades de mi hijo en lugar de verlas como catástrofes y preocuparme sólo por las cosas materiales.
Más afecto.	Más emoción y menos crítica.
Hablar fuerte y gritar menos.	Escuchar más y revisar mi tono de voz.
Más humor.	Más risa de mí mismo.
Más cuidado constante.	Un plan diario para decirle a mi familia "los amo".

Si mediante el trabajo en este capítulo descubrió que disciplina a su hijo como lo disciplinaron a usted, y observa que esto lleva a resultados, acciones o reacciones equivocadas, es momento de hacer algo diferente. Hablaré de disciplina con mayor detalle en el capítulo de cambio de conducta, pero por ahora es importante hacer una lista de formas de disciplina que ha heredado de su propia crianza. Así como hizo en el ejercicio anterior, haga dos columnas lado a lado en su diario: una llamada "en lugar de" y la otra "utilizar". En la primera columna, escriba formas no efectivas de disciplina; en la segunda columna coloque alternativas que puede usar. A continuación le doy unos ejemplos.

En lugar de	Utilizar
Gritar.	Aborde el tema con una voz tranquila y afirmativa.
Pegar.	Usar los pasos para eliminar el abuso descritos en el capítulo 3.
Enojarse.	Admitir frustración, pero abordar el tema con la intención de cambiar el comportamiento en lugar de enojarse.
Etiquetar con palabras.	Dirigir mi atención al comportamiento en lugar de al niño hostil.

Paso #2: Identifique las respuestas internas de autoderrota

En este paso, me gustaría que escuchara su diálogo interno para sintonizarse con lo que le dice acerca de cómo lleva la paternidad. ¿Qué etiquetas ha generado su legado? ¿Qué cintas ha generado su legado? ¿Cuáles son las creencias que ha construido usted de sí mismo como padre a partir de su legado?

Revise lo que ha escrito en su diario hasta ahora para desenterrar sus respuestas internas. Escriba tantas respuestas como pueda, para que pueda ver exactamente vea dónde necesita hacer ajustes.

Paso #3: Ponga a prueba sus respuestas internas de autenticidad

A continuación, quiero que haga una evaluación honesta de usted mismo acerca de sus creencias y su imagen como padre. En lo que yo llamo una "prueba de fuego para la lógica", me gustaría que evaluara diversas respuestas internas: etiquetas, cintas, creencias, etcétera, contra el siguiente criterio:

* ¿Es cierto?
* ¿Aferrarse al pensamiento o la actitud sirve para sus mejores intereses?
* ¿Sus pensamientos y actitudes están protegiendo su salud?
* ¿Esta actitud o creencia me da más de lo que quiero, necesito o merezco, particularmente en relación con mi vida familiar?

Los pensamientos y etiquetas que no dan el ancho en los cuatro criterios de la prueba de fuego para la lógica, deben ser eliminados. Para evitar el retroceso habitual de aquellos pensamientos negativos formados durante mucho tiempo, usted debe generar un nuevo pensamiento que cumpla con los cuatro criterios para la prueba de fuego de lógica. A estos pensamientos los llamo Respuestas Alternas Auténticamente Exactas o Pensamiento AAE.

Aquí hay algunos ejemplos:

Diálogo interno inaceptable	Nueva respuesta AAE
Yo nunca tendré una buena experiencia; mi familia era tan disfuncional que nunca aprendimos la forma de divertirnos.	Mi familia vale y se merece vivir con dignidad y respeto. Estoy viviendo para el prete, en donde puedo decidir en lugar de ser un prisionero del pasado, de los recuerdos y el dolor

Todo a lo que se ha aferrado tiene gran significado para usted como padre hoy en día. Usted acaba de completar el proceso necesario para revisar su legado familiar. Ha visto nuevamente la profunda influencia que sus padres han tenido en usted, y ha revisado la educación que tiene que superar. También, ha establecido ciertos objetivos de comportamiento específico para cambiar. Esta mirada muy enfocada a su legado familiar debe darle la perspicacia y el poder para hacer cambios positivos. Cuando lo haga, se sorprenderá de lo que obtiene de regreso, y de lo fuerte y amorosa que será la relación con su familia. Adopte su nueva forma de pensar y el futuro que está ante usted, con un espíritu de perdón para lo que permanece detrás de usted. Guardar amargura y resentimiento es como traer puesto un yunque alrededor del cuello. Se merece algo mejor y es momento de darse el permiso de tenerlo.

SU ESTILO DE PATERNIDAD

Educar niños es en parte felicidad y en parte guerrilla.

ED ASNER

A Bonnie le palpita la cabeza, señal de una migraña debilitadora. Las venas en el cuello se le hinchan de gritar y llorar. Esto siempre pasa como consecuencia de una de esas peleas agrias con Tammy, su hija de 16 años. Bonnie soltó un ultimátum que encendió a Tammy como cerillo. Había vidrios rotos regados por todo el piso de la cocina, "casquillos" de la ventana que se rompió cuando Tammy azotó la puerta tras salir encolerizada de la casa. Esta batalla, como muchas otras, surgió a raíz del novio de Tammy, a quien Bonnie no aprueba. Cuando las pláticas se dirigen en esa dirección, y en detalles de su relación, Bonnie exige que terminen. ¿Qué Tammy no puede ver que él no es bueno? ¿Qué no puede darse cuenta que él sólo quiere ver qué saca? ¿Qué no puede ver que es una basura? Es la misma batalla, sólo que ahora es el séptimo u octavo *round*.

Sabiendo que Tammy se dirige hacia una ruptura de corazón segura, Bonnie ha tratado de evitarle un dolor innecesario. Ella no puede, ni podrá sentarse sin hacer nada y permitir que su hija experimente un choque emocional. Con Bonnie, todo se trata de eficiencia. Ella sabe la respuesta; ella la da. No mide las palabras; aborda al punto y con frecuencia, trata de forzar a su hija a que acate su forma de pensar. De manera abiertamente hostil, Tammy resiente el deseo de Bonnie de administrar todo en su vida. Tammy ve a su mamá como controladora y dictadora, alguien que no se dará por vencida. Sus interacciones son confrontadoras, y ninguna está dispuesta a hacer compromisos. Desgraciadamente, su experiencia como familia es de frustración, una lucha de poderes sin fin.

Aunque madre e hija están constantemente de mal humor, ambas son muy parecidas. El comportamiento de Tammy tiene una gran similitud con el de su madre.

De lo que ha leído hasta ahora, ¿la situación es tan inestable como parece? Depende de cómo se mire. ¿Bonnie está equivocada al emitir pensamientos e instrucciones claras y directas si ella cree que tiene las respuestas? La respuesta es no. ¿Tammy está equivocada al estar confiada, segura de sí misma y segura de que ella puede tomar decisiones informadas e inteligentes? Absolutamente no.

El problema real aquí no es la situación con ninguno de los individuos; el problema se basa en una diferencia de estilos. Bonnie es lo que se conoce como padre autoritario. Ella manda con mano de hierro, aunque es amorosa y cariñosa. A Tammy no le gusta el conflicto, pero se siente forzada cuando su madre trata de dominar. Ambas tienen cualidades específicas en sus personalidades y no necesariamente deberían cambiarlas. Lo que Bonnie necesita entender es el viejo dicho "Sobre gustos, no haya nada escrito". Se tiene que acercar a la gente de manera diferente, y su hija no es la excepción.

El hermano más chico de Tammy, Bobby, es la antítesis absoluta. Él es el niño más pasivo y desmotivado que puede haber. Este niño nunca gritaría "fuego" si estuviera en llamas. Bonnie tiene la misma actitud y se acerca a él de la misma manera que con Tammy: estableciendo límites, diciendo y obligando a cumplir las reglas y siendo directa y, de manera muy diferente, funciona de maravilla con Bobby. A él le gusta ser dirigido tanto como a Bonnie le gusta imponerse. Encajan bien el uno con el otro, y rara vez entran en conflicto. Es importante notar que en ambos casos, hay una diferencia en los estilos de personalidad y que el de Bonnie funciona para un hijo, pero no para el otro. Dos niños diferentes. Dos patrones de respuesta muy diferentes al de su madre.

Cada padre y cada hijo, sin excepción, tienen una forma de interactuar con el otro. Algunas veces, esas interacciones son altamente positivas y afirmativas, y otras son volátiles y contraproducentes. Su estilo —ya sea que encaje o choque con el de su hijo— influye las dinámicas de relacionarse en su familia en general. Teniendo esto en mente, permita que este capítulo le ayude a identificar y a entender su propio estilo de paternidad, y el de su hijo, como otro paso crucial hacia convertirse en una familia fenomenal. Lo que usted aprenda aquí incide sobre lo que ha descubierto acerca de su legado familiar en el capítulo previo.

Piense en algo conmigo por un momento: Suponga que usted ha estado tratando de que uno de sus hijos se abroche el cinturón, que comience a estudiar más y se enfoque en las calificaciones; sin embargo, nada de lo que hace para solucionar estos problemas funciona. De hecho, "las discusiones" siempre avanzan hacia la frustración, confrontaciones sin ganar, en donde ambos terminan enojados y molestos. ¿Le suena familiar? Pero de repente, usted entiende cómo cambiar el patrón. Presiona los botones correctos —y lotería— su hijo o hija que ha estado flojeando, comienza a hacer su tarea, saca mejores calificaciones y es más confiado en la escuela. Usted ha resuelto el problema, y con esto, ha motivado a sus hijos a que hagan lo que quiere o necesita que lleven a cabo. Hay una sensación de paz en su hogar, de triunfo en sus hijos y de conexión con su familia que hacía mucho tiempo que no estaba ahí. Sus vidas, su vida familiar, son diferentes de inmediato.

Tras haber leído esto, usted puede pensar, "Phil, ¿cuál es el secreto, cuál es la fórmula mágica? Quiero resolver estos problemas, pero no sé cómo. ¡Estoy cansado de darme topes en la cabeza con mis hijos todo el tiempo!"

La habilidad para solucionar problemas de manera efectiva en su familia no está restringida por ninguna fórmula mágica, ni es sólo accesible para unos cuantos elegidos. Es cuestión de entender algo llamado *estilo de paternidad* y adaptarlo para que encaje con el comportamiento de su hijo y así crear compatibilidad. Ésta es una necesidad fundamental si usted quiere comenzar a trabajar hacia un cambio real en su familia.

Como expliqué anteriormente, usted es el administrador de su sistema familiar, de la misma forma como las compañías, negocios u organizaciones tienen administradores y supervisores. El trabajo de un administrador es resolver problemas, así como motivar y educar a sus mandos y sus empleados. Como padre, usted también tiene cargos —sus hijos— y usted está administrándolos como un gerente supervisa a su equipo. Tal y como lo hacen los administradores, cada padre tiene una cierta manera de relacionarse y administrar a sus hijos. Cada padre tiene un MO, una actitud de acercamiento; ciertos comportamientos y acciones que eligen cuando lidian con sus hijos. Esta manera de administrar, este estilo de paternidad, es particularmente importante para que usted entienda porqué puede usar su conocimiento y perspicacia para dar forma y determinar cómo lidiar con sus hijos.

[...] niveles principales de admi[nistrar la vida de lidiar con n]uestros hijos. Aunque inva[riablemente hay un] estilo [dominante que nos define ante los hijos de nuestra familia, ningún] estilo es necesariamente per[manente, y puede ser alterado pa]ra ajustarse a la interacción [...] [no]sotros elegimos estilos dife[rentes para circun]stancias diferentes.

[La primera tarea es descubrir] y definir su estilo de paterni[dad y después b]uscar la manera de cambiarlo, [si es necesario, par]a poder generar los mejores re[sultados. Vamos a comenzar] este proceso, identificando con [claridad su e]stilo dominante de paternidad y [los comportamientos que lo] definen como padre. Usted tie[ne un patrón predecible de] respuesta, y así como las cosas [que usted dice en todo mom]ento, hace una declaración a sus hijos y su fam[ilia que pro]viene de ese estilo y afecta a todas sus interacciones. Muy pocos padres se detienen a pensar cuál es su estilo; sin embargo, es un tema de gran importancia para la vida familiar. ¿Por qué? Porque mientras usted involucra a su familia de manera diferente, entonces todas las respuestas y reacciones que obtiene de los miembros de su familia también cambian.

Resultado de encuesta: Al describir al padre ideal, las tres cualidades principales fueron la comprensión, la sensibilidad y la generosidad.

Después de que prendamos los reflectores sobre su estilo, usted va a evaluar el de su hijo con la misma luz brillante. Una vez que haya completado este importante trabajo, hablaremos de dónde se encuentra el verdadero valor de este conocimiento: en la manera en que estos estilos encajan, cómo se mezclan y cómo chocan. Reconociendo estas dinámicas de relación, cómo adaptar su estilo al de su hijo y aplicar ese conocimiento, los moverán a ambos hacia lo que quieren, necesitan y merecen. Usted descubrirá cómo adoptar las actitudes, comportamientos y características que generarán lo que funcione mejor para usted. Tendrá su propia fórmula para maximizar su vida familiar. El estímulo que el conocimiento creará es una ventaja sorprendente.

Por favor, entienda que hay muchos tipos diferentes de estilos de paternidad. Sospecho que su paternidad es única para su situación en particular y en parte está influido por su legado familiar. A pesar de la variedad de estilos de paternidad y las etiquetas que los describen, elijo esta evaluación tridimensional porque representa diferentes puntos de referencia sobre el continuo de paternidad: Una está en la parte izquierda, otra en la derecha y otra representa el punto medio.

Estas evaluaciones son algo parecidas a un modelo innovador llamado Respuesta a la Medida de la Autoridad, desarrollado por el reconocido psicólogo, Dr. Art Sweney. La RMA es un sistema que analiza los papeles superiores y subordinados en los negocios y la industria, y la manera en que estos roles interactúan en un clima gerencial. Hay muchas similitudes entre los padres administrando hijos, y los administradores supervisando empleados, pero esto no es exactamente lo mismo. El amor, el cuidado, la unión y la historia marcan la diferencia. De lo cual no puede haber duda. Pero existen lecciones que aplican, particularmente con la motivación. Creo que usted descubrirá que lo que está a punto de hacer aquí es un ejercicio ilustrativo del descubrimiento de sí mismo y el comienzo para incrementar su efectividad como padre.

Le dije que éste no era uno de esos libros que usted se sienta a leer, así que saque su pluma y un papel o su diario. Debe desempeñar un papel activo de principio a fin. Como cualquier entrenador, sólo puedo acompañarlo hasta la línea del campo. Usted es quien está jugando ahí y por lo tanto, usted es el agente de cambio. Sea totalmente honesto consigo mismo, aun si le da miedo admitir ciertas cosas acerca de usted y de cómo interactúa con su familia. Con eso en mente, permita que estos exámenes sean un lugar para comenzar a deducirse y a aquellos que lidian con usted. Recuerde: no puede cambiar lo que no conoce.

Paso 1: Identifique su estilo de paternidad

Debajo encontrará 30 oraciones directas que describen varios aspectos del comportamiento de la paternidad. Léalos cuidadosamente y marque qué tan bien lo describen como padre. Algunas de estas oraciones pueden sonar negativas o desaprobatorias, pero permítame asegurarle, que los puntos pueden no ser lo que parecen. No importa qué tan negativa pueda sonar una oración, no evite decir la verdad si piensa que esa aplica a usted. En otras palabras, no marque la respuesta que considere que es socialmente la más deseable. Usted es la única persona que verá los resultados, entonces es una ventaja que sea lo más honesto posible. El objetivo de esta evaluación es identificar su estilo dominante de paternidad; no se trata de etiquetar negativamente la manera en que cría a sus hijos. De hecho, usted no sacará mas que conclusiones positivas con los resultados de esta evaluación. Para cada oración, elija: de acuerdo (A), principalmente de acuerdo (PA), principalmente en desacuerdo (PD) o en desacuerdo (D), encerrando en un círculo el número debajo de las letras.

Sección	A	PA	PD	D
Sección A				
1. Creo que tengo expectativas claras sobre la manera en que mis hijos deben comportarse, y me aseguro de que sean premiados o castigados, de acuerdo con esas expectativas.	4	3	2	1
2. Siento que es mi responsabilidad establecer metas para mi familia y servir como su guía.	4	3	2	1
3. Creo que mis valores deben ser enseñados a mi familia y, si mis hijos tienen valores diferentes, ellos pueden elegir por sí mismos cuando sean lo suficientemente grandes para tomar esas decisiones.	4	3	2	1
4. Siento que uno de mis papeles familiares es determinar la imagen social que nuestra familia muestra al público.	4	3	2	1
5. Pienso que debo funcionar como la fuerza controladora hasta que	4	3	2	1

mis hijos puedan tomar sus propias decisiones.	4	3	2	1

6. Puedo no ser más inteligente o fuerte que el resto de la familia, pero puedo establecer y reforzar los valores.

	4	3	2	1

7. Mientras mis hijos vivan en mi casa o bajo mi supervisión, ellos seguirán mis reglas.

	4	3	2	1

8. Esta familia no está regida por el voto democrático. Yo asumo toda la responsabilidad.

	4	3	2	1

9. La mayoría de las veces, tomo decisiones del comportamiento y disciplina familiar por mí mismo.

	4	3	2	1

10. Pienso que la actitud más importante que mi familia debe tener hacia mí es de respeto.

	4	3	2	1

Sección E

11. Creo que es más importante para mi familia aprender *cómo* obtener metas que lograr metas en sí.

	4	3	2	1

12. Mi filosofía es desarrollar un espíritu de equipo con mi familia al lidiar con nuestros problemas.

	4	3	2	1

13. Obtener una meta en común es más importante que el logro individual de cualquier miembro de la familia.

	4	3	2	1

14. Siento que una de las tareas más importantes de un padre es

	4	3	2	1

enseñar a un hijo a establecer metas realistas.

15. Aprender cómo confiar el uno en el otro en los momentos difíciles y confiar en las habilidades del otro es algo muy importante para todos los miembros de la familia.	4	3	2	1
16. Es importante para un padre escuchar a su hijo y respetar lo que él quiere y necesita.	4	3	2	1
17. Aunque el padre tiene la responsabilidad del hijo, es importante compartir la toma de decisiones.	4	3	2	1
18. El comportamiento de los niños siempre debe tener consecuencias, buenas o malas.	4	3	2	1
19. Las recompensas de un padre están en ver que su hijo logre sus metas.	4	3	2	1
20. La relación padre-hijo es el legado duradero más importante en una familia.	4	3	2	1

Sección P

21. Me siento responsable del éxito o las fallas de mi familia y, probablemente, haría parte de su trabajo antes que verlos fallar.	4	3	2	1
22. Soy muy permisivo con mi hijo y le permito rebasar los límites cuando yo debería ser más consistente.	4	3	2	1

23. Probablemente, yo tenga parte
de la culpa si mi hijo se mete en
problemas porque no hice mi trabajo como padre tan bien como
debiera haberlo hecho.

| | 4 | 3 | 2 | 1 |

24. Mis padres fueron muy duros
conmigo, así que yo trato de dar a
mis hijos lo que no tuve en términos de libertad para que sean verdaderamente ellos mismos.

| | 4 | 3 | 2 | 1 |

25. A veces, mi hijo me culpa por
un problema y parte de mí está de
acuerdo porque me siento culpable.

| | 4 | 3 | 2 | 1 |

26. Trato de motivar a mi familia
haciéndola sentirse culpable si no
hace lo correcto.

| | 4 | 3 | 2 | 1 |

27. Quiero que mi hijo se comporte bien y que sea una buena persona porque quiero estar orgulloso de
él.

| | 4 | 3 | 2 | 1 |

28. Con frecuencia, mi hijo expresa que le debo una buena vida porque soy el padre.

| | 4 | 3 | 2 | 1 |

29. Me gustaría que mi familia recordara cuánto he sacrificado por
ellos.

| | 4 | 3 | 2 | 1 |

30. Trato de no presionar a mi hijo
porque no es justo para él.

| | 4 | 3 | 2 | 1 |

Calificando los estilos de paternidad

Por separado, sume los totales para cada sección y escríbalos aquí:

A:

E:

P:

A continuación, encierre en un círculo su resultado en cada una de las tres categorías:

Sección A: Autoritario

33-40   Identificación alta con el estilo autoritario.

25-32   Comportamientos dominantes del estilo autoritario.

18-24   Comportamientos promedio o moderados del estilo autoritario.

10-17   Comportamientos bajos del estilo autoritario.

Sección E: Equitativo

30-40   Identificación alta con el estilo equitativo.

23-29   Comportamientos dominantes del estilo equitativo.

15-22   Comportamientos promedio o moderados del estilo equitativo.

10-14   Comportamientos bajos del estilo equitativo.

Sección P: Permisivo

34-40   Identificación alta con el estilo permisivo.

27-33   Comportamientos dominantes del estilo permisivo.

18-26   Comportamientos promedio o moderados del estilo permisivo.

10-17   Comportamientos bajos del estilo permisivo.

ALERTA ROJA: Las etiquetas de autoritario y permisivo pueden sonarle juiciosas o negativas. Quiero enfatizar que esta interpretación no es exacta. Un padre autoritario no es sinónimo de dictador o controlador y no debe ser considerado un estilo negativo o tóxico de paternidad. Este estilo es simplemente más directo y atiende la solución de problemas tomando el control primario de una situación. De hecho, al usar este estilo, usted puede lograr un estándar alto de sumisión, siempre y cuando se acerque a su hijo de manera amorosa y cariñosa. El estilo autoritario de paternidad también es efectivo de otra forma: Ofrece el importante ingrediente de la estructura, que es necesaria para muchos niños.

Un padre permisivo no es sinónimo de pasivo, flojo, desinteresado, negligente o sin carácter. Tampoco es el estilo caracterizado por el tipo de padre que dice a sus hijos "Claro, ve a tomar con tus amigos". En realidad, el estilo permisivo requiere mayor esfuerzo por parte de los padres porque deben inculcar un nivel más alto de autodeterminación en sus hijos para poder obtener resultados. Este enfoque está basado en un proverbio familiar: "Si le das a un hombre un pescado, comerá por un día. Sí le enseñas a pescar, comerá toda la vida". Hay mucha verdad en esas palabras, ya que se aplican al estilo permisivo de paternidad. Este estilo hace uno de los trabajos más efectivos al enseñar habilidades, valores y la fe en uno mismo en los niños y finalmente, les da el poder para que tomen decisiones responsables. Para los padres que utilizan este estilo, las interacciones con su hijo frecuentemente involucran más métodos de prueba, así como más conversaciones. Pero el tiempo y esfuerzo mejor invertidos son al promover la madurez y la responsabilidad de sus hijos.

Todo lo relacionado con los estilos de paternidad depende del tipo de hijo que está guiando, que evaluaremos un poco más adelante en este capítulo. Algunas veces, el estilo autoritario es mejor y es el único que obtiene resultados con ciertos niños y en ciertas situaciones. Algunas veces, el estilo permisivo funciona como el mejor de los estilos. Entonces, si su estilo dominante es alguno de éstos, por favor no se juzgue a sí mismo; ambos estilos pueden ser aceptables y efectivos.

AUTORITARIO

Si usted obtuvo mayoría de dominante a alta en de la sección A, su estilo dominante tiende a ser *autoritario*. Este padre le dice a su hijo qué hacer y qué no hacer; las reglas son claras y normalmente inflexibles. No sería sorprendente encontrar que un padre autoritario controle la mayoría de los procedimientos en la toma de decisiones de su familia. Utilizando el estilo autoritario, el padre establece metas familiares, otorga recompensas y maneja el castigo, y lo hace de manera inteligente y, con frecuencia, no lo hace de manera arbitraria. No hay ambigüedad absoluta en términos de lo que se espera, quién hace qué en la familia o cómo será disciplinado el mal comportamiento. El estilo autoritario a veces tiende a ser confrontador.

Equitativo

Una mayoría de dominante a alta en la sección E indica que tiende a utilizar el estilo *equitativo* de paternidad con sus hijos. Usted otorga a sus hijos un papel en la toma de decisiones; su familia opera como un equipo, y las decisiones son democráticas hasta cierto punto. Su familia entera está involucrada en establecer metas, tomar decisiones y, normalmente, hay una atmósfera de comunicación efectiva y espíritu de equipo. El estilo equitativo de paternidad es normalmente exitoso en los compromisos de negociación.

Un padre que utiliza el estilo equitativo cree en dar opciones a los hijos. Los niños aprenden que sus opiniones y pensamientos cuentan. Las reglas en la casa son simples, con consecuencias razonables si se rompen, y los niños entienden las razones que existen detrás de las reglas. Sin embargo, hay espacio para la flexibilidad. Si la hora de un niño para ir a la cama es 8:30 pm, puede ser extendido si hay un programa especial en la televisión que quiere ver. Generalmente, un padre que utiliza este estilo es responsivo, atento y sensible a las necesidades de los niños. La disciplina se ve como una oportunidad para enseñar.

Permisivo

Si usted obtuvo mayoría de dominante a alta en la sección P, su estilo de paternidad es *permisivo*. Generalmente, usted tiene un acercamiento más suave, interviniendo sólo cuando sus hijos se salen del camino o se meten en problemas. Mantiene a sus hijos dentro de límites anchos, además del trabajo para hacer que todo parezca como si fuera idea de su hijo y así darles mucha propiedad.

Al adoptar este estilo, usted actúa compasivamente, con empatía y de modo motivador. Usted tiene la habilidad de aprovechar las motivaciones internas de sus hijos, tales como la necesidad de mejorarse a sí mismos, conseguir mayores logros de metas personales e incluso, la culpa. Como resultado, usted sabe cómo presionar los botones correctos para llevar a su hijo en la dirección correcta. Muchos grandes inventores y figuras deportivas tuvieron madres permisivas que mantuvieron este patrón primario, incluyendo a Lance Armstrong, Thomas Edison y Albert Einstein.

Los padres permisivos generalmente alientan la libertad de expresión para incrementar la creatividad de sus hijos y permitirles que les den voz a sus opiniones.

Usted pudo haber obtenido un puntaje de alto a dominante en la escala de alguno de estos estilos de paternidad, lo que significa que hay un tema que prevalece de paternidad autoritaria, equitativa o permisiva en su comportamiento. O quizá obtuvo resultados altos en todas y cada una de la dimensiones de estilo. Esto es bueno, de verdad; significa que usted tiene una variedad de estilos bien desarrollada. Si usted tiene una calificación alta en una dimensión y baja en otra, debe reconocer que podría necesitar tomar decisiones conscientes para intensificar y dirigir de manera más efectiva cuando sea necesario, incluso si significa usar el estilo que se le dificulta más.

El resultado también le puede decir cómo la gente, e incluso sus hijos, lo perciben, con base en su estilo de interactuar con ellos. Considerando el resultado dominante en cualquiera de los estilos, es muy probable que otros lo perciban como poseedor de ciertos rasgos, unos reaccionan hacia lo negativo y otros hacia lo positivo. Estos están enlistados abajo, en la tabla. La totalidad de estos rasgos es lo que define las reacciones de sus hijos hacia usted, y por lo tanto, su relación con ellos. Si usted no entiende por qué sus hijos reaccionan como lo hacen, puede ser porque ellos responden a uno o más de estos rasgos. Si es el caso, comience conscientemente, con el propósito de cambiar su estilo para mejorar las interacciones con su familia.

AUTORITARIO	EQUITATIVO	PERMISIVO
Decisivo.	Colaborador.	Acepta.
Exigente.	Juega en equipo.	Apoya.
Eficiente.	Comparte responsabilidades.	Respeta.
Asertivo.	Toma las decisiones.	Abierto.
Orientado a las tareas.	No es mandón.	Complaciente.
Controlador.	Mediador.	Afirmativo.
Estricto.	Evita el liderazgo	Conformista.
Rígido.	Indisciplinado.	Motiva tras bambalinas.
Inflexible.	Reactivo.	Impulsa a su hijo con metas propias.
Dominante.	Manipulador.	Depende de la estructura interna. Demasiado indulgente. Consume tiempo en exceso.

ESTILOS DE PATERNIDAD: ESCENARIOS

Lo que quiero ilustrar es un lenguaje específico que tipifica los diversos estilos de paternidad: autoritario, equitativo y permisivo. Estas frases, términos y actitudes le darán una idea de lo que necesita hacer si determina que es mejor cambiar hacia un estilo que no es el más dominante o primario.

El escenario es el mismo para demostrar cada estilo: Tenemos a un niño que faltó a la escuela el vienes por motivos de enfermedad y tiene tarea de regularización por hacer. El niño se siente mejor al final del día. Haciendo cuentas, parece que la tarea requerirá más o menos de cuatro horas de trabajo. La meta es motivar al niño para que la haga rápidamente, con el menor conflicto posible. La tarea es para el lunes.

El estilo autoritario en acción

Padre: Bueno, el asunto es el siguiente: Debes tener esta tarea hecha, así que quiero que empieces ahora mismo. Sólo te va a tomar cuatro horas.

Hijo: Pero quiero ir al cine el fin de semana.

Padre: El cine es mucho menos importante que hacer tu tarea. Trabajarás de diez a doce y de tres a cinco el sábado en tu recámara sin el ruido de la televisión y sin hablar por teléfono. Luego veré qué tanto has avanzado. Cuando hayas acabado, hablaremos del cine.

Hijo: ¿Puedo ir al cine si trabajo durante cuatro horas?

Padre: Si acabas esa tarea. Tu prioridad es terminar la tarea, y bien hecha, porque la voy a revisar. Si la acabas en menos de cuatro horas, y está bien, tendrás tiempo de ir al cine.

El padre autoritario es muy directo y decisivo, comprometido a estructurar un plazo específico para cumplir con la tarea. Las reglas son claras y hay énfasis en su acatamiento: Los padres autoritarios usan frases tales como:

Ahora mismo vamos a...

Escucha, tienes que sacar mejores calificaciones...

La forma en que vamos a hacer esto es A, B y C...

Tu prioridad es...

Necesitas hacer un plan y apegarte a él...

Sigamos las reglas...

El estilo equitativo en acción

Padre: Johnny, he visto que tienes una tarea para el lunes que te tomará alrededor de cuatro horas. ¿Estás de acuerdo en que necesitamos hacer de esto una prioridad?

Hijo: Si, supongo que está al principio de mi lista o me meteré en problemas y me atrasaré.

Padre: Podemos hacer que funcione. Bien. Hagamos nuestro plan. Primero, haz un plan con los horarios que le vas a dedicar, y yo te ayudaré a hacerla.

Hijo: Supongo que mi mejor horario es el sábado en la tarde, pero no trabajo muy bien cuatro horas seguidas.

Padre: Bien, dividámoslo en dos sesiones. Yo te despertaré mañana temprano y haré el desayuno y podemos concentrarnos en tu trabajo. ¿Qué te parece?

Hijo: Sí, está bien. Eso funcionaría. No sé si pueda hacerla sin ayuda.

Padre: Yo te voy a ayudar. Nos prepararemos para trabajar y lo lograremos. Tengo fe en que cuentes con las habilidades y en que con un poco de trabajo en equipo podemos lograrlo. ¿En dónde vas a hacer la tarea?

Hijo: Supongo que en mi recámara o en la sala.

Padre: ¿Cómo te puedo ayudar para que sea el lugar adecuado?

Hijo: Necesito un lugar en donde nadie me moleste y no tener que hacer algo más a la mitad de mi trabajo.

Padre: Podemos encontrarlo.

En este escenario, el padre equitativo aborda la situación con un espíritu de trabajo en equipo y apoyo. Hay un sentido implicado de "nosotros" en las interacciones. Las decisiones fueron tomadas en conjunto y las metas fueron elegidas para ambos. Los padres equitativos usan frases tales como:

Podemos abordar este problema y tener éxito…

¿Cómo puedo ayudarte a ser más eficiente? (¿Cómo podemos trabajar como equipo?)

Pongamos manos a la obra para hacerlo.

Podemos hacerlo. Sé que tienes la habilidad y seremos un equipo…

Tenemos una meta en común…

El estilo permisivo en acción

Padre: Johnny, noté que tienes una tarea para el lunes que te tomará alrededor de cuatro horas. ¿Cuál es tu plan?

Hijo: Bueno, la haré el domingo.

Padre: Sé que lo harás. ¿No crees que es necesario que no te atrases en la escuela y que esto es importante para todos nosotros?

Hijo: Sí, sí. Ya sé que es importante.

Padre: Entonces hablemos de hacer un plan. Sé que quieres ir al cine y que vamos a ir a la iglesia el domingo por la noche, así que eso no te deja mucho tiempo. ¿Cómo vas a darte tiempo?

Hijo: Supongo que lo haré después de la iglesia.

Padre: No creo que eso te funcione, ¿tú sí? Si llegamos a las nueve, no tendrías tiempo y probablemente estarías muy cansado. Además, no creo que esto sea congruente con lo que me dijiste acerca de lo importante que era para ti. No me suena así. ¿A quién quieres hacer tonto? ¿A ti o a mí?

Hijo: Bien, lo haré entre las diez y las dos del sábado. De esa forma puedo quitármelo del camino.

Padre: Eso suena más razonable. ¿En dónde lo vas a hacer?

Hijo: En la sala, donde pueda ver la televisión al mismo tiempo.

Padre: ¿Crees que es una buena idea? Ya sabes lo que va a pasar. ¿Te conoces bien a ti mismo?

Hijo: Sí, me tardaría toda la vida. La haré en mi cuarto para poder hacerla más rápido.

Padre: ¿La vas a hacer al aventón o de modo que te sientas orgulloso de ti mismo?

Hijo: La voy a hacer bien. Después de todo, lo necesito en
la escuela, ¿cierto?

Por favor, note que el padre permisivo no hace a un lado su
prioridad. Recuerde: Ser permisivo no es sinónimo de ser
débil o irresponsable. Este padre llega a la misma meta que
los otros padres, pero de una manera en que se siente cómo
si el plan fuera idea del hijo. Cuando un niño tiene participación en el plan, está más motivado para ver más allá. Un
padre permisivo puede pasar más tiempo en llegar al resultado final pero llega, a pesar de todo. Este padre puede trabajar más duro para lograr el resultado deseado porque siempre hace preguntas y sondea. La mayoría de las preguntas,
sin embargo, son declaraciones disfrazadas. Los padres
permisivos generalmente usan frases como:

¿Cuál es el plan para…?

¿Sientes que éste es el mejor camino de acción para…?

¿Cómo tomas en consideración estos otros factores…?

¿Si lo hicieras de esa manera, te ayudaría a obtener tu meta?

¿Cuál es tu meta final y puedes empezar allí?

¿En dónde vas a hacerlo?

¿Eso te funciona?

Permítame subrayar el punto de que cada estilo llega al mismo destino: completar con éxito la tarea que es para el lunes. Sin embargo, cada estilo toma un camino distinto para
llegar a su meta. En resumen: Los tres estilos describen maneras efectivas, aunque muy diferentes, de lograr que el trabajo de paternidad se realice. Siempre y cuando trabajen, el
tren se mueve hacia delante y la vida familiar tiene un ímpe-
tu positivo. Administrar a sus hijos es en gran medida cuestión de estilo, de cómo llegar a donde quiere.

No hay bueno o malo, ni cierto o falso, no hay un "mejor" estilo, porque nuevamente, *depende del niño que esté guiando*. Cada uno de sus hijos tiene tendencias, resistencias y temperamentos que son distintivamente suyos. Debido a esta originalidad, aun los niños dentro de una misma familia tienen un estilo diferente en cómo se involucran con usted. Como Tammy en el estudio de caso abierto, algunos niños son vistos como *rebeldes*: un niño que parece resistir la autoridad, quiere las cosas a su manera o es muy independiente y directo. Otros niños son *cooperativos*. A ellos les gusta compartir y ayudar a otras personas; ellos son "jugadores de equipo". Luego encontramos al niño *pasivo*, como Bobby en el estudio de caso. Ellos necesitan dirección, comunicada de manera clara, uniendo los puntos. No tienen iniciativa propia por ninguna parte de la imaginación. En resumen: Cuando usted conoce los estilos de sus hijos, podrá descifrar qué los hace comportarse de cierta manera. Usted tiene que conocer a sus hijos para moverlos.

Paso 2: Identifique el estilo de su hijo

¿Su hijo es rebelde, cooperativo o pasivo? La siguiente evaluación es su oportunidad de identificar y perfilar el estilo de su hijo. Aquí hay 30 oraciones directas que describen varios aspectos del comportamiento de su hijo. Así como hizo en el ejercicio anterior, lea las oraciones y califique qué tan bien describen a su hijo. Llene esta evaluación para cada uno de sus hijos.

En la oración, elija de acuerdo (A), principalmente de acuerdo (PA), principalmente en desacuerdo (PD) o en desacuerdo (D), encerrando en un círculo el número debajo de cada letra.

	A	PA	PD	D
Sección R				
1. Mi hijo puede ser descrito como alguien que toma la iniciativa, que gusta de trabajar independientemente.	4	3	2	1
2. Mi hijo está lleno de energía.	4	3	2	1
3. Mi hijo disfruta de salirse con la suya.				
4. A mi hijo le gusta ser diferente.	4	3	2	1
5. Gran parte del tiempo, mi hijo no coopera.	4	3	2	1
6. Cuando juega o interactúa con otros niños, a mi hijo le gusta ser el líder y estar al mando.	4	3	2	1
7. A mi hijo le gusta expresar su propia opinión, es franco y le gusta discutir.	4	3	2	1
8. Mi hijo trabaja duro.	4	3	2	1
9. Mi hijo tiene un rasgo competitivo y le gusta ganar.	4	3	2	1
10. A veces, mi hijo se viste de manera diferente y le gusta ser único.	4	3	2	1
Sección C				
11. Mi hijo está dispuesto a acordar con otros.	4	3	2	1

12. Mi hijo puede ser descrito como colaborador y servicial.   4   3   2   1

13. Mi hijo es flexible al tomar decisiones en grupo.   4   3   2   1

14. Mi hijo disfruta de participar, en lugar de ser líder.   4   3   2   1

15. Mi hijo disfruta del trabajo en equipo.   4   3   2   1

16. Mi hijo entiende la importancia de compartir.   4   3   2   1

17. Generalmente, mi hijo está de acuerdo.   4   3   2   1

18. Generalmente, mi hijo pide permiso antes de tomar decisiones o interactuar con otros.   4   3   2   1

19. Mi hijo entrega su esfuerzo completamente a su equipo.   4   3   2   1

20. Mi hijo liderea o sigue, dependiendo de las necesidades de la situación.   4   3   2   1

Sección P

21. Mi hijo necesita ser instruido sobre qué hacer antes de entrar en acción.   4   3   2   1

22. Mi hijo es motivado cuando le doy una guía.   4   3   2   1

23. No describiría a mi hijo como motivador de sí mismo.   4   3   2   1

24. Mi hijo sigue bien las órdenes y las reglas.   4   3   2   1

25. Mi hijo se enorgullece de seguir instrucciones y presentar un trabajo bien hecho.	4	3	2	1
26. Mi hijo se confunde si no tiene reglas.	4	3	2	1
27. Mi hijo responde muy bien al elogio y la aprobación.	4	3	2	1
28. Mi hijo toma la crítica muy seriamente.	4	3	2	1
29. Cuando recibe el liderazgo de su propio grupo, lo toma con responsabilidad.	4	3	2	1
30. Mi hijo acepta las cualidades de las personas que reconoce como autoridad.	4	3	2	1

EVALUANDO LOS TIPOS DE NIÑOS

Por separado, sume los totales de cada sección y escríbalos aquí:

R:

C:

P:

A continuación, encierre en un círculo el significado de su resultado en cada una de las tres categorías:

Sección R: Rebelde

33-40   Identificación alta con el estilo rebelde.

25-32   Comportamientos dominantes del estilo rebelde.

18-24   Comportamientos promedio o moderados del estilo rebelde.

10-17   Comportamientos bajos del estilo rebelde.

Sección C: Cooperativo

30-40   Identificación alta con el estilo cooperativo.

23-29   Comportamientos dominantes del estilo cooperativo.

15-22   Comportamientos promedio o moderados del estilo cooperativo.

10-14   Comportamientos bajos del estilo cooperativo.

Sección P: Pasivo

34-40   Identificación alta con el estilo pasivo.

27-33   Comportamientos dominantes del estilo pasivo.

18-26   Comportamientos promedio o moderados del estilo pasivo.

10-17   Comportamientos bajos del estilo pasivo.

Sus hijos pudieron haber obtenido un resultado de alto a dominante en uno de estos estilos, lo que significa que hay un tema dominante de rebelde, cooperativo o pasivo en su comportamiento, o pueden mostrar comportamientos en diversas dimensiones de estilo. Para usted, la clave es reconocer estos comportamientos, para que sepa cómo interactuar con sus hijos cuando surgen determinadas situaciones.

La siguiente sección le ayudará a ser más adaptable para evitar choques en estilo y resolver mejor los problemas con sus hijos.

Entender los estilos es crítico, pero no basta. Para resolver problemas de manera efectiva, usted debe estar dispuesto a ajustar y adaptar su estilo de paternidad a cada una de las necesidades, comportamiento y temperamento de sus hijos. Estos estilos de paternidad pueden aplicarse de acuerdo con la situación y cambiar día a día, e incluso hora a hora, de acuerdo con las circunstancias de los cambios en sus hijos. El punto es que usted debe estar dispuesto a mover posiciones —es decir, moverse de su estilo natural más dominante— y hacer algunas cosas de manera diferente. Usted tiene que estar dispuesto a bailar al ritmo que toque la banda, como decimos en Texas.

Nunca cesa de impactarme que los padres continúen persistiendo en una actitud o comportamiento que simplemente no funciona. Ellos siguen con el mismo estilo o comportamiento rígido, golpeándose la cabeza contra la pared una y otra vez, pretendiendo que no notan que obtienen un dolor de cabeza. Estar encerrado de manera rígida en un estilo nunca dará forma al comportamiento de un niño en la dirección correcta.

Si usted está acostumbrado a abordar la situación de cierta manera o conducta, pero normalmente con resultados desastrosos, necesita tomar nota de manera específica de esa actitud o comportamiento no exitoso y eliminarlo de su lista de opciones. Usted *debe* ser flexible. No puede continuar viviendo con ciertos comportamientos, particularmente con la rigidez.

Piénselo así: Usted no usaría un mazo de dos kilos para clavar un clavo en la pared y colgar un cuadro chico. Tampoco usaría un martillo pequeño para romper el concreto. Utilizaría su mazo. Lo mismo pasa con la paternidad. Usted utiliza lo que necesita, eligiendo de la variedad de rasgos, habilidades y estilos. Usted tiene que fluir y hacer lo que funcione.

No estoy sugiriendo que se convierta en alguien que no es. Sin embargo, lo que sugiero es que sea un camaleón. Cuando un camaleón se sube a una hoja verde, se hace verde; cuando se sube a una roca café, se hace café. Como un camaleón que cambia sus colores para adaptarse a su medio ambiente, cambie sus colores para administrar al hijo con quien está lidiando. Todos tenemos una variedad de comportamientos de dónde elegir. Por momentos, puede necesitar ponerse el color de "directivo", en otros, el color de "indulgencia", e incluso el color de "confrontador". Aunque cambie y ajuste su estilo de paternidad, esto no lo cambia a usted internamente. Un camaleón sigue siendo un camaleón, a pesar del hecho de que tome el color que lo rodea. Lo mismo ocurre con usted. Todo lo que quiero que haga es que utilice lo mejor de sí para sacar lo mejor de sus hijos.

Las relaciones se definen mutuamente: Usted y sus hijos contribuyen de manera importante a la definición de su relación. Usted les ha enseñado las reglas y los límites de la relación. A cambio, ellos han aprendido sus patrones de respuesta y los han incorporado en sus acciones. Estos patrones de relacionarse son fáciles de notar. Por ejemplo, si su hijo lo trata sin respeto, respondiéndole grosero, con pocas consecuencias o sin ellas por haber actuado así, entonces usted le ha enseñado a que lo trate de esa manera. Por años y años, usted ha aceptado y tolerado ese comportamiento. Le enseñó que la falta de respeto está bien, porque lo permitió. Su actitud de acercamiento dicta lo que recibe a cambio. Él sabe cómo tratarlo para salirse con la suya. Al permitir que cada uno muestre un comportamiento problema, le ha enseñado que era aceptable. Por lo tanto, si usted no lo maneja ahora, no culpe sólo a sus hijos. Es tan dueño de la relación, como ellos.

Sus hijos tendrán que ser entrenados nuevamente acerca de lo que funciona y lo que no. No importa cuánto tiempo ha permitido que el comportamiento no deseado suceda, incluso un patrón de relacionarse puede ser redefinido. En el dar y recibir al relacionarse, y en los resultados, las relaciones son negociadas con éxito.

Creo firmemente que es benéfico evitar confrontaciones cara a cara con sus hijos cuando sea posible. Lo que usted hace cuando confronta, da un ultimátum o tira la toalla, no es otra cosa que alimentar el conflicto más, más lucha de poder y mayor resentimiento. Con las confrontaciones, usted está en peligro de convertir lo que debería ser una interacción de amor y apoyo en una lucha de poder y dominio. Peor aún, usted aleja a sus hijos. Crea su propia experiencia; detenga estas confrontaciones y verá que sus hijos se acercan en lugar de alejarse. Si usted por ningún motivo puede evitar la confrontación, entonces no debe perder.

El trabajo que haga aquí le ayudará a prevenir confrontaciones y mantendrá sus interacciones en un nivel más productivo de relación; sin embrago, claramente necesita trabajo de su parte y disponibilidad para hacer y deshacer las maneras en que interactúa con sus hijos y su familia. Aprender los matices del estilo —y cómo cambiar sus colores— transformarán drásticamente sus interacciones familiares.

Para el momento en que terminemos con este capítulo, usted sabrá cómo inspirar hábil y eficazmente a sus hijos con los tipos de respuesta que se agreguen a sus vidas. Sus hijos comenzarán a responderle en nuevas formas, porque saben que serán tratados con justicia y dignidad. Los encuentros entre usted y sus hijos los dejarán sintiéndose mejor acerca de sí mismos por haber logrado la interacción. El amor en su corazón le dará la energía para que esto suceda. Comencemos.

Paso 3: Maneje el choque o la confluencia de estilos

Éste es un paso en donde usted se enfoca en lo que pasa cuando los estilos se enredan y chocan, al reconocer los patrones de interacción que ocurren entre el estilo de paternidad y el tipo de su hijo. Ciertos estilos de paternidad se unen y se enredan con ciertos estilos de respuesta, como lo muestra la Figura 1.

Sin embargo, los estilos chocan. Cuando usted ve que esto sucede en su propia vida familiar, vale su tiempo sentarse y analizar por qué una relación en particular con su hijo no funciona. ¿Usted obtiene cierta retroalimentación y respuestas que le dicen que está siendo muy rígido o estricto o demasiado indulgente o permisivo? ¿Qué parte de la actitud de su hijo o de usted está causando el problema? ¿Usted necesita abordar esta relación de manera diferente, invirtiendo más energía en ella, por ejemplo? ¿Qué comportamientos relacionados con el estilo necesita cambiar para poder eliminar las confrontaciones, el conflicto o el juego de tirar la cuerda que lo dejan cansado y exhausto?

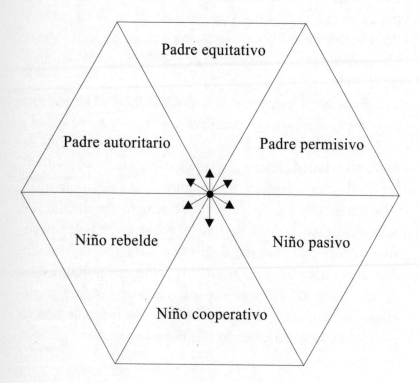

Esta figura se adaptó de los principios expuestos en la Figura 10 del libro *Leadership: Management of Power and Obligation (Liderazgo: administración y obligación de poder)* de Art Sweeney, publicado por Test Systems, Inc., © 1981 Art Sweeney.

Al cuestionarse sobre su estilo, aun si se siente como una segunda naturaleza para usted, se encuentra en la posición de alimentar y erradicar ciertas actitudes y comportamientos. De ahora en adelante es analizar los patrones interactivos que de manera predecible, prenden en las familias. Esta información le ayudará a identificar dinámicas negativas que evitan que usted avance. Si se encuentra aquí, ponga atención en particular a las estrategias que se enlistan. Permita que estas estrategias estimulen sus propios pensamientos y acciones para el cambio.

También he incluido dos diálogos muestra que ilustran la manera de solucionar problemas cuando existe un choque de estilos. Aplicar esta información y utilizar como muestra este ejemplo, le dará un gran comienzo para la solución.

Autoritario / Rebelde

Si su estilo de paternidad es principalmente autoritario y uno de sus hijos es rebelde, tiene una lucha de poder en sus manos. Es un hecho absoluto que este par puede ser la relación más frustrante dentro de una familia. La mayor parte del conflicto surge por el poder en la relación; tanto el padre autoritario como el niño rebelde tienen hambre de poder y control. Ambos tratan de dominar todas las interacciones al ser demasiado controladores o irracionales.

Los niños rebeldes buscan el poder de formas distintas, incluyendo el mal comportamiento, los dramas, lo catastrófico (hacer montañas de granos de arena) y la necesidad de atención. Estos niños se sienten importantes cuando tienen el control y son notados. Les gusta llevar a sus padres a la batalla; al hacerlo se sienten poderosos y con influencia sobre ellos. Los niños rebeldes tienden a ser combativos con sus padres y su autoridad (gritan, lloran, escupen la comida o de otra forma, se imponen ante usted). Además, estos niños pueden ser pasivos-agresivos, diciendo que todo está bien, cuando por dentro sienten enojo o frustración acerca de algo. Demasiadas reglas generalmente frustran a estos niños y pueden ignorarlas.

Le aseguro que con un padre autoritario y un hijo rebelde, las luchas tienen cualidades de confrontación. Éste es el escenario potencial para perder porque los padres autoritarios y los hijos rebeldes no solucionan problemas; ellos chocan. Ustedes nunca obtienen nada porque siempre se dan cabezazos. Si discuten, están en problemas. Entre más presión, más lo presionará su hijo.

Para mantenerse en el deber, moverse hacia delante y resolver problemas, usted debe:

- Evitar intercambios de enojo, alzar la voz o dar un ultimátum.
- Tomarse el tiempo de escuchar y asegurarse de que su hijo sea escuchado; la comunicación de dos vías es vital (vea el capítulo 8).
- Lidiar con el mal comportamiento tan tranquilo como sea posible.
- Moverse hacia la paternidad de estilo equitativo, lo que le dará una atmósfera de trabajo de equipo en donde su hijo pueda canalizarse fuera de las luchas de poder hacia actividades más productivas como jugar, realizar proyectos, el deporte, la tarea o la lectura, entre otros. Usted será más eficiente en solucionar problemas.
- Dar instrucciones con atención al tiempo y lugar. Cuando mis hijos eran más chicos y jugaban béisbol, siempre fallaban al juntar su equipo para que saliéramos de la casa y

llegáramos a tiempo al campo de juego cada sábado. Me costaba mucho trabajo separarlos de la televisión por la mañana. Después descubrí una solución simple: si después de cada juego hacía que su trabajo fuera juntar su equipo de manera ordenada en su bolsa, como los demás niños antes de ir a casa, ellos lo hacían sin problemas. Más adelante les di la responsabilidad de regresar a la bolsa cualquier cosa que sacaran para que el equipo siempre estuviera listo el día de juego. Aprendí que los niños pueden tomar responsabilidades de tareas u obligaciones, siempre y cuando estén en la situación donde puedan enfocarse. Seleccione el marco adecuado de tiempo y espacio, e incrementará las posibilidades de éxito.

· Aprender cómo comprometerse y moverse hacia el respeto mutuo, la cooperación y la toma de decisiones compartida.

· Mantenerse paciente y persistente.

Autoritario / Cooperativo

Si utiliza el estilo autoritario con un hijo cooperativo, espere algún conflicto, ya que estos niños gustan de compartir el poder y estar involucrados en la toma de decisiones y solución de problemas en la familia. Usted puede insistir en tener la última palabra, por ejemplo, y esto frustrará a su hijo. Los niños cooperativos también gustan de tener responsabilidad, que los padres autoritarios se niegan a otorgar.

Algunas recomendaciones importantes:

· Muévase hacia el estilo equitativo de paternidad y dé a sus hijos más responsabilidad en la toma de decisiones. Por ejemplo, usted puede preguntarle si le gustaría bañarse antes o después de cenar. Dar a su hijo una elección entre dos posibilidades le permite tener algo de autonomía, pero le da a usted cierto nivel de control.

* Incremente su participación en la vida de su hijo. Los niños cooperativos responden bien a la participación de los padres en sus vidas. Esto puede tomar muchas formas; asistir a sus partidos, ir al cine juntos, revisar la tarea, hacer proyectos y estar disponible para hablar. El punto es encontrar más formas de hacer cosas juntos, de un modo compartido.

* Escuche las opiniones de su hijo con más frecuencia y permítales intervenir en la toma de decisiones.

* Aborde esta relación con un espíritu de aliento. Reconozca el éxito de su hijo con mayor frecuencia, alabe de manera adecuada los logros, e interactúe de tal forma que sea un apoyo. Usted creará una atmósfera mucho más nutrida, en donde florecerá su hijo cooperativo.

Autoritario / Pasivo

Como padre autoritario con un hijo pasivo, tiene un buen par. Este niño necesita que el padre le diga qué hacer; los padres autoritarios, con su actitud de estar a cargo, disfrutan de decir a sus hijos qué hacer, una mezcla perfecta de estilos. Con un hijo pasivo, debe ser muy instructivo, porque estos niños no dan el primer paso y responden mejor al acercamiento directo. Por ejemplo, puede tener que sentarse con su hijo y revisar la lista de lo que hay que hacer. O podría decir "Hijo, necesitas hacer un plan y apegarte a él. Aquí está el plan de cómo hacer con esto…". El resumen para su hijo, punto por punto, y lo que necesita lograr. Cuando solucione problemas con un niño pasivo o le dé instrucciones, los puntos deben estar unidos.

Equitativo/Rebelde

Si está eligiendo un estilo de paternidad equitativo, espere tener problemas al comunicarse con su hijo rebelde, quien parece no querer escuchar. A los niños rebeldes no les gusta compartir o ceder el poder, sino tenerlo todo. Este egoísmo aparente de su hijo le puede frustrar. La frustración crece y crece, y se puede hacer muy impaciente con el comportamiento de su hijo.

Algunas estrategias importantes:

- Nunca exagere su reacción. Su hijo puede estar tratando de provocar una reacción. En lugar de dar sermones, regañar o enojarse, explique su punto de vista y hágalo de manera tranquila. Este enfoque mantendrá las hostilidades lejos de su relación.

- Permita que su hijo esté en desacuerdo sobre un tema. El desacuerdo puede ser sano, si surge dentro de un espíritu mutuo de respeto sobre las diferentes opiniones. Muestre a su hijo este tipo de respeto, y modificará la naturaleza de sus interacciones.

- Permita que su hijo rebelde tome un papel de liderazgo en actividades familiares adecuadas, tales como organizar una búsqueda de huevos de Pascua, decidir juegos familiares o seleccionar entretenimiento durante el fin de semana.

- Incluya a los niños al establecer reglas claras acerca de comportamiento y consecuencias adecuadas. Cuando esto ocurre, las luchas sobre las reglas y el castigo generalmente acaban.

Equitativo / Cooperativo

Debido a que la relación equitativo/cooperativo está basada tanto en el trabajo en equipo como en los principios democráticos, éste normalmente es un buen par para el éxito, y las interacciones son generalmente positivas. El padre trata al hijo de forma que protege e incrementa su autoestima, y el niño a cambio, se siente confiado y motivado en esta relación. Hay una coexistencia pacífica aquí porque ambos, el padre y el hijo se relacionan bien, aceptan y creen en ellos mismos y en el otro.

Equitativo / Pasivo

Debido a que los padres equitativos normalmente esperan que los niños entren ansiosos a sus actividades de equipo-impulsan a sus hijos a levantarse y contribuir, ellos pueden tener una tendencia a sentirse frustrados porque los niños pasivos normalmente se niegan a involucrarse, debido a la timidez y el recato.

Algunas recomendaciones importantes:

· Aliente a su hijo pasivo a involucrarse en actividades de grupos pequeños formados de dos o tres niños. Este medio es menos amenazador y ofrece oportunidades para que los niños pasivos expandan sus habilidades.

· Dé voz a su aprecio y aliento cuando su hijo pasivo se aventure en un territorio desconocido y demuestre mayor flexibilidad y adaptación, ya que estos niños tienden a aislarse rápidamente si son presionados en un nuevo proyecto o situación.

- Muévase hacia un estilo más autoritario para poder dar la estructura y horario predecible que este niño necesita para sentirse seguro.

- Siempre dé a estos niños instrucciones directas, paso a paso: cómo hacerlo, cuándo hacerlo, por qué debe hacerse, para que sientan que pueden tener éxito.

Permisivo / Rebelde

El par permisivo / rebelde funciona bien porque tanto el padre como el hijo tienen empatía. Se apoyan uno al otro y se interesan en lo que el otro hace. Un diálogo como el siguiente funciona de manera efectiva con el hijo rebelde: "Dime que piensas que sería lo mejor para manejar este…".

Generalmente, un padre que utiliza el estilo permisivo de paternidad es fuerte en apoyo, pero puede ser débil en control. Debido a que el hijo rebelde no parece necesitar ningún nivel de control, un padre permisivo debería aprender cómo poner límites firmes para un comportamiento inaceptable.

Permisivo / Cooperativo

Esta relación puede enfrentar problemas, con las tensiones que surgen. Un padre que utiliza el estilo permisivo ofrece demasiada autoridad en la toma de decisiones a su hijo, quien está acostumbrado a compartir la toma de decisiones. En dichas circunstancias, el niño puede sentirse agobiado, desconectado e inseguro sobre qué hacer. También podría haber poca comunicación en esta relación.

Recomendaciones:

- Adquiera un estilo más cooperativo para tomar en cuenta las opiniones de los dos lados, la participación en la solución de problemas y la toma de decisiones, establecer metas y, en general, mejorar las habilidades de comunicación. Aliente a sus hijos y permítales hablar por sí mismos y expresar sus sentimientos.

- Trabajen en proyectos compartidos, tales como campamentos, trabajos escolares o tomen clases juntos.

Permisivo / Pasivo

Esta combinación se involucra y amplifica el lado negativo de las características de ambos. Si usted es un padre permisivo con un hijo pasivo, está vegetando; sólo está sentado viendo caer las cortinas. Usted no soluciona problemas. Está esperando a que su hijo inicie el proyecto, mientras que su hijo está esperando instrucciones. Un hijo pasivo necesita estimulación, iniciada por usted.

Recomendaciones:

- Aliente cualquier interés o talento que su hijo desee alcanzar, tales como pintura o lecciones de música, deporte o clases de baile.

- Muévase hacia un estilo más autoritario de paternidad con este hijo, quien necesita estructura y límites claros para poder sentirse motivado.

- Aporte más de usted mismo en términos de proponer retos y estimular el ambiente de su hijo. Aprenda cómo poner manos a la obra en la instrucción de actividades, el juego y las tareas.

Diálogo muestra para mejorar calificaciones

Utilizando el siguiente escenario, entrené a una madre sobre cómo hacer que su hija rebelde mejorara su boleta de calificaciones haciendo que ella creara su propia estrategia para conseguirlo. Cuando su hijo piensa que algo es su idea, él o ella será dueño de su idea, tomando la responsabilidad y viendo cómo llega al éxito. Si usted enfrenta un problema similar, permita que su hijo tenga la prioridad en la toma de decisiones, después adopte esa actitud.

Mamá: Veo que tus calificaciones no son lo que esperabas. Me molesta eso para ti. ¿No te ocasionará verdaderos problemas para entrar al equipo de porristas?

Hija: Ya sé, ya sé…

Mamá: ¿Qué piensas que debes hacer al respecto? ¿Puedo ayudarte en algo? También quiero que lo hagas bien; ¿cómo te puedo ayudar?

Hija: Bueno, no sé. Simplemente no lo estoy haciendo.

Mamá: Bueno, ¿qué te ayudaría a hacerlo? ¿A hacerlo mejor?

Hija: Sé que hacer… Necesito dedicarle más tiempo.

Mamá: ¿Te ayudaría si cenamos a una hora distinta? ¿Te ayudaría si tus amigos no te estuvieran molestando?

Hija: Sé que paso mucho tiempo en el teléfono.

Mamá: Bueno, no sé; quizá sí, quizá no. Probablemente, estuviste diez horas en el teléfono con tus amigos la semana pasada. Me pregunto qué habría pasado si en lugar de eso hubieras estudiado.

Hija: Bueno, estoy segura de que habría salido mejor.

Mamá: ¿Cómo te sentirías si le decimos a tus amigos que no te llamen durante ese tiempo o simplemente apagamos el teléfono? ¿Qué tal si hacemos algo que te sea más fácil para enfocarte? Tú dime: quiero ayudarte.

Hija: Bueno, quizá podríamos desconectar el teléfono de ocho a diez para que pueda estudiar.

Mamá: Bueno, mira, yo te ayudo a hacer eso. Yo contestaré el teléfono durante ese horario y tomaré los mensajes y después de eso estás por tu cuenta. Pero te ayudaré entre ocho y diez de la noche.

DIÁLOGO MUESTRA PARA ESTABLECER UNA HORA DE LLEGADA

Trate de presentar hechos para solucionar un problema. Esto le ayudará a apuntar y resolverlo.

Hijo: Papá, quiero un horario de llegada más tarde, como la una de la mañana. Ése es el que tienen mis amigos y se burlan de mí porque yo tengo que llegar antes de las doce.

Papá: Hablemos de esto. Los bares abren hasta la una. La mayoría de los accidentes automovilísticos ocurren entre la una y las tres de la mañana, un conductor de cada cuatro puede estar ebrio. Tú manejas un coche que disfrutas; no podemos pagar que se reemplace. No quiero que llegues a las nueve de la noche sintiéndote como un *nerd*. En realidad no tengo la respuesta; encontrémosla juntos.

Hijo: Pero papá, todos mis amigos están fuera divirtiéndose cuando yo tengo que llegar a casa.

Papá: Estoy dispuesto a extender tu hora de llegada siempre y cuando no estés en la calle a esas horas. ¿Qué tal si invitas a algunos de tus amigos a media noche y se quedan aquí toda la noche?

Hijo: O yo me puedo quedar en casa de alguien más.

Papá: Eso funcionaría, siempre y cuando nos llames para avisarnos que estás bien.

Como resultado del trabajo que ha hecho hasta ahora, ha dado un paso gigantesco para tener mayor claridad en la manera en que interactúa con su familia y sus hijos. Continúe dirigiendo la información, tomándola a pecho, porque nos estaremos refiriendo a ella a lo largo del libro. Recuerde esto: Usted hace una diferencia en el mundo de su hijo y un día ellos estarán en el mundo y marcarán una diferencia. Manténgase en esta búsqueda. No se distraiga de la solución. Usted está en el camino correcto.

6

ENCENDIENDO MOTORES

Tomar la decisión de tener un hijo es muy importante. Significa decidir para siempre que tu corazón vivirá afuera del cuerpo.

ELIZABETH STONE

Mientras comienza a vivir las nuevas ideas y planes en los que ha estado trabajando para guiar a su familia, usted puede esperar que sus hijos mejoren en todas las áreas de su persona, lo que generalmente se conoce como carácter. También pueden beneficiarse de una familia definida por un propósito y marcada por interacciones sanas y un ambiente hogareño.

Hay esfuerzos dirigidos de manera específica, lo que yo llamo *encender motores* en sus hijos. Comenzaremos con lo que usted puede hacer para incrementar su inteligencia y eficiencia cognitiva, para después avanzar hacia otras áreas de la personalidad, tales como la autoestima y la creencia en uno mismo, la confianza social, la estabilidad mental y emocional y la madurez espiritual.

Hemos hablado acerca de crear una familia fenomenal, y las familias fenomenales están hechas de gente fenomenal.

Como se discutió en el capítulo 3, usted quiere que sus hijos sean auténticamente quienes son; y que se den cuenta de su potencial y que emprendan el reto de ser lo mejor que puedan ser. Si usted se mantiene concentrado en lo que ha aprendido hasta ahora, y adopta estos planes específicos de acción que tienen como objetivo las cinco áreas mencionadas anteriormente, estará a punto de ver un gran progreso en la vida de sus hijos. Emociónese, ésta es una de las partes más divertidas y satisfactorias de ser padre.

INTELIGENCIA Y EFICIENCIA COGNITIVA

Comencemos por enfocarnos en el funcionamiento intelectual de su hijo, que muchos expertos han creído por largo tiempo como genéticamente determinado y que, por lo tanto, no se pueden cambiar. ¿Están en lo correcto o existen cosas que usted puede hacer o evitar para incrementar la inteligencia de su hijo? No estoy hablando de educarlos más; sino de incrementar su habilidad mental. La respuesta puede sorprenderlo, aunque definitivamente hay opiniones que difieren.

Hay una antigua escuela de pensamiento apoyada por un amplio y anticuado cuerpo de investigación científica (las referencias que he incluido al final del libro), que se refiere a que usted no puede incrementar el IQ debido a que está determinado desde el nacimiento y basado en la programación genética. Sin embargo, ya que se han sofisticado los medios para medir, esta posición ha sido muy debatida recientemente. La habilidad intelectual es sin duda, *primeramente,* una función genética; sin embargo, hay muchos expertos que creen que la inteligencia es modificable y que usted puede incrementar la inteligencia de su hijo, medida por estándares, pruebas válidas y confiables, ¡en hasta diez puntos! Muchos expertos creen que es posible incrementar las conexiones entre las células cerebrales, lo que lleva hacia el incremento de los procesos mentales.

Entienda también que el cerebro de su hijo no madura completamente hasta finales de la adolescencia o más, de acuerdo con descubrimientos recientes de la Escuela de Medicina de la UCLA y los institutos nacionales de salud, así que tiene sentido que usted aún tenga tiempo de incrementar el poder cerebral de su hijo. Por cierto, la parte del cerebro que se desarrolla al final es la que involucra la toma de decisiones, el control de impulsos y las emociones; lo que explica por qué los adolescentes tienen tendencia a un comportamiento volátil y errático. De hecho, la manera en que el cerebro parece optimizarse a sí mismo es por medio de los errores, para después aprender de ellos. Así que supongo que hay un fondo plateado detrás de los comportamientos más frustrantes de nuestros hijos. ¡Por lo menos están "creciendo" sus cerebros!

Ningún aspecto del debate acerca de la inteligencia pone en entredicho que usted pueda al lo menos incrementar el *desempeño* intelectual de su hijo. El hecho está bien establecido. Pero, ¿usted incrementa lo que por mucho tiempo se ha conocido como la inteligencia "innata" de su hijo, o simplemente la optimiza? Tras revisar ambos cuerpos de investigación, y habiendo trabajado con colegas psicólogos que atienden exclusivamente el desarrollo neuropsicológico, tiendo a tomar la postura de que usted puede incrementar la inteligencia de su hijo y eso es un prospecto muy emocionante. Sin embargo, soy una persona orientada a los resultados, y no estoy seguro que importe si estoy incrementando la inteligencia innata o sólo la eficiencia intelectual. Mientras haya cosas que pueda hacer para ayudar a que mis hijos actúen de manera más inteligente y se desempeñen mejor, las voy a hacer. En resumen: Si hay cosas que usted puede hacer para que sus hijos escriban mejor, razonen mejor, actúen mejor, y consigan beneficiarse de esos esfuerzos, ¿a usted realmente le importa si ha incrementado la inteligencia innata o simplemente ha aumentado el poder intelectual que ya estaba bajo la capa?

Mejorar el funcionamiento intelectual y cognitivo es importante por muchas razones, incluyendo el impacto positivo que tiene, particularmente en la estabilidad mental y emocional y en la confianza social, razón por la que estoy comenzando aquí. Creo firmemente, y la investigación lo avala, que cuando los niños logran algo de valor, como salir bien en un examen, sacar buenas calificaciones o consumar algo que se propusieron a hacer, ese éxito construye confianza, la autoestima y el control de uno mismo. Si los niños tienen una historia positiva —registro de un camino exitoso— en búsquedas académicas e intelectuales, tienden a ser más tranquilos, concentrados y eficientes, mientras abordan retos intelectuales. Es un hecho del funcionamiento humano que la gente en general gusta hacer en lo que es buena. Nos desarrollamos verticalmente en las áreas en donde disfrutamos del éxito. A todos les gusta ser ganadores, y las expectativas de éxito pueden dar energía al desempeño. Las experiencias positivas levantan a los niños para ayudarlos a ver todo tipo de posibilidades por ellos mismos. Al observarse triunfar, están dispuestos a alcanzar niveles de desempeño en los que no habrían tenido confianza en el pasado. Una sensación de dominio es una experiencia increíblemente poderosa.

Para ayudar a sus hijos a impulsar sus habilidades intelectuales, doy más adelante una lista de actividades para oca-
sionar un cambio cognitivo positivo. Estas actividades trabajan en dos niveles amplios. Primero, están orientadas a
dar un programa de capacitación que puede incrementar algún aspecto de las habilidades intelectuales de su hijo y
maximizar su poder mental. Segundo, estas actividades, sobre todo aquellas que se enfocan en acrecentar la estimulación
mental ("ejercicios cerebrales"), pueden ayudar al cerebro a
formar nuevas conexiones entre las células. Mientras la cantidad de conexiones incrementa, el cerebro se hace más hábil para el pensamiento complejo.

Cuide de no permitir que sus hijos se intimiden con éstos
u otros retos intelectuales. Hágalos muy divertidos. Al mismo tiempo, evite expectativas acerca de lo que sus hijos pueden lograr. Presionar a sus hijos en situaciones que no pueden manejar los frustrará.

En caso que sienta que no tiene una visión clara de cómo
funciona intelectualmente su hijo hoy día, en «http://
www.drphil.com» hay una prueba de inteligencia que usted
puede aplicar fácilmente a sus hijos. Esta prueba ha sido
estandarizada y confrontada con algunos de los *tests* de
inteligencia usados más comúnmente por los psicólogos
profesionales. Ninguna prueba, o los resultados que genera,
medirá completa y ampliamente las habilidades y capacidades cognitivas de su hijo, pero le dará por lo menos una idea
de su nivel de funcionamiento. Si decide que usar la prueba
le sería de ayuda para aprender más acerca de ésta, así como
del concepto general de IQ, en «http://www.drphil.com». Si
no está interesado en ese tipo de evaluación, ignórela.

Mientras avanzamos, por favor entienda que, si bien las
ganancias en habilidades intelectuales son posibles y valio-

sas, ningún programa de capacitación o cambio en ninguna condición ambiental puede convertir a su hijo en genio si él no tiene una cantidad justa de inteligencia genéticamente programada. Usted tiene probabilidad de ejercer un impacto significativo, pero hay límites.

Por cierto, mucha de la información que sigue ha llegado como ventisca a muchos padres durante años, así que usted pudo haber escuchado partes de esto antes. Eso está bien. No estoy tratando de reinventar la rueda. Lo que quiero que haga es organizar esta información de forma en que se pueda usar, desarrollar un plan claro para su implementación y asegurarse de tener esto como proyecto.

CREE UN DIÁLOGO INTERNO QUE LE OTORGUE PODER

Aun los niños muy jóvenes tienen un diálogo interno constante consigo mismos. He introducido este concepto del diálogo interno previamente en nuestra discusión acerca de superar su legado familiar (capítulo 4). El diálogo interno puede estar formado por mensajes positivos y negativos, incluyendo juicios, evaluaciones, alabanzas, críticas, aliento, desaprobación, pintar un cuadro rosa o enviar mensajes de fatalidad y penumbra. Los mensajes negativos que involucran miedos, dudas, preocupación, ansiedad y pesimismo son comunes.

Si los niños, por ejemplo, eligen pensamientos que minimizan su imagen personal, eligen, en consecuencia, dudar de ellos mismos. Si piensan que saldrán mal en un examen, entonces probablemente así será. Un diálogo interno negativo promueve la falla. Puede enviar mensajes positivos que promuevan el éxito. Puesto de manera simple, los niños pueden hacer y pensar de ellos mismos con resultados intelectuales pobres.

También hay una fuerte conexión mente-cuerpo. Cada pensamiento que tiene un niño produce un cambio correspondiente en su cuerpo. Por ejemplo, las células inmunes están cercanamente ligadas a las células nerviosas, y hay una comunicación instantánea entre las dos. Si un niño piensa que un examen será difícil, experimentará un cambio psicológico negativo. Ese cambio puede tomar la forma de dolor de cabeza, de estómago, náusea, desmayo, temblor, sudor, cambios en la temperatura corporal u otros síntomas de angustia física. Estos cambios físicos tienen un alto costo de desempeño en su habilidad de pensar. Un niño puede quedarse en blanco, tener pensamientos acelerados fuera de control o simplemente olvidar lo que ha estudiado y experimentar dificultad para concentrase o completar tareas. Conclusión: Los pensamientos deprimentes suprimen la energía, la acción y la habilidad de pensar claramente. Agitan la fe de su hijo y crean dudas acerca de lo que realmente él o ella pueden lograr.

Una vez trabajé con una familia cuyo hijo Wayne, de trece años, padecía síntomas de ansiedad crónicos. Wayne era un chico brillante con un IQ de 110, arriba del promedio, quien hacía muy bien las tareas, pero cuando era época de exámenes tenía pánico, y sus habilidades para presentar exámenes fallaban. Era un alumno de 7, con el potencial de ser alumno de 10. Aun cuando Wayne estudiaba mucho, su nivel de ansiedad durante los exámenes estaba fuera de las gráficas. Deduje que su problema no era la falta de preparación, habilidad o motivación, sino de hablarse a sí mismo de manera destructiva y con interferencia. Le pedí que recordara y escribiera lo que se decía a sí mismo durante su último examen reprobado. Aquí está lo que escribió:

> Empiezo a sudar y a temblar. ¿Qué pasa si repruebo otro examen? Todos se van a reír de mí. Pero este examen está muy difícil. No soy lo suficientemente inteligente para pasar. Debí haber estudiado más. Soy un cobarde. Mi mamá se va a decepcionar. Ojalá me pudiera ir. Odio la escuela.

Debería ser obvio que Wayne reprobó el examen por dialogar consigo mismo de manera negativa. Combinada con esto, hubo una reacción psicológica, sudor y temblor. Sin embargo, aún más significativa fue la interferencia de la forma de hablarse a sí mismo. Wayne es un chico muy inteligente quien en este caso comenzó el examen con el cien por ciento de sus caballos de fuerza mentales involucrados. Pero el efecto de su diálogo interno fue dividir sus caballos de fuerza a la mitad. Al comenzar el examen, 50 por ciento de los caballos de fuerza estaban invertidos en la conversación que estaba teniendo consigo mismo, dejando sólo 50 por ciento enfocado en pasar el examen. En lugar de maximizar su gran IQ de 110, probablemente comenzó el examen con IQ disminuido, o ¡quizá con 55! ¿Existe duda alguna de que cuando Wayne está en la situación de hacer exámenes, normalmente reprueba? Su problema era que estaba tratando de hacer dos cosas al mismo tiempo: escucharse a sí mismo, regañarse y resolver el examen. Una vez que este problema fue diagnosticado, y Wayne aprendió a manejar su plática consigo mismo en la misma forma en que le voy a enseñar a trabajarlo con sus hijos para manejar las de ellos, sus síntomas de ansiedad acabaron, y se convirtió en el estudiante excelente y seguro que fue capaz de ser. Cada vez que los niños dividen su atención entre el miedo a fallar, el juicio y el ridículo de un desempeño pobre en potencia, cuando ellos sólo deberían prestar su atención íntegra a la tarea del momento, entonces obviamente el desempeño intelectual baja. Es como tratar de correr con una pierna. Usted podría hacerlo, pero va a perder la carrera.

El otro lado de lo que Wayne experimentó es el diálogo interno positivo, realista, poderoso y, sobre todo, controlable, para que no interfiriera durante los momentos de desempeño. Un diálogo interno positivo puede incrementar dramáticamente el desempeño intelectual. Más adelante, en este capítulo, cuando nos concentremos en la autoestima, le daré un ejercicio poderoso que le ayudará a su hijo a eliminar la plática destructiva consigo mismo.

PRACTIQUE EJERCICIOS DE RESPIRACIÓN CONTROLADA CON SU HIJO

Uno de los métodos más efectivos para estimular el proceso y el desempeño mental de su hijo es controlar la respiración. Ante sus ojos esto puede parecer poca cosa, pero no lo es. La investigación muestra que los niños en edad escolar pueden incrementar sus calificaciones si hacen ejercicios de respiración previos al examen o las tareas; estos ejercicios también reducen la ansiedad en exámenes. Los niños que participan en concursos nacionales de ortografía son alentados a hacer esto antes de la competencia para impulsar sus poderes de memoria, y son muy inteligentes al empezar. La respiración controlada incrementa el flujo de oxígeno al cerebro, lo que impulsa su memoria, su concentración, sus habilidades para solucionar problemas. La técnica de respiración que recomiendo es relativamente fácil de hacer, aun para un niño, y usted puede practicarla con él. La meta es exhalar la misma cantidad de veces que inhala, para prevenir mareos o hiperventilación.

Cuando pruebe esto, enseñe a su hijo a contar hasta cinco al inhalar, y luego hasta cinco al exhalar. Repita este ciclo de respiración unas seis veces; la rutina entera toma sólo un minuto. Instruya a su hijo para que utilice este ejercicio de respiración antes de un examen, una prueba u otro deber en la solución de problemas o la memoria entren en juego. Los patrones de respiración no pueden enseñarse en una ocasión. Necesitan ser practicados para que se conviertan en un hábito positivo. Recuerde: Unir los momentos de inhalación y exhalación es la clave.

PRACTIQUE GIMNASIA MENTAL

Practicar juegos que estimulen la mente, particularmente aquéllos que contienen el elemento de estrategia y que no se basan solamente en la oportunidad (por ejemplo, un tiro de dados), construirá habilidades verbales; además, mejorará el poder de concentración, de percepción y razonamiento. Aquí hay algunas recomendaciones de juegos que dan forma al cerebro y que ustedes pueden hacer en familia:

Ajedrez

Damas chinas

Crucigramas

Criptogramas

Sopa de letras

Scrabble

Resolver problemas de matemáticas

Incremente las oportunidades de interacción verbal como familia

Involucrar a sus hijos en conversaciones ayuda a que desarrollen sus habilidades de lenguaje y vocabulario, particularmente entre las edades de dieciséis y veintiséis meses, cuando el lenguaje se está desarrollando rápidamente. Los estudios sugieren que entre más hablen los padres, más amplio será el vocabulario de los hijos. No importan las edades de sus hijos, usted debe hablar con ellos de temas como la escuela, los amigos, sus intereses y actividades, proyectos que crean, viajes que han hecho juntos o eventos actuales. Haga que estas conversaciones sean parte regular de su vida. Lo que surge de estas interacciones son niños que se sienten valorados y son más listos, mejor adaptados y más inteligentes.

Con mis propios hijos, una de mis actividades favoritas de construcción de vocabulario cuando ellos eran más chicos era que inventaran y dijeran una historia sobre algún tema. Lo hacíamos como un juego. Y la meta de mis hijos era hacerme reír, o tener miedo o sorprenderme. La historia tenía que incluir a cada miembro de la familia, ¡incluyendo dos perros, un gato, un jerbo y una lagartija! Y todo tenía que estar incluido de forma significativa. Siempre lo hacíamos de manera divertida, e incluso tonta. Por ejemplo, si Robin se involucraba, a veces mis hijos trataban de asquearla. Si ellos lograban que se contrajera, arqueara o se agarrara el estómago, la victoria era suya. Los niños lo amaban completamente.

Disfrazada en esta actividad divertida, hay gran gimnasia mental. Jay y Jordan debían depender de sus memorias a corto y largo plazo; tenían que lidiar con conceptos y relaciones de intervención; y usar su imaginación y habilidades verbales. Con frecuencia, los eventos tenían que estar enmarcados en una línea de tiempo (razonamiento temporal), y presentar su narrativa con sentimiento y emoción para obtener el resultado deseado de risa o cualquier otro objetivo.

Otra actividad que inventé para alimentar la creatividad en mis hijos, requirió que vendieran algo de manera creativa. Tenían que venderme cierto objeto basado en dos factores: su uso por diseño y su empleo ficticio y novedoso. En este juego, escogía un objeto al azar dentro del cuarto y se los daba y, un minuto después, tenían que vendérmelo hasta que me sintiera motivado a comprarlo. Por ejemplo, si les daba un lápiz, tenían que describir apasionadamente la maravillosa herramienta de escritura que era, diciéndome las maneras diferentes en que podía usarla durante el día. Después, tenían que inventar un uso no tradicional para el lápiz, que con frecuencia era tonto, pero divertido. Por ejemplo, promovían el lápiz como una manera de detener una caja siendo parte de una trampa para atrapar un moco peludo, o como un gran objeto para rascar la espalda. Para hacer el juego más divertido, a veces yo compraba el "objeto" pagando con otra actividad divertida.

> Resultado de encuesta: Veintiocho por ciento de los padres dijeron que sus hijos tenían o tienen problemas académicos.

Nuevamente, estaban usando su imaginación, las habilidades verbales, de persuasión, memoria a corto y largo plazo, conceptualización y presentación. Al mismo tiempo se divertían mucho, y yo también. Estas actividades en particular realmente los preparan bien para actividades académicas, tales como las clases de inglés, literatura, oratoria y debate.

No tengo duda de que mis hijos son más inteligentes hoy día por haber participado en esos juegos. Los juegos les enseñaron cómo pensar y razonar. La clave es la repetición. Haga que todas estas actividades sean parte de la vida cotidiana de su hijo.

Aliente la lectura repetitiva

No es anuncio de grandes noticias que leer a sus hijos alimenta el amor por la lengua y promueve los lazos; ambas cosas optimizan su potencial intelectual. Sin embargo, la última palabra en lectura es que repetir la exposición a un libro amado ayuda a que un niño que empieza a caminar incremente su memoria, mejore su periodo de atención y forme su vocabulario.

Una vez hice pruebas en una niña de nueve años llamada Amy, cuyos padres querían ayuda para mejorar sus habilidades académicas. El problema, como decía su madre, era que a Amy no le gustaba leer porque pensaba que era aburrido. Después de la prueba inicial (ella obtuvo un rango promedio), recomendé varios de los ejercicios que mencioné en este capítulo, pero hice énfasis en que ella se leyera en voz alta a su mamá por lo menos treinta minutos al día. ¿Le hizo caras y se resistió a la actividad al principio? Absolutamente, pero lo hizo y le ayudó. Después de un mes de seguir este programa de lectura en voz alta, las habilidades verbales de Amy fueron probadas y sacó un resultado de *rango arriba del promedio*, impresionante para un periodo tan corto. Conclusión: Leer a los hijos, así como alentarlos a que lean, los lleva a un desarrollo óptimo de lenguaje. Lea con o para sus hijos tan frecuentemente como sea posible.

Si usted tiene problemas para que sus hijos lean, intente algo que funcionó excepcionalmente bien para un padre que conozco. Como condición para comprar un videojuego, él negoció un acuerdo con sus hijos basado en que sólo lo usarían los domingos por la mañana, siempre y cuando cada niño cumpliera con los requisitos de lectura a lo largo de la semana. Este acuerdo funcionó como motivador confiable, e incluso estimuló a los hijos a leer más de lo que se les pedía.

Genere un ambiente estimulador

Mientras el cerebro de un niño se desarrolla, trillones de conexiones se forman entre las células del cerebro y se desarrollan por medio de estímulos como la luz, el color, el olor y el sonido. Estas conexiones son vitales en el aprendizaje: Entre más de ellas tenga un niño, más rápido él o ella procesará la información. Muchos expertos creen que al estimular los sentidos de un infante por medio de un contexto enriquecido, usted muy probablemente puede aumentar su IQ. Ya que no veo una sola desventaja, lo aliento a dar juguetes como móviles que puedan moverse y ser tocados, o pinturas coloridas y otros objetos que puedan ayudar a desarrollar el cerebro del niño. Muchas otras maneras de crear un ambiente enriquecido y estimulante para sus hijos aparecen en las páginas 201-203.

QUINCE FORMAS DE CREAR UN AMBIENTE MENTALMENTE ESTIMULANTE PARA SUS HIJOS

1. Cargue a su bebé frecuentemente. En un estudio de investigación reciente, los descubrimientos mostraron que entre más tocara el padre a su bebé, era menos probable que el infante desarrollara problemas de déficit de atención más tarde, durante la niñez.

2. Use gestos faciales expresivos. Los infantes responden a los padres cuyas expresiones faciales son más animadas. En un experimento, los bebés se volteaban de las madres que tenían expresiones faciales apagadas, pero volteaban hacia aquéllas cuyas caras eran más expresivas.

3. Haga juegos de palabras en forma de rimas o canciones que usted invente con su hijo. Esta actividad alienta el desarrollo de habilidades de lenguaje.

4. Quite los títulos de las caricaturas; cree nuevos títulos con su hijo para impulsar las habilidades de pensamiento y creatividad.

5. Haga que su hijo lea en voz alta historias adecuadas para su edad, tomadas de periódicos y revistas.

6. Por lo menos una vez por semana, lleve a sus hijos a la biblioteca, en donde puedan leer solos o ir a grupos de cuenta cuentos. Haga que sus hijos saquen sus propias credenciales de préstamos de libros para que aprendan la responsabilidad de cuidar libros y regresarlos a tiempo.

7. Lleve a sus hijos a actividades culturales apropiadas durante el año, tales como obras de teatro y conciertos.

8. Limite el tiempo que su hijo pasa frente a la computadora, a menos que esté haciendo trabajo de escuela que requiera el uso de ésta.

9. Viaje a nuevos lugares, incluyendo museos locales. Mientras esté de vacaciones, llévelos de paseo a lugares interesantes, aun si ellos creen que no les va a gustar.

10. Use la hora de la comida para la estimulación mental. Aliente a sus hijos a hablar acerca de su día y a expresar sus puntos de vista.

11. Cante canciones de cuna a sus hijos; éstas estimulan el desarrollo de las conexiones cerebrales, particularmente durante los primeros tres años de vida.

12. Use oraciones complejas con varias cláusulas cuando hable con sus hijos, como: "Voy a ir a la tienda porque necesitamos cereal para el desayuno", lo opuesto a oraciones simples de una sola cláusula, como: "Tómate la leche". Los niños que están expuestos a estructuras gramaticales más complejas muestran un nivel más alto de desarrollo del lenguaje.

13. Inscriba a sus hijos en clases de baile (si muestran interés), ya que el baile requiere memorizar movimientos específicos, una actividad mental que ayuda a construir conexiones cerebrales.

14. Regale juguetes estimulantes apropiados para su edad que inviten a la interacción y el pensamiento. Para los infantes, busque juguetes que involucren la mayoría de los sentidos (color, textura, sonido, vista y olor). Los niños que empiezan a caminar se benefician de pelotas, cubos, coches, juguetes que se jalan, rompecabezas simples, instrumentos musicales y muñecos de peluche. En edades de tres a cinco años, los niños comienzan a usar su imaginación, así que aliéntelos con juegos de construcción, crayones o marcadores lavables, y plastilina. Entre los seis y nueve años, construir la autoestima es

importante. Equipos de pasatiempo, juguetes deportivos, *software* para computadora, juguetes de construcción y libros con mensajes de motivación, son cosas buenas para jugar. También juguetes educativos que promueven la habilidad de resolver problemas, como contar, rompecabezas y juegos de mesa. En edades diez a doce años, los niños necesitan desarrollar independencia, responsabilidad y su expresión personal. Sus mejores apuestas son los equipos de construcción complejos, juegos de mesa apropiados para su edad, de ciencia y de arte.

15. Limite la hora de ver la televisión a noventa minutos al día para edades preescolares y dos horas para niños más grandes, ya que los niños que ven mucha televisión se ven afectados académicamente. Sin embargo, sea indulgente con el contenido en la televisión que sea positivo y educacional, como la programación del Canal Educativo, Discovery Channel y cadenas similares.

INTRODUZCA MÚSICA Y RITMO EN LA VIDA DE SU HIJO

Los niños deben tener oportunidades para la búsqueda constructiva de cosas en las que muestren interés. Si la música es una de ellas, aliéntela. No sólo le ayudará a su hijo a que florezca este don; simultáneamente, contribuirá a promover su desarrollo de memoria y lenguaje. Entre más chico, mejor también. La investigación con preescolares muestra que meterlos a clases de teclado y canto grupal (coro) incrementa su razonamiento espacial y temporal; una habilidad que ayuda con los rompecabezas, la geometría, las fracciones y radios. Las clases musicales también ayudan a los niños para desarrollarse en otras áreas intelectuales, tales como las matemáticas y el razonamiento complejo.

Si sus hijos no están orientados musicalmente en términos de cantar o tocar un instrumento, introducir la música y el ritmo en su mundo puede incrementar muchos aspectos de su desempeño académico. Por ejemplo, muchos niños encuentran que la estimulación rítmica de los tambores les hace más fácil concentrase al hacer la tarea (sin embargo, algunos niños verán esto como una distracción).

Ha habido mucha controversia alrededor de algo conocido como el efecto Mozart, según el cual escuchar la música de Mozart puede incrementar la manera en que piensan y razonan. El que este efecto sea válido es incierto; sin embargo, sabemos que la música ofrece "gimnasia mental" por medio del aprendizaje de su sistema de símbolos, además de incrementar la creatividad. Cualquier cosa que haga para aumentarla vale la pena.

Alimente las mentes jóvenes

La importancia de un balance nutricional, con alimentos que ofrezcan una variedad alta de vitaminas y minerales, no puede ser excesiva, cuando se refiere a apoyar las capacidades mentales de su hijo. Las deficiencias de hierro, yodo, vitaminas A y B y otros nutrientes vitales prevalecen en los niños en edad escolar hoy día y pueden afectar su desarrollo mental y su habilidad de aprendizaje. Los niños mejor alimentados simplemente funcionan de manera más efectiva en un nivel cognitivo, y estudios llevados a cabo en otras partes del mundo claramente muestran que las mejoras en la nutrición llevan a beneficios en los resultados de coeficiente intelectual.

Cuando usted no da a sus hijos alimentos sanos, y en su lugar les sirve comida procesada alta en azúcar y grasa, esto puede tener impactos negativos en sus habilidades de proceso mental y, potencialmente, afectar su IQ. En un estudio bien publicitado de un millón de niños de edad escolar en el sistema escolarizado de la ciudad de Nueva York, ¡los resultados de IQ mejoraron en un 14 por ciento después de que los aditivos, colorantes, saborizantes artificiales y colores fueron eliminados de sus almuerzos!

Los nutriólogos nos dicen que debido a que el cerebro humano es un órgano metabólico activo, depende de un suplemento estable de glucosa circulante (azúcar en la sangre), proveniente de los carbohidratos, para apoyar el funcionamiento cognitivo. Las semillas enteras naturales no refinadas y las frutas y verduras son la mejor elección para dirigir las actividades mentales, ya que también son altas en vitaminas y antioxidantes protectores del cerebro. Usted puede proteger a sus hijos del sabotaje nutricional al darles alimentos que incrementen su poder cerebral y energía mental. Varios de estos alimentos están en la tabla de la página 206 de esta sección, junto con sus beneficios para la buena condición mental.

Los investigadores también encontraron que cuando los niños comen desayunos ricos en carbohidratos naturales, como cereales de semillas enteras, junto con una proteína magra como los huevos, esto ayuda a mantener su desempeño mental durante la mañana. En contraste, los cereales dulces, las donas y los *hot cakes* con jarabe son muy altos en carbohidratos procesados y azúcar, lo que acelera la producción de un químico cerebral llamado serotonina. Los niveles altos de este químico cerebral pueden inducir sueño y debilidad mental, exactamente lo contrario a lo que un niño necesita para estar alerta, tener un desempeño efectivo en la escuela o un examen.

ALIMENTOS CEREBRALES PARA EL PODER DE LA MENTE

Alimentos	Beneficios y funciones
Frutas cítricas	Las frutas, como las naranjas y toronjas, tienen un alto contenido de vitamina C, que mejora la memoria y el desempeño.
Huevos	Los huevos tienen un alto contenido de una vitamina que construye la memoria, llamada colina.
Pescado (dos a la semana)	El pescado también tiene grasas que forman el cerebro.
Frutas y verduras verdes, naranjas, amarillas y moradas	Estos alimentos son ricos en antioxidantes que protegen las células del cerebro contra el daño, así como el potasio, que ayuda a prevenir la fatiga mental.
Carnes magras (res y aves de corral)	Estos alimentos tienen alto contenido de hierro; las deficiencias en hierro deterioran el aprendizaje y la memoria.
Cereales de grano entero fortificados con hierro	Estos alimentos son excelentes fuentes de carbohidratos, necesarios para un desempeño mental agudo.

Cuerpo activo, mente activa

La actividad física, incluyendo la práctica del deporte, impulsa el flujo sanguíneo a todas las partes del cuerpo, incluyendo el cerebro. Cuando el cerebro es abastecido con sangre recién oxigenada, la concentración, la velocidad de pensamiento y el razonamiento complejo son incrementados. Los niños físicamente activos de manera habitual, se desempeñan mejor en la escuela, un descubrimiento que ha sido confirmado por más de cincuenta años de investigación. La actividad física en los niños:

· Promueve el pensamiento claro.

· Impulsa la creatividad.

· Estimula el cerebro y el aprendizaje.

· Incrementa la energía y la concentración mental.

· Produce cambios positivos en el cuerpo que acrecentan la autoestima (que a su vez apoya el aprendizaje cognitivo).

· Ayuda a desarrollar habilidades motoras y la coordinación.

· Contribuye a manejar el estrés y la ansiedad.

· Reduce la depresión al incrementar los niveles de químicos importantes para el cerebro, que con frecuencia son agotados en la depresión.

Hay muchas actividades que los niños pueden hacer como ejercicio; la mayoría involucra un elemento de diversión (el ejercicio no tiene que ser algo a lo que un niño le tenga pavor); por ejemplo, deportes en equipo, artes marciales, bicicleta, patinaje, natación, bailar música rítmica, caminata a campo traviesa o ejercitarse con un amigo. Estos ejercicios incrementan los niveles de respiración y pulso cardiaco, enriquecen y refuerzan tanto el cuerpo como la mente. Por supuesto que el ejercicio debe ser adecuado para la edad del niño, su estado físico y desarrollo mental (ver la tabla en la página 209 para los lineamientos).

¿Cuánto ejercicio es suficiente para los niños? La Asociación Norteamericana de Cardiología recomienda que todos los niños de dos años en adelante participen en una actividad física divertida por lo menos durante treinta minutos al día, más tiempo que un ejercicio más vigoroso, tres o cuatro veces por semana, para construir y mantener un corazón saludable y unos pulmones en forma. También, aliente a sus hijos a relajarse después del ejercicio, ya que la relajación es esencial para restaurar la energía física y mental.

Una de las maneras más efectivas de motivar a sus hijos físicamente más activos es que usted mismo esté activo. La caminata a campo traviesa, la bicicleta, el patinaje en línea y ciertos deportes al aire libre pueden disfrutarse fácilmente en familia. Sea una persona que pone el ejemplo correcto e inspira a sus hijos a elevarse a un mejor nivel y ser más activos. Los niños se basan en modelos a seguir, y ése es usted. Por medio de su acción y su estilo de vida, puede dirigir a sus hijos hacia donde quiere que vayan.

EJERCICIO PARA NIÑOS DE ACUERDO CON LA EDAD

6 años o menos	Gimnasia (trampolín), avión, brincar la cuerda, natación, karate, jalar la cuerda, juegos en el exterior, baile, juegos no estructurados.
Edades de 7 años en adelante	*Soccer*, jockey sobre piso, básquetbol, *lacrosse*, natación, patinaje en línea, bicicleta, otros deportes organizados y baile.
Adolescencia	Deportes organizados, competencias de carreras, clases de levantamiento de pesas y ejercicio.

OTRAS DIMENSIONES DE LA PERSONALIDAD DE SU HIJO

He puesto el escenario para incrementar el funcionamiento de su hijo, usando la inteligencia como ejemplo de trabajo. Ahora veamos lo que usted puede hacer en algunas áreas importantes de la personalidad de su hijo.

AUTOESTIMA Y VALOR DE UNO MISMO

La autoestima positiva se logra por medio de la interpretación adecuada de usted mismo, y el diálogo interno exacto, positivo y sano. Déjeme ser absolutamente claro sobre lo que quiero decir: Para muchos niños, la autoestima se mide en función de lo que logran y acumulan externamente del mundo, en la forma de calificaciones, trofeos, reconocimiento o cosas materiales. Pero esta forma de estima puede ser elusiva, inestable y completamente vulnerable a los caprichos del mundo exterior. Cuando los niños tratan de cumplir necesidades internas provenientes de fuera, que sólo pueden ser cumplidas desde el interior, nunca dan en el blanco. La verdadera autoestima está *internamente* definida; viene de adentro hacia fuera. Significa que usted se ama, se cree, se acepta a sí mismo porque acepta y aprecia que es una persona única, de calidad y auténtica. Éstas son todas las grandes palabras que los niños rara vez entienden. Como resultado, el énfasis debe estar en el resultado, no en el lenguaje para describirlo.

En los niños, la verdadera autoestima, junto con la confianza, la esperanza y el optimismo, está generada por el diálogo interno que dice a los niños que están bien, que son amados, apreciados y que son especiales. La plática positiva y realista con uno mismo también crea niños que cumplen con sus propias expectativas (en contraste con aquellas impuestas por otras personas). La claridad de enfoque y la eficiencia cognitiva también se incrementan. Tener alta autoestima y confianza en uno mismo asegurará que las expectativas propias sean altas y realistas, y que lleven a sus niños hasta el nivel más alto posible de logros y desempeño.

Importante: Tratar de levantar la autoestima de un niño con halagos al azar, exagerados, falsos o sin sinceridad, independientemente de los logros actuales no es una buena idea. El amor incondicional es una cosa; dar a un niño un trofeo por haber llegado en último lugar en la carrera es otra. Los niños que son llevados a creer que pueden hacer algo cuando de hecho no pueden, sufrirán una gran decepción más adelante.

Hay un balance delicado que desempeña; en la cúspide, uno encuentra aliento realista y confianza en la tarea.

Si usted sospecha que su hijo puede estar saboteándose a sí mismo con pláticas negativas con él mismo, deben trabajar juntos para crear un diálogo interno nuevo y exacto. Cuando su hijo comienza a pensar de manera diferente y a comportarse de forma más auténtica, él experimenta una historia más positiva que llevará a un nuevo futuro de esfuerzos para una vida exitosa en una amplia variedad de actividades. Los ejercicios que está a punto de realizar con su hijo están diseñados para ayudarlo a que él logre justamente eso —hacer cambios internos para asegurar que se acepte a sí mismo y, por lo tanto, viva con paz interior y confianza—. Ahora vayamos a lo específico.

Primero, ayude a su hijo a reconocer algunas de estas trampas de diálogo negativo consigo mismo pidiéndole que las escriba o, si aún no puede escribir bien, que le digan las "cosas malas que me digo a mí mismo"; por ejemplo, "no soy bueno en matemáticas… me preocupa sacar malas calificaciones… no voy a salir bien en mi examen". Tenga cuidado de discutir esto con su hijo de acuerdo con su edad, o usted estará hablando consigo mismo. Los niños escuchan lo que entienden.

Después, usted puede usar una técnica con su hijo llamada "búsqueda de hechos" para ver si hay alguna validez en el diálogo negativo consigo mismo. Pregunte: "¿Por qué piensas que tus pensamientos son verdaderos o falsos?" Su hijo puede responder diciendo: "Saqué 9 y 10 en mi boleta pasada, entonces sí tengo buenas calificaciones… saqué un 9 en mi examen pasado… mi maestra dice que trabajo duro en matemáticas". El punto es ayudar a su hijo a identificar si estos pensamientos son correctos o incorrectos.

Mientras trabaja este ejercicio con su hijo, usted descubrirá que un pensamiento es correcto, como: "Soy malo para deletrear palabras". Tome esta oportunidad como un momento de enseñanza, preguntándole a su hijo: "¿Qué harías para cambiar eso?". Permita que su hijo haga su propio plan para mejorar, como estudiar un poco más o pasar más tiempo revisando las tareas en buscar errores de ortografía. Cuando su hijo esté involucrado en la solución, el plan es suyo y estará más motivado en llevarlo a cabo.

Como una manera de eliminar cualquier diálogo negativo consigo mismo y construir la confianza personal, enseñe a su hijo cómo sustituir y practicar respuestas positivas. Por ejemplo:

- Haré lo mejor que pueda y eso será lo mejor que puedo hacer.
- Estudié mucho para mi examen, así que debería salir bien.
- Trabajé duro en mi tarea.
- Conozco mi tema.
- Estaré bien; puedo hacer esto.

Finalmente, mientras lleva a cabo este ejercicio con su hijo, aliéntelo a expresar sus nuevos pensamientos en voz alta. La investigación muestra que trabajar en las soluciones en voz alta ayuda a resolver problemas matemáticos o a entender palabras.

Otra clave para desarrollar la autoestima de su hijo es reconocer su valor personal. El valor en uno mismo se refiere a cosas que llegamos a creer sobre nuestra importancia y valor. Si los niños no tienen sentimientos de valor, son menos flexibles a enfrentar la adversidad y tienen problemas para solucionar problemas afuera, en el mundo. Ayudar a sus hijos de manera efectiva a desarrollar el valor de sí mismos demanda que los ayude a maximizar todos sus dones y cualidades distintivas, y les permite saber que sí importan en la familia y la sociedad.

Puede hacer el siguiente ejercicio con sus hijos. Está diseñado para ayudarlos a reconocer sus dones y la importancia en su familia. Haga que cada uno de ellos llene la siguiente forma y la ponga en sus habitaciones. De esta manera, podrán ver las características positivas y reafirmantes de en quiénes se han convertido. Al guiar a sus hijos por medio de este tipo de ejercicio, los fuerza a ser objetivos con ellos mismos de tal forma que reconozcan de manera consciente su valor y su mérito.

- Mis mejores talentos y habilidades son:
- Mis mejores materias en la escuela son:
- Mis mejores cualidades físicas son:
- Mis mejores logros son:
- Mi mejor habilidad de relación (ejemplo: hacer amigos) es:
- Mi mejor solución de problemas ocurre cuando:
- Me veo mejor cuando me visto:
- A mis mejores amigos les gusta mi:
- Mis amigos piensan que yo:
- Mi familia piensa que mis talentos son:
- Sobresalgo en:
- La gente depende de mí para:
- He hecho las siguientes contribuciones positivas a la familia:
- He dado una impresión positiva a mis maestros al:

- Los siguientes miembros de la familia han expresado su amor por mí:
- Otros miembros de mi comunidad (ejemplo: grupo religioso, maestros, tíos y tías, etcétera.) me han dicho lo mucho que me aprecian, incluyendo:
- La siguiente gente me ha dicho que me respeta:
- Me siento merecedor de amor y respeto porque:

Confianza social

Como dije en el capítulo 1, uno de los grandes errores que los niños cometen es comparar su realidad privada con la "realidad" que otros exhiben y, como resultado, terminan sintiéndose inferiores socialmente. Cuando usted incrementa la paz y la conexión con su familia y disminuye el conflicto administrando mejor la personalidad de su estilo de paternidad y el de su hijo, espere ver mayor confianza por parte de su hijo en el mundo social. Cuando los niños aprenden a llevarse bien socialmente, sobre todo con otros niños, la confianza en sí mismos se incrementa al ir aprendiendo de valores como la lealtad, el apoyo, la compasión y la empatía, siendo todas fuerzas poderosas. Aquí hay otras maneras en que puede ayudar a aumentar la confianza social de sus hijos:

- Enseñe a su hijo valores y acciones socialmente aceptables como ser paciente mientras otros niños reciben atención, haciendo turnos para compartir los juguetes. Los niños que arrebatan los juguetes o no saben cómo compartir tienen problemas para hacer amigos.
- Asegúrese de que su hijo tenga un plan para situaciones sociales. Discuta e intercambie papeles sobre qué hacer

en una situación nueva: por ejemplo, cómo involucrarse en un juego o una conversación, cómo participar en un proyecto o cómo iniciar un diálogo. Asegúrese de que su hijo tenga un plan presente para comenzar a conversar, lo que puede ser una herramienta efectiva en las interacciones sociales.

· Haga que su hijo use ensayos mentales de preparación para retos sociales. La práctica mental construye la confianza y la seguridad en uno mismo. Yo sugeriría prácticas mentales como las siguientes:

Situación: lidiando con un bravucón

Haga que su hijo se imagine su peor experiencia con un bravucón. Después pídale que le describa a usted esa experiencia.

Tenga una discusión creativa acerca de las opiniones que él o ella pueden tener para lidiar con la situación. Usted podría desarrollar un acto para cada circunstancia.

Haga que su hijo se imagine la misma situación y resultado, usando una de las opciones que ambos consideraron. A continuación, repita este ejercicio de imaginación con otra respuesta opcional en términos de confianza en sí mismo. Repita este proceso hasta que su hijo tenga por lo menos tres respuestas opcionales que ofrezcan una sensación de dominio.

La práctica mental y la imaginación pueden ser usadas para una gran cantidad de retos sociales, como lidiar con un hecho injusto en contra de su hijo, manejar una situación embarazosa con el sexo opuesto, comunicarse con una persona mayor que lo entiende mal, interactuar con una figura de autoridad o lidiar con la negociación.

Haga que su hijo se involucre en equipos deportivos u otras actividades en grupo de acuerdo con su edad, para que puedan compartir sus intereses con otros niños y aprendan cómo funcionar en un ambiente de equipo.

Permita que sus hijos inviten a otros niños a su casa para que aprendan interacciones y maneras sociales positivas bajo su supervisión.

Aliente las oportunidades de juego con otros niños, ya que estas experiencias pueden ayudar a los niños a ser más confiados socialmente. También desarrollan habilidades de liderazgo y cooperación.

Enseñe y sea un modelo para su hijo sobre lo que deben ser las amistades y relaciones sanas y cómo deben actuar.

Estabilidad mental y emocional

Criar un niño sano emocionalmente es una meta valiosa, ya que los niños con fuerza mental y emocional son mejores para adaptarse a lo que la vida les arroje en su camino. Los niños sanos emocionalmente tienden a ser más adaptables y están más dispuestos a reaccionar ante las derrotas y decepciones. También son guardianes más efectivos de su autenticidad. Como padre, usted puede ayudar a sus hijos a aceptar el abanico completo de emociones que van a experimentar, de lo positivo a lo negativo, y esto les ayudará a dar forma a su visión de la vida para un futuro prometedor. Ayudar a su hijo a reconocer y lidiar de manera adecuada con las emociones es otro paso crucial hacia el desarrollo de la autenticidad de la que hablamos en el capítulo 3. Con eso en mente, aquí hay algunos pasos que usted puede seguir para ayudar a sus hijos a incrementar su bienestar emocional:

Permita que sus hijos sepan que tienen derecho a sus emociones, que es normal sentirse enojado, triste o frustrado, y que está bien compartir esos sentimientos. Déles la oportunidad de expresarse sin miedo a ser juzgados o ser retribuidos; esto incrementa la estabilidad mental y emocional porque tienen salidas adecuadas. La expresión de las emociones es sana.

Hable con sus hijos acerca del hecho de que son dueños de sus sentimientos. Su tristeza o enojo no es causado por alguien más, no están molestos porque alguien más los hizo enojar. Están enojados o tristes por la forma en que eligen responder. Las respuestas emocionales son provocadas por nuestra interpretación —el significado que le damos a la situación— y nuestra reacción correspondiente a la interpretación. En otras palabras, nuestras emociones fluyen del significado que le damos a las situaciones. Al ayudar a nuestros hijos a entender esta conexión, ellos pueden ser más responsables de la manera en que reaccionan a las situaciones y problemas estresantes. Cualquiera que sea la situación, podrán elegir sus reacciones.

Respete la necesidad de sus hijos de lamentarse, estar tristes o contentos o llorar en la privacidad.

Como en casi todos los aspectos de la paternidad con sentido, usted debe ser un buen modelo de estabilidad emocional y mental. Todos los ojos están puestos en usted, particularmente en momentos de estrés o crisis. Sea un modelo que sus hijos recuerden: lo fuerte que era, lo flexible que era, cómo sostenía las cosas unidas cuando parecía que la vida se desmoronaba.

Impulse a sus hijos a articular las distintas emociones que han experimentado, y enséñeles habilidades para manejarlas. Usted puede intentar el siguiente ejercicio con ellos:

¿Cuáles de las siguientes emociones has sentido en los últimos seis meses?

Enojo   Felicidad   Miedo   Satisfacción   Temor
Emoción   Frustración   Preocupación   Pánico
Contento   Placer   Irritabilidad   Presión
Dolor   Intimidación   Angustia   Tristeza   Terror

¿En qué situaciones has experimentado estas emociones?

¿Cómo has manejado estas emociones y cómo te sientes con respecto a tus reacciones?

¿Estrategias de relajación?

¿Distracción?

¿Leyendo?

¿Negociando?

¿Tomándote un descanso?

¿Realizando juegos?

¿Tocando / escuchando música?

¿Hablándolo?

Ayude a su hijo a explorar reacciones emocionales agresivas, como el deseo de herir a otra persona o a un animal. Muestre a su hijo cómo le ayudaría que canalizara esos sentimientos en acciones positivas. Por ejemplo:

En lugar de dañar a otros…	Busque una respuesta efectiva mínima que satisfaga ese mismo sentimiento, como escribir una carta.
En lugar de vengarse…	Busque placer en la aprobación de uno mismo.
En lugar de sentirse la víctima…	Tome el control de sus sentimientos.

CRECIMIENTO ESPIRITUAL

Usted descubrirá que a medida que establezca un ritmo armónico en su familia y reduzca el conflicto en el hogar; su hijo tendrá paz interior y estará dispuesto a pasar por encima del ruido del mundo. Mientras esto pasa y su hijo madura, considere temas espirituales. El crecimiento espiritual hacia la madurez es un viaje complejo y sofisticado, que puede durar la vida entera. Aun así, aquí hay algunas cosas que usted puede hacer para ayudar a sus hijos a comenzar a desarrollar un enfoque espiritual más profundo, ya sea que su definición de "espiritual" sea una relación con Dios u otros conceptos de poder supremo, o simplemente trascender la existencia día a día:

· Dentro de su hogar, cree el simbolismo y la ética de su espiritualidad o religión. Por ejemplo, use símbolos religiosos como parte de su decoración y de la práctica de la paternidad.

· Practique su religión como modelo para su hijo; vaya a su iglesia, templo, mezquita o lugar de inspiración espiritual. Participar en tradiciones y rituales espirituales da a sus hijos la sensación de ser parte de algo más grande y más significativo que ellos mismos.

· Estudie los principios de su fe para que su hijo pueda entender su papel en la fe y elegir seguir sus valores conforme a ella. Muestre a sus hijos que la espiritualidad puede ser una fuente poderosa de paz y fuerza.

· Rece o medite con su hijo. Enseñarle a los niños cómo estar tranquilos y escuchar a sus corazones o a la profundidad de Dios reforzará su sentido de paz e integridad.

LA CONEXIÓN FAMILIAR FUNDAMENTAL

Hay una pieza más en todo esto que no puede contar, medir o calificar; sin embargo, debe ser tomada muy, muy seriamente: el amor y cuidado que usted aplica a todo lo que le he ofrecido aquí. Los niños que crecen en una relación segura y amorosa con sus padres tienden a ser más inteligentes y flexibles; de eso no hay duda alguna. Usted puede jugar todos los juegos de mesa que quiera con sus hijos, gastar dinero en lecciones de música y trabajar emocionalmente con ellos, pero nada de esto significa mucho a menos que suceda con el espíritu correcto, el espíritu que dice que usted ama y valora a sus hijos y que cree en ellos. Cuando los niños sienten esto por parte de usted, florecen.

Segunda parte

7 HERRAMIENTAS PARA UNA PATERNIDAD CON SENTIDO

7

HERRAMIENTA 1
PATERNIDAD CON SENTIDO
DEFINIENDO EL ÉXITO

*Los niños son una tercera parte de la
población y todo nuestro futuro.*
<small>PANEL SELECTO PARA LA PROMOCIÓN DE LA SALUD DEL NIÑO,</small> 1981

Una de las decisiones más importantes y emocionantes que puede tomar como padre es definir metas exitosas para su hijo. Estas metas son herramientas que sirven como sistemas de guía para los padres y sus hijos. Una vez que se decide qué metas van a utilizar como medida para el éxito de su hijo, éstas lo ayudarán a tomar decisiones a lo largo del viaje de su hijo hacia la madurez.

Muy parecido a la computadora de un auto, que lo mantiene en el camino hacia su destino vacacional favorito, las metas exitosas lo ayudan a llegar a donde quiere ir y a hacer del viaje algo mucho más divertido. Criar un hijo es más que un trabajo, es una aventura. Los objetivos de este capítulo son:

- Darle algunos pasos a seguir para identificar sus metas específicas y las de su hijo.
- Empezar un plan para cumplir exitosamente estas metas.
- Asumir su responsabilidad en las mismas como padre comprometido.

Escoger, comunicar y perseguir metas claras y apropiadas para la edad de sus hijos les dará el sentido que les aporta la experiencia de dominar su mundo, mientras alcanzan las metas de su vida. También lo vincularán a su hijo, acercándolos y energizándolos a los dos. ¡Todos aman el éxito! Una meta es diferente a un sueño iluso de grandeza y fama, es realista, se puede medir y ser claramente supervisada todos los días. Es un punto de claridad en lo que a veces son vidas desordenadas, ruidosas y locas. Las metas, los objetivos claros y los planes para obtenerlos pueden contribuir enormemente con el ritmo del que hablé en el capítulo 3. Como el líder del grupo, debe asegurarse de que es un padre con sentido. Sus manos están al volante de la vieja "camioneta". Sus decisiones deben estar guiadas por el plan y las debe tomar como un padre que quiere lo mejor para su hijo. La única forma de evaluar las elecciones que lo confrontan cada día es si sabe exactamente lo que quiere para su hijo.

Al ser el conductor, debe conocer su meta tan bien como para prever automáticamente el destino final como si fuera una brillante X roja en un mapa muy claro. La primera vuelta desde la entrada hacia el camino de la vida de su hijo lo lleva en la dirección de esa gran X, porque hacia allá quiere llevar a su hijo, y es hacia allá a donde su hijo ha sido inspirado a ir con pasión. Por cierto, eso debe resultar fácil si ha marcado las metas adecuadamente, asegurándose de que están basadas en las habilidades, aptitudes e intereses únicos de su hijo y no sólo en los suyos.

Por el resto del viaje, cada vuelta que dé puede ser evaluada y diseñada para llevarlos a usted y a su hijo más cerca del destino acordado. Si su destino está al sur, no tome la carretera que va de este a oeste; siga su camino. Lo mismo aplica mientras guía a su hijo hacia la visión compartida de éxito. Como adulto responsable en el asiento del conductor, usted debe mantenerse enfocado en ese objetivo claro, mental y espiritualmente. Debe hacer lo que pueda para mantener a su hijo moviéndose hacia él en un mundo de distracciones y tentaciones.

Cada decisión, cada vuelta que dé en este viaje debe hacerse con el destino final —su visión compartida de éxito— en mente. Los padres no se pueden quedar dormidos al volante pues pondrían a todos en peligro. Deben mantenerse al pendiente de los obstáculos; deben mantener a los que aman en el camino.

TÓMESE UN MOMENTO

A veces, puede ayudar alejarse y sólo pensar en el conjunto y en su propio éxito. Una de las medidas fundamentales de su éxito en la vida será qué tan buen trabajo haga al criar a sus hijos. Eso no es una cruz que llevar. Es una de las bendiciones y alegrías más grandes que la vida tiene para ofrecer. No hay nada en el mundo como ver a sus hijos dar sus primeros pasos exitosamente, descubrir sus talentos o desarrollarse en algo que los llena.

Por eso es tan importante empezar con visiones específicas y detalladas de lo que significa un niño exitoso para usted y sus personas más queridas. Esta claridad impedirá que malgaste tiempo y energía. Y más importante aún, usted espera que un día su hijo se siente frente a ustedes y le diga: "Mamá, papá, gracias por guiarme a través del laberinto. Gracias por no creer en mis mentiras cuando tenía 14 años y era ingenuo. Gracias por obligarme a hacer el bien y a darme cuenta de mi potencial. Gracias por moldear pasión y compromiso y un espíritu amoroso y bondadoso."

Si no tiene un plan, le puedo asegurar que las cosas pueden y van a ponerse feas muy rápido. Pero nunca dará vueltas equivocadas si siempre tiene una visión clara de cómo criar a un hijo.

AYUDE A SU HIJO A ALCANZAR SUS METAS PERSONALES

Si se dirigiera a un lugar importante, como por ejemplo, al hospital cuando su hijo está gravemente enfermo, no se subiría al auto y empezaría a manejar sin rumbo con la esperanza de toparse con un doctor o un hospital antes de que suceda lo peor. ¿Qué clase de padre —o de persona— tomaría un riesgo como ése? Es la misma situación que en la que está ahora cuando se enfrenta a la responsabilidad de criar a sus hijos.

Debe tener un plan que lo guíe a través de las distracciones y las tentaciones y el desorden en general de la vida. Una de mis metas como padre era ayudar a mis hijos a alcanzar sus propias metas, mientras perseguían sus pasiones. No quiero que mis hijos sólo sean otro yo y Robin tampoco quiere que sean copias al carbón de ella. Son dos jóvenes increíbles y nos deleitamos al descubrirlos, verlos crecer y desarrollarse como individuos.

En algunas áreas, soy tan diferente de mis dos hijos que me es difícil creer que compartimos el mismo ADN. Soy muy noble cuando se trata de cualquier tipo de bicho. Soy de quienes piensan "todas las criaturas, grandes o pequeñas, son importantes". Pero también me doy cuenta de que hay razones legítimas y determinantes para justificar la caza de venados, que ayuda a mantener la población bajo control y previene que los animales más pequeños sufran o mueran de hambre. Aun así, no me interesa dispararle a un venado. No soy del tipo que disfruta el exterior. Mi idea de algo salvaje es ver una pantalla gigante de TV dentro de una casa rodante completamente equipada. Sin embargo, creí necesario exponer a mis hijos a la cacería, la pesca y al acampar para que decidieran por sí mismos si les parecía interesante.

Durante diez años, a menudo fui de cacería con mis hijos. Nunca disparé intencionalmente a otra cosa que no fuera una lata o una roca. Pero nos divertíamos mucho y resultó que a mi hijo mayor Jay le encantó. Se convirtió en un increíble cazador y compite en un importante torneo de pesca de robalo cada año. Jordan, el hermano menor de Jay, resultó parecerse más a mí. No le interesa cazar o pescar más que a mí, lo cual está bien. Mi meta era exponerlos a cosas que pudieran estimularlos, estuviera o no interesado en esas actividades.

Un padre exitoso ayuda a sus hijos a encontrar sus dones y talentos únicos. Esto puede significar sentarse a ver recitales y juegos de futbol y fingir entusiasmo ante una colección de estampillas o todos los discos de Insane Maniacs of Rock. Pero les garantizo que a lo largo del camino reirán y experimentarán una cercanía con sus hijos que durará para toda la vida. Y créanme: no hay regalo más grande que dar a los hijos que acercarlos a las grandes pasiones de sus vidas. Recientemente, Jordan fue a una excursión de orientación vocacional de su preparatoria. Le fascina la música y tuvo la suerte de ir a un estudio de grabación en Los Ángeles. Como el hombre que lo administra es padre de familia y una persona amable, Jordan se llevó un montón de discos compactos de los cuales ninguno era de alguien que conociera. Estaba tan emocionado por haber recibido toda esa música nueva que estuvo despierto por horas esa noche. Quería que escuchara a una banda y luego a otra. Me puso sus canciones favoritas de cada disco compacto. Perdón, y *no* quiero sonar como mi padre, pero hubiera escuchado con el mismo gusto a tres idiotas golpeando botes de basura. Pero, saben algo, no había otro lugar en el mundo en el que hubiera querido estar que no fuera en su cuarto escuchando su "música" todo ese tiempo. Nos reímos, hablamos, hicimos caras y nos burlamos de la música del otro. En pocas palabras, pude compartir su pasión y ser parte de su emoción ese día. Fue un privilegio y un honor, espero poder hacerlo una y otra vez. No estaba ahí por la música; estaba ahí por mi hijo. (Debo confesar que escuché algunas canciones que eran bastante buenas. Que Dios me ayude, ¡pero me encanta Kid Rock!)

Benjamin West fue un gran pintor estadounidense de escenas históricas y retratos, y uno de los principales artistas del siglo XIX. Cuando era un niño muy pequeño, West decidió pintar un retrato de su hermana mientras su madre no estaba en casa. Sacó frascos de tinta y comenzó; obviamente, poco después, había manchas por todos lados. Su madre regresó a casa para encontrar el desorden y no estaba nada contenta. Pero antes de que pudiera regañar a su hijo, vio el retrato que había hecho. El desastre se olvidó por completo en vista de la belleza creada. La madre levantó el retrato y le dijo a su hijo: "¡Qué hermoso retrato de tu hermana!" Después le dio un beso.

Más adelante, Benjamin West escribió: "Con ese beso me convertí en pintor." Tal vez en esa noche que compartimos Jordan y yo, él se convirtió en músico. Francamente, tal vez ésa no sea mi primera opción, pero sí es su primera pasión, estoy completamente de acuerdo. Recuerde: metas; la definición de éxito que tenga usted para su hijo debe reflejar sus intereses, aptitudes y habilidades, no las de usted.

Poniendo los planes en acción

La madre de West supo instintivamente la importancia de ese momento. Pero no todos podemos depender del instinto. Cada vez me resulta más obvio que los padres —tan ocupados de hoy— necesitan fijar con sus hijos definiciones específicas de éxito. Me asombraron los resultados de una encuesta que realizamos con los padres que entrevistamos en toda la nación. Muchos confesaron que no tenían idea de qué metas debían fijar a sus hijos. Afirmaban estar muy ocupados para molestarse en hacer planes; estaban sumergidos en sus trabajos y en el ajetreo de la vida moderna. Algunos dijeron que sus hijos fijaban sus propias metas. Uno tras otro, los padres que entrevistamos ofrecieron una multitud de excusas para no hacer el trabajo más importante que se les ha dado. Lo que me dijo más fue ver que el 25 por ciento de los padres admitió que su meta principal era crear un adolescente que, al menos, se mantuviera libre de problemas. El cinco por ciento dijo tener metas, pero en términos muy vagos, tales como "quiero que mis hijos sean felices".

Resultado de la encuesta: Los dos retos más importantes para los padres son hacer que los castigos funcionen y mejorar el desempeño escolar.

Al leer los resultados de esa encuesta quise ir de puerta en puerta por todo Estados Unidos, sacudir a cada uno de esos padres y gritar: "¡Despierten!" Obviamente, necesitamos ampliar el diálogo acerca de la increíble importancia de fijar metas paternales para nuestros hijos y pasos específicos para lograrlas. Mi entrenador de futbol americano de la universidad taladró ese mismo tipo de mensaje por medio de nuestros cascos y dentro de nuestras cabezas cada día antes de salir de los vestidores: "Una cosa es hablar de un buen partido, otra cosa es hacerlo".

METAS MÍTICAS: CUIDADO

Antes de hablar de metas verdaderamente específicas, hay que definir lo que entiendo por metas vagas. Tomemos "felicidad", por ejemplo, como en la frase "quiero que mis hijos sean felices". Siempre escucho a los padres decir esto y me vuelve loco.

La felicidad es un estado *emocional*, no es una meta. Los estados emocionales cambian con el clima, con las hormonas, con su estado de cuenta bancario o con el último episodio de *Friends* (19). Si basa sus metas en un estado emocional, le aconsejo que se amarre el cinturón y mantenga los brazos y piernas dentro del carrito de la montaña rusa porque se encuentra en un juego aterrador. Su hijo también. De cualquier forma, ¿cómo define usted la "felicidad"? ¿Es un sentimiento bonito? ¿Una risa? ¿Una carcajada? ¿El sentimiento de satisfacción por un trabajo bien hecho? Es bueno tener todas estas experiencias, pero no son suficientemente claras para definir el éxito en la vida de su hijo.

La felicidad es una consecuencia de algún logro en la vida, o puede ser el resultado de la lucha o la tristeza. No puede usar algo tan ambiguo como una meta para su hijo. Prefiero que escojan la frustración como meta en lugar de la felicidad. Por lo menos la frustración es una emoción que lo conduce a actuar y a seguir adelante. De hecho, la irritación es la mayor fuente de motivación de todas.

Otra meta mítica que me molesta: el concepto sorprendente de "hijo perfecto". Una y otra vez, los padres me dicen: "Lo único que quiero es evitar más problemas con él". Tener un hijo perfecto que siempre hace lo correcto y nunca causa problemas es lo *último* que debe fijar como meta paterna, a menos que sea una de las esposas en la película *Las mujeres perfectas*. No existe nada como un hijo perfecto de carne y hueso. Cuando los padres me dicen que su hijo nunca causa problemas, dos imágenes me vienen a la mente:

El robot

La mosca muerta

El niño robot no toma decisiones por sí mismo; sólo sigue las reglas mientras trata de esconderse del mundo. ¿Qué padre en su sano juicio quiere eso? Un niño que nunca cruza la raya nunca experimentará una vida auténtica. Los soldados marchan. Los niños corretean. A veces motivar a sus hijos puede ser tan frustrante como tratar de arrear pollos. Van en una dirección y luego en otra. Habrá ocasiones en que su meta sea simplemente contenerlos. Eso está bien; un hijo sin curiosidad, un hijo sin energía puede ser perfecto, pero usted no quiere eso. Usted quiere un hijo que sea curioso y esté lleno de energía, un hijo que coloreé dentro y fuera de las líneas. Quiere un hijo que sea único y que persiga intereses únicos.

La mosca muerta es un niño que activa la alarma contra incendios cuando la maestra sale del salón. Es Eddie Haskell de *Leave it to Beaver.* O Beavis y Butt-Head haciéndose pasar por las gemelas Olsen. Cada generación y cada grupo de adolescentes tiene mocas muertas. En la mía, era la hija del predicador que creció siguiendo las estrictas reglas de conducta de su padre. Se le pedía ser una hija perfecta para conservar la posición de su padre en la comunidad religiosa. Pero, cuando sus hormonas de adolescente empezaron a descontrolarse, la mosca muerta echó a volar. Rompió todas las reglas de la *Santa Biblia*. Otro mito que los padres despistados adjudican a las metas para sus hijos es "la Naturaleza seguirá su curso". Este mito a veces se traduce como "Dios decidirá lo que es mejor para mi hijo". Yo tengo mi propia traducción. En realidad se trata de los padres que se niegan a responsabilizarse. Sí, siempre existe la posibilidad de que un hijo encuentre su propio camino para una vida auténtica y satisfactoria. Pero es responsabilidad de los padres servir como guía y protección para cada hijo en esta tierra. Alexander Hamilton y Abraham Lincoln crecieron con poca participación de sus padres. Pero lo mismo les pasó a Saddam Hussein y a Adolfo Hitler.

Los padres amorosos eligen responsabilizarse de la dirección de la vida de sus hijos. Deben determinar tanto la vía como el destino del adulto que están criando, o prepararse para lidiar con consecuencias potencialmente desastrosas a lo largo del camino. Mientras aprende más de su hijo, mientras su hijo aprende más de sí mismo, se convierten en compañeros al definir el éxito en la vida y al diseñar los planes para perseguirlo. Hasta entonces es su trabajo y necesitan hacerlo.

Paternidad mediante el diseño

Ahora los voy a equipar con los elementos básicos de un sistema de guía para la paternidad. Está basado en el concepto de una definición operacional de metas. Palabras complicadas, idea simple. Los padres necesitan disciplinarse antes de poder disciplinar a sus hijos. Una de las disciplinas propias más importante de la paternidad es forzarse a moverse de lo general a lo específico. En lugar de decir "sólo quiero que la pequeña Susie sea feliz", necesita definir claramente de qué tipo de felicidad está hablando. ¿Feliz porque se muere de la risa? ¿O feliz por vivir una vida auténtica y satisfactoria? ¿La felicidad significa que la pequeña Susie tiene buenos amigos, una familia cercana o un historial académico impresionante? Tal vez sean todas las anteriores. Lo que sea que fuere, los padres necesitan definirlo para poder trazar un camino y saber cuándo Susie lo haya conseguido. ¿Conseguido? El doctor Stephen Covey acuñó un buen nombre para este concepto. Lo llamó "empezar con el fin en mente". Eso es exactamente lo que tiene que hacer. Primero decida cuál es su destino y luego busque el mejor camino para llegar a él.

El segundo paso en este proceso es ser capaz de articular ese destino y medir su progreso hacia él. Cuando quiero enseñar este concepto nunca falla que algunos padres despistados deciden que no van a ningún lado. "Nosotros sólo queremos estar con el pequeño Sammy". Su meta, aparentemente, es mantener su *statu quo*. Ya se dieron por vencidos en cualquier aspiración más grande para Sammy. Ya decidieron que nunca será miembro de la Sociedad Nacional de Honor o una estrella de McDonald's o un candidato para la escuela Juilliard. Entonces, adoptan la táctica de la tortuga: guardan todos los miembros dentro del caparazón y sólo esperan que Sammy llegue a los 18 años sin lastimarse o lastimar a otros. En otras palabras, su meta es la contención.

Esto también se conoce como una "no" meta. Y *no* es una buena idea. Cualquier meta que contenga un "no" no funciona a largo plazo. La negatividad no es positiva. No existe tal cosa como no hacer nada. El cerebro no procesa instrucciones negativas como metas. Por ejemplo: trate de *no* pensar en un elefante azul. Asombroso, ¿no?

Cuando se fija una meta de no hacer nada, carece de significado porque no hay forma de medir lo que no está en el presente. No ser un alcohólico, no ser un drogadicto y no ser una prostituta *no* son metas. Entonces tiene sentido establecer sus metas de paternidad en oraciones afirmativas, declarativas y que pueden medirse objetivamente.

Existe otra ventaja al hacer esto. Las guías claras facilitan a sus hijos el tomar decisiones por sí mismos y, en el proceso, desarrollar sus aptitudes para resolver problemas usando el criterio de sus padres. Si estuviera caminando por el desierto y quisiera asegurarse de que está siguiendo el camino más directo hacia el oasis en vez de desviarse miles de metros, instintivamente escogería alguna palmera o una roca que sirviera como punto referencia, ¿cierto? Igual sus hijos, siempre y cuando se les dé un destino claro. Y de eso se trata la paternidad con sentido.

La paternidad con sentido es un camino largo y desafiante, no una carrera frenética y alocada. No se trata de en qué etapa está el progreso del desarrollo de su hijo esta tarde o mañana. Se trata del tipo de adulto en que su retoño se convertirá en diez o quince años a lo largo del camino. Llegar a la edad adulta como un individuo independiente, auténtico y realizado, con moral y valores sólidos, requiere tomar decisiones bien pensadas paso a paso, hora por hora, sin perder de vista las guías o el objetivo a largo plazo.

Una cosa más. Este proceso por el que usted y su hijo están pasando se llama *vida*. Tan difícil como pueda ser, tan duro como pueda ser el viaje, los invito a saborear cada momento, a reír juntos en cada oportunidad que tengan y a expresar siempre el amor de uno por el otro cada vez que puedan.

Tomar medidas

La mayoría de los adultos tienen una idea básica de cómo fijar metas, pero a veces necesitan formas de medir y monitorear el progreso de sus hijos. Diseñé una pequeña prueba para estimular su pensamiento sobre los objetivos que quiere fijar para su hijo. Tómese un minuto para responder este pequeño cuestionario, ver en dónde está y dónde necesita estar.

Encierre en un círculo una de las dos descripciones de cada línea:

Su meta es lidiar con cada crisis conforme aparece.	Cada día logra por lo menos un paso hacia una meta.
Siente que es feliz si los niños no crean una crisis hoy.	Siente que ha logrado algo si ve que hoy avanza algunos pasos hacia su meta, incluso si existe una crisis, porque a veces las crisis sirven de escalón.
Piensa que una meta es impedir que su hijo altere sus planes.	Siente que si su hijo no crea un reto no está realizando una meta de expresión y autenticidad.

Quiere que su hijo guarde silencio y acepte sus reglas sin cuestionarlas.

Anima a su hijo a hacer preguntas, incluso si desafían sus ideas.

Su lema es: "Los hijos deben ser vistos pero no escuchados".

Su lema es: "Los hijos crecen en la vida al ser respetados y reconocidos".

Piensa que su hijo sería una fuente de unión para la familia.

Tiene la idea de que su hijo debe recibir atención por sus habilidades e intereses individuales.

Está comprometido a controlar, dirigir y mantener un ambiente considerado excelente por sus ideales o alguna otra autoridad, como sus padres, su grupo social o su comunidad.

Está comprometido con la protección, socialización y desarrollo auténticos de su hijo, sin importar fuentes externas que pudieran definirlos por usted.

No ha definido cuáles son sus metas para sus hijos, además de sacarlos adelante durante la adolescencia sin que consuman drogas, se embaracen o reprueben en la escuela.

Tiene metas definitivas para su hijo, como aprender a ser empáticos, encontrar recursos y metas personales o trabajar para descubrir aptitudes para el éxito.

Su meta usual diaria es que su hijo complete las tareas asignadas sin que se cruce en su camino.

Su meta usual del día es ver que que su hijo aprenda un poco de sí mismo cada día que promueva un mejor entendimiento de habilidades o perspectiva del mundo.

Puntuación:

Si encerró en un círculo CUALQUIERA de los elementos de la izquierda, quiero que decida inmediatamente desarrollar un plan con metas específicas. Por cada elemento que marcó en la izquierda, añada un diez por ciento a la probabilidad de que tendrá grandes problemas con su hijo antes de que cumpla 17 años.

Si se da cuenta, los elementos de la izquierda describen los comportamientos que no guían inmediata ni deliberadamente a las metas de éxito para sus hijos. Los de la derecha confirman que está en el camino hacia sus metas. Puede ser de ayuda retomar este pequeño ejercicio cada semana más o menos para monitorear su progreso.

ENCONTRAR METAS APROPIADAS

Seleccionar metas es un proceso personal en que los padres deben colaborar y estar de acuerdo. No voy a decretar un solo plan maestro que aplique a cada padre e hijo en la tierra. Cada persona joven tiene necesidades, talentos y visiones únicas, y debemos estar agradecidos por esa diversidad de pasiones. En vez de establecer un plan maestro, les ofrezco dos metas como ejemplo, recomendándoles que las consideren para su lista de las diez guías más importantes porque son básicas. Estas metas son:

Socializar

Autenticidad

Socializar

Socializar comprende encontrar su lugar en la corriente de la vida. No se trata de seguir la corriente para llevarse bien, sino de aprender a nadar tanto con los tiburones como con los delfines, y alguna que otra piraña... los peces de la cadena alimenticia. Se trata de aprender a ser exitoso en este mundo loco y maravilloso. Como ya dije en *Estrategias para la vida*, la gente o entiende o no. Pero como padres, tienen la responsabilidad de enseñar a sus hijos *qué* conseguir. Hay un proceso para el conocimiento. El arte de socializar no se aprende en una hora al momento de cenar. Hay pasos objetivos, mesurables —metas más pequeñas que sirven como peldaños— que deben ser dominados a lo largo del camino. Démosles un vistazo.

Aprender a ser un ciudadano responsable

Para un niño pequeño, este proceso comienza al entender que, por muy triste y espantoso que pueda ser, el universo no gira alrededor de él. Cada uno de nosotros, en cierto punto, debe lidiar con la humilde verdad de que somos parte de algo más grande. La meta para un niño pequeño sería entender las necesidades del grupo mayor. Después, el alcance de los padres debe ser enseñar al niño a ser responsable de contribuir al bienestar del grupo entero, proporcionando liderazgo y experiencia cuando sea necesario. Algunas actividades recomendadas para enseñar aptitudes ciudadanas son:

· Trabajo voluntario. Sin importar la edad de su hijo, siempre hay trabajos voluntarios para limpiar el medio ambiente, cuidar animales, hacer mandados para los enfermos y miles de valiosas tareas mediante la iglesia, el centro cívico o los exploradores.

- Trabajo para una campaña política. No importa qué partido político o candidato, siempre y cuando el niño entienda un poco las responsabilidades de nuestro sistema político.

- Hablar con las personas que tratan de marcar la diferencia en el mundo: los jefes de organizaciones que tienen un enfoque misionero, como el Cuerpo de Paz, las Olimpiadas Especiales, los grupos ecologistas, derechos de los animales o cualquiera que necesite ayuda.

Aprender a trabajar en armonía con otras personas

Tarde o temprano, debemos aprender a jugar bien con otros. Debemos compartir los juguetes y tomar turnos. Los padres inician este proceso de socialización para guiar a sus hijos a salirse del área de juego y a no comerse todas las galletas. Hacer que su hijo sirva a un bien mayor dándole las galletas en cierto punto, también es una meta de gran ayuda. Algunos pasos posteriores incluyen la participación en actividades de equipo y procesos democráticos, la creación de planes de juego en cooperación con otros para lograr objetivos, siempre y cuando no involucre llenar de jabón las ventanas de la casa del director. Me preocupan los niños que tienen demasiadas actividades programadas por sus padres, para evitar que otros se metan en su camino, por eso estas recomendaciones vienen acompañadas con la advertencia de que los padres deben involucrarse también, y el niño aun así debe tener suficiente tiempo libre para practicar ese arte verdaderamente importante que es simplemente ser niño. Algunas recomendaciones de actividades para su hijo podrían ser:

- Organizar un club informal o un grupo de niños que jueguen juntos, ir al zoológico o a alguna excursión y asistir a eventos culturales. Estas actividades llevarán a su hijo a cooperar y compartir.

- Tener un proyecto con los vecinos, como un puesto de limonada, un concurso de talento, una puesta en escena de una obra original o un proyecto para limpiar la cuadra, organizado y dirigido únicamente por gente joven.

- Crear una banda. Esta actividad puede sonar extraña, pero es sorprendente lo que pasará si consigue algunos instrumentos viejos, como tambores o latas, y los pone a hacer ruido. ¿Quién sabe? Pero es asombroso lo que aprenden.

Desarrollar relaciones íntimas y de confianza

Con suerte, su hijo aprende a temprana edad a confiar en los miembros de la familia inmediata y restante, pero también es importante enseñarles que hay muchos niveles de intimidad y confianza en los círculos más amplios de amigos, conocidos y extraños en la calle. Los padres pueden empezar este proceso enseñándole al niño cómo incluso un juego de mesa está basado en la confianza de que los otros jugadores van a seguir las mismas reglas. Después, los niños necesitan sentirse más cómodos para compartir sus emociones en el momento apropiado, y necesitan que se les enseñe a respetar los sentimientos de los demás.

Estas actividades pueden ser de ayuda en la planeación inicial de este terreno:

- Ir a acampar, en especial si es un plan organizado. En el ambiente desprotegido lejos de la ciudad, los niños empiezan a entender la confianza a un nivel de supervivencia.

- Crear contratos simples con sus hijos. Esto dará inicio a comprender la confianza y el compromiso.

- Hablar, hablar y hablar. Entre más diálogo haya en la familia, el niño entenderá más los motivos y los planes de otros. No subestime el valor de escuchar las discusiones y opiniones. Tal vez los hijos no entiendan todas las complejidades, pero comienzan a entender las actitudes.

Aprender a poner atención

Ver y aprender de otros es una meta crítica para la socialización de su hijo. Al poner atención ante el esfuerzo de otro niño por agarrar bien el lápiz o resolver un rompecabezas, su hijo aprende a avanzar en el proceso para aprender mediante la observación. El padre puede ayudar a desarrollar esta aptitud para socializar señalando los éxitos y errores de otros como lecciones para tomar en cuenta. Encontré que las siguientes actividades son de ayuda en esta dimensión:

- Presentar a su hijo algunos héroes de verdad. Las figuras del deporte profesional y estrellas de los medios de comunicación adoran la atención, en especial de los niños y adolescentes que los admiran. Los niños consiguen una mirada cercana de personas que han logrado algo y que saben algo.

- Hablar, leer o escuchar presentaciones biográficas de gente exitosa. Esto incluye a los ancestros, como abuelos o bisabuelos que lograron el éxito en algo. Haga que visiten el sitio web de la Asociación Horatio Alger, «http://www.horatioalger.org» que está llena de historias de gente real que pasó de la pobreza a la fortuna, algunas de las cuales podrían serles conocidas.

• Llevarlos a lugares de trabajo y dejarlos observar. Mi su-
gerencia favorita es una concesionaria de autos usados,
pero las farmacias y oficinas de correos también son divertidas. Enséñeles a observar a la gente y a platicar con
todo el mundo. Tuve un amigo de la infancia del que nos
burlábamos a menudo porque hablaba con los adultos a
un nivel que ninguno de los demás podía igualar. En aquel
entonces no lo veíamos como un don, sino como una ra-
reza. Pero ese amigo resultó tener un gran éxito porque
tenía la habilidad de hablar con gente de cualquier posición social y edad. Fomente esto en sus hijos exponién-
dolos a una amplia variedad de gente y ejemplifíquelo
para ellos relacionándose usted mismo con todo tipo de
individuos.

Autenticidad

La *autenticidad* se promueve cuando fija metas adecuadas a
los intereses, habilidades y talentos del chico. Mientras que
a Jay le gustó la cacería como a un perro el agua, a Jordan no
podían importarle menos los deportes al aire libre. Pero como
dije, desde temprano vimos que a él le atraía la música. Es
un misterio para mí de dónde salió ese interés. No solamente
no tengo oído musical, estoy musicalmente impedido. Los
diáconos de la iglesia invitaban a todos a cantar, "excepto a
Phil, por supuesto". Nunca había tenido una guitarra en mis
manos hasta que le compramos una a Jordan. Cuando la tomó
en sus manos por primera vez, —se los juro—, hubo fuegos
artificiales y ángeles que se parecían a Willie Nelson tocaron
las arpas. El chico se iluminó por completo. Ahora tiene una
banda. La chispa se convirtió en flama. Se trata de la meta
de ayudar a nuestros hijos a descubrir y perseguir sus

pasiones individuales. Cada padre debe ser sensible a las necesidades individuales de su hijo y a su sentido de sí mismo al hacerlo, pero hay algunos pasos básicos y objetivos que pueden seguirse y que servirán para medir el progreso.

Enséñeles quiénes son. Para que usted pueda entender los talentos y habilidades de su hijo, debe abrirles muchas puertas. Debe estar dispuesto a exponer a su hijo a muchos tipos de música, eventos deportivos, arte, ciencia, negocios, libros, autos y cocina. Saque a su hijo de la casa y aléjelo de la televisión, la computadora y los juegos de video. No logrará cumplir esta meta en un par de fines de semana. Puede ser emocionante para los dos porque, en cierto punto, una luz se apagará y juntos empezarán a descubrir los dones e intereses únicos de su hijo. Prepárese para ser sorprendido.

Como un padre que abraza a los animales y tiene oídos de hojalata, con un hijo que disfruta las actividades al aire libre y otro roquero, ciertamente, he tenido mi buena parte de sorpresas. Para criar a un adulto auténtico, debe animar a su hijo para que descubra y acepte esos talentos e intereses únicos.

Enséñele a su hijo que la vida recompensa a la larga la búsqueda de la autenticidad.

Una de las grandes responsabilidades que tiene como padre —y uno de los regalos más grandes que puede dar a sus hijos— es enseñarles a desarrollar completamente sus dones, y a construir sus vidas alrededor de aquello que los satisfaga. Tal vez no tenga deseo alguno de acercarse a una presentación de una ópera, pero si su pequeña hija tiene una diva en su interior, más le vale ir a ver *Madame Butterfly.* Enséñele a su hijo que el mundo tiene lugar para todo tipo de intereses, talentos, conocimiento y experiencia. Es importante que le enseñemos a nuestra gente joven todas las formas posibles para crear satisfacción en sus vidas. Recibir un pago por hacer lo que le gusta es una forma de tener éxito, pero existen otros tipos de recompensa. La aceptación personal, la aprobación de aquellos a los que respeta y el marcar una diferencia en la vida de otras personas genera recompensas emocionales que son como dinero en el banco, incluso mejor que eso. Un niño necesita aprender que las pasiones personales pueden o no ser recompensadas, o aceptadas como inicialmente válidas por el mundo exterior, pero mantenerse fiel a uno mismo al final termina retribuyendo.

Permita que su hijo se fije metas personales dentro del marco de las metas que usted fijó para él. Usted no quiere que su hijo crezca y se convierta en un misil sin rumbo. Es importante que su adulto en ciernes aprenda a fijar sus propias metas. Ya sea llegar a dominar una nueva canción en la guitarra o andar en bicicleta un poco más rápido en una pista, lo que permita que su hijo se fije metas personales para cultivar tanto la autenticidad y la confianza, como para desarrollar también marcos internos de referencia.

Despeje un camino que motive el auto descubrimiento. Mientras que su meta paterna final es darle a su hijo la oportunidad de explorar y desarrollar al máximo sus dones, también es su trabajo equipar a su hijo con filtros para el bombardeo de estímulos externos. Hay mucho ruido allá afuera, amigos. Las compañías de productos de consumo gastan millones de dólares tratando de convencer a su hijo de que la vida no tiene sentido sin un Nintendo, MTV o una computadora. Debe ayudarlos a evitar el escándalo de las ventas en anuncios, televisión, programas de radio, letras de canciones y películas. Enséñele que esa cerveza Bud definitivamente no es para ellos. Ayúdelos a analizar los mensajes de los medios de comunicación para que puedan aprender a distinguir la publicidad de la realidad. Enséñeles a proteger sus intereses. Los tiburones vienen en diversas formas; desde las compañías de renta con opción a compra y los proveedores de servicio que cobran por adelantado tarifas exorbitantes, hasta las concesionarias automotrices que incluyen tarifas escondidas en la cuenta final, están allá afuera, "en el agua".

Revisión de metas

No hay duda que todos los padres quieren que sus hijos sean cariñosos, atentos, motivados y honestos. Todo padre preocupado quiere que sus hijos crezcan con integridad, una buena ética laboral, un corazón atento y el deseo de hacer la diferencia de alguna forma. Pero como he tratado de aclarar, es su responsabilidad como padre fijar metas mucho más específicas y desarrollar un plan para su hijo. Preparé una hoja de trabajo para ayudarlo a empezar. En ella, escriba un máximo de tres metas que ambos padres entiendan y concuerden. Trabajen hacia atrás, del destino al punto de inicio determinando en primer lugar el resultado o la visión final que busca para su hijo. Después, vea las metas más pequeñas y específicas que llevarán a su hijo hacia el objetivo final. A continuación, divida estas metas más específicas en comportamientos que puedan ser observados. El último paso de este capítulo será escribir algunos pasos que puede tomar hoy, en una semana y en un mes para alcanzar estas metas.

1. Resultados o visión final para su hijo:

Metas para alcanzar el resultado o la visión:

Pasos para llegar a esa meta:

1.

2.

3.

2. Resultado o visión final para su hijo:

Metas para alcanzar el resultado o la visión:

Pasos para llegar a esa meta:

1.

2.

3.

3. Resultado o visión final para su hijo:

Metas para alcanzar el resultado o la visión:

Pasos para llegar a esa meta:

1.

2.

3.

LISTA DE CONTROL

Fijar metas requiere más que pensamientos positivos. Es un proceso diario de monitoreo en el que participan tanto usted como su hijo. Habrá momentos de absoluta frustración de jalarse los pelos si falla en algunos objetivos, y habrá momentos de celebración para brincar y brincar en la que se deleitará con los logros y el crecimiento de su hijo. Y le sorprenderá lo mucho que usted crecerá al ser un padre activo que fija metas, completamente comprometido con su plan para crear un hijo exitoso. Su éxito también es el suyo.

HERRAMIENTA 2
PATERNIDAD CON CLARIDAD
HABLE, ESCUCHE Y APRENDA

*Si no habla con su hijo de las cosas pequeñas, ellos no le
hablarán de las cosas grandes.*

JAY MCGRAW

La mayoría de nosotros aprendimos la primera lección sobre la importancia de la comunicación con nuestros padres
conforme íbamos creciendo: "Dios te dio dos oídos y sólo
una boca". El mensaje poco sutil de ese viejo dicho es que
escuchar es dos veces más importante que hablar. Una vez
más, una frase bastante vieja que dicen los padres se prueba,
tanto práctica como científicamente, y sugiere una herramienta que debe usar si quiere alcanzar su meta de crear una familia fenomenal. Estoy hablando de la comunicación, que
incluye, pero no está limitada, al tipo instructivo que puede
ser usado para enseñar, resolver problemas, y criar a sus hijos de tal forma que se conviertan en adultos exitosos. Esta
herramienta se basa en el principio de que la comunicación
entre padres e hijos es esencial para construir y mantener
una relación amorosa y productiva.

Realmente, me he preocupado por cómo comunicarme mejor acerca de la comunicación. Es un reto, porque la "comunicación" es probablemente el concepto más usado y peor entendido en el funcionamiento humano. Se ha convertido en lo que llamo una frase del bote de basura. No importa cuál sea el problema entre dos personas, siempre se describe como "una falla en la comunicación". Ni siquiera estoy seguro de qué significa una falla en la comunicación, pero estoy seguro de que usted no quiere que su familia la sufra. Como ya he dicho, uno de nuestros trabajos como padres es hacer que su hijo socialice con éxito. Si no puede hablar con él en una forma en la que escuche —y escucharlo en la forma en la que habla— no tendrá éxito en ese proceso de socialización. Mi objetivo aquí es brindarle un conocimiento funcional para relacionarse con su hijo. Para hacer eso debe saber dónde están los riesgos, le voy a enseñar precisamente cómo hacer esa conexión tan importante por medio de aptitudes de comunicación específicas, orientadas hacia la acción. Pero primero, antes de que otra cosa suceda, debe corregir su mente y acercarse a esto con una actitud muy buena y abierta, o sólo perderemos el tiempo adoptando comportamientos vacíos. Tener un comportamiento abierto empieza con comprometerse a saber escuchar. No importa si su hijo tiene tres años, 17 o cualquier otra edad, debe estar dispuesto a reaccionar a su punto de vista de una forma que le haga sentir bien por haberse abierto a usted.

Puede tener ese efecto aprendiendo a realmente estar en la misma página y recibir los mensajes enviados. Hay algunos secretos para convencer a su hijo de que coinciden. Piénselo de esta forma: Hablar, buscar transmitir un mensaje y comunicarse es un comportamiento, y todo comportamiento es motivado. Cada vez que un niño hace o dice algo que es comunicativo, lo hace por una razón. En vez de sólo escuchar las palabras que dice, tiene que "escuchar" qué necesidad inspira la comunicación. Su hijo sólo se comunicará con usted si ese comportamiento se premia con una reacción de forma que su hijo perciba que satisface sus necesidades. No necesariamente tiene que estar de acuerdo con lo que está siendo expresado, porque que si está de acuerdo o conforme es muy poco probable que sea la meta de su hijo al momento de abordarlo. De hecho, por muy raro que parezca, los niños de todas las edades nos dicen que a menudo no esperan, y ni siquiera quieren, que usted esté de acuerdo, que esté conforme, que arregle el problema o dé permiso. A veces, lo único que quieren es desahogarse, sentir que expusieron su caso, o hablar de cosas que les interesan. Sin importar el caso, quieren saber que usted piensa que son lo suficientemente importantes para ser escuchados de manera seria. Por cierto, esto aplica a hijos de todas las edades.

Un ejemplo: Una noche, durante mi primer año de preparatoria, mi amigo John vino alrededor de las seis de la tarde a recogerme, para ir a un partido de basquetbol de preparatoria fuera de la ciudad. Era el final del invierno. Había una fuerte tormenta de nieve que acababa de comenzar. La distancia hasta la comunidad vecina era sólo de 48 km aproximadamente, pero él sintió que debíamos salir temprano, porque los caminos eran traicioneros. Los padres de John le habían dicho que tuviera cuidado. Cuando bajamos a anunciarles nuestros planes a mis padres, mi padre me hizo una gran señal de alto. "No te muevas", dijo. "No vas a ir a ningún lado con los caminos congelados. De ninguna forma te voy a dejar salir a carretera en estas circunstancias. No va a suceder, no vas a ir a ningún lado, fin de la historia". En realidad pensé que tenía un buen punto, pero como mi amigo ya estaba ahí, listo para irse, defendí mi caso vigorosamente. Me dio gusto que mi padre no cediera. Cuando volvimos a subir y nos quitamos los abrigos, vi que John estaba muy molesto. Le dije que sentía mucho haber arruinado nuestros planes y que entendía si quería irse sin mí. Me vio con los ojos llenos de lágrimas (un suceso rarísimo para un tipo rudo como John) y dijo: "Quisiera que mis padres se preocuparan lo suficiente por mí como para no dejarme ir. No les importaría si manejara directo a un barranco". Me di cuenta de que aunque John había pedido permiso para ir al juego, lo que realmente necesitaba era que le dieran límites y liderazgo. Sentí la necesidad de defender mi punto, pero me sentí aliviado cuando mis padres se negaron a hacerme caso.

Los hijos necesitan sentir que tienen cierto poder e influencia dentro del marco de los límites que usted ha creado en su familia. En realidad, no quieren dirigir las cosas; sólo sentir que tienen participación y, con suerte, que pueden salirse con la suya. La manera de promover este sentimiento es dándoles su atención completa y sin distracciones, considere con cuidado qué es lo que tratan de expresarle. Una vez más, escuchar y escuchar realmente, es la clave.

Asegurarse de que sus hijos ven que *ellos* están siendo escuchados es sumamente importante para asegurarse de que *usted* también será escuchado. Punto final: debe escuchar para ser oído. Los hijos no reciben los mensajes de los padres, a menos que crean que sus padres verdaderamente escuchan y entienden sus preocupaciones y necesidades. Piénselo: si sus hijos creen que de verdad entiende sus posturas porque los ha escuchado, cualquier respuesta que les dé se convierte en algo muy relevante porque está unida a su mensaje. Alternativamente, si creen que en realidad usted no ha escuchado su postura, lo que sea que tengan que decir es irrelevante. Déjeme ponerlo de otra manera: los niños no quieren oír un montón de sermones al azar que ya tenía preparados antes de que llegaran a abrir la boca. Lo que sí quieren y están dispuestos a oír es la respuesta a *su* postura y su mensaje. La *consecuencia* de no responder a lo que están diciendo o, más precisamente, a la necesidad que están expresando, será la frustración, el enojo y relaciones marcadas por el resentimiento y la falta de comunicación. Gritar y azotar puertas, o el silencio, son buenas claves de que se sienten así. La buena noticia es que la necesidad básica de ser escuchado es tan fuerte que una relación puede renovarse al mejorar la comunicación. Si usted y su hijo están desconectados, no es demasiado tarde. Escuchar y realmente oír y responder a su hijo es la clave. No se quede sólo en el hecho. Decida escuchar y tratar a su hijo y su punto de vista con dignidad y respeto. Apagar la televisión, detener otras actividades, y darle a su hijo su completa atención sin prisa le dice mucho de lo importante que realmente es para usted. Ellos saben la diferencia entre lo real y lo falso.

Depende de usted definir —o según el caso, redefinir— su relación para que sea nutrida y abierta. No puede esperar a que su hijo supere el problema. Seguro que sus esfuerzos serán sospechosos al principio, pero debe ser paciente y persistente, mientras busca redefinir esta parte de su relación. No es suficiente que sólo decida tener una postura nueva, abierta; tiene que declararlo y mostrarlo una vez que comienza el intercambio. Los hijos, a menudo, piensan que los padres no reconocen o no les dan crédito por el hecho de estar madurando y creciendo mental y emocionalmente. También sienten que, si han abusado de la confianza de sus padres en el pasado, están condenados de por vida. Si espera que realmente se conecten con usted, debe asegurarles que es un nuevo día. Hágales saber que tienen oportunidad de redefinirse ante sus ojos aquí y ahora. Quitarles esa carga de los hombros no será fácil, pero ellos están deseosos y necesitados de su aceptación, así que *puede* lograrlo.

Hasta ahora, le he recomendado que:

- Adopte una actitud genuinamente abierta y trate la comunicación con sus hijos como algo legítimo.
- Dé a sus hijos su atención completa y sin prisas cuando lo busquen.
- Verdaderamente, escuche lo que están diciendo para que sus respuestas sean relevantes y, por lo tanto, de interés.
- Escuche la *necesidad* subyacente que motiva la comunicación de su hijo.

Aquí hay otros consejos que son de ayuda, para tratar que su hijo se comunique:

- Inserte su conversación en alguna actividad que ayude a que su hijo no se sienta señalado o expuesto. Hable mientras juegan con la pelota, con las muñecas, caminan o manejan. Pero recuerde: su atención está en ellos y no en la actividad "adicional".
- Cada que sea posible, haga un poco de tarea para estar al día. Si su hijo quiere hablar de una caricatura en especial o un grupo en particular, tome tiempo para realmente ver y escuchar de manera que tenga algo que ofrecer.
- Si tienen un desacuerdo, tenga el valor de explicarles su posición de forma justa y balanceada. Podría decir: "Así que tu posición es que tal y tal son correctos y sientes que es justo que tengas derecho de hacer lo que quieras". Asegúrese de no hacerlo de manera sarcástica, sino de

expresarlo bien. Esto no significa que esté o estará de acuerdo, pero sabrán que fueron escuchados.

· Admita cualquier error o falla de su parte lo más rápido posible.

· En toda situación, encuentre algo positivo que reconocerle a su hijo. Por ejemplo: "Puedo ver que pensaste cuidadosamente en esto, lo cual está bien".

· Pida ayuda a su hijo para resolver una situación determinada. Conviértalo en su socio; es más seguro que sean parte del proceso.

Todos estos consejos lo ayudarán a conectarse con su hijo porque demuestra que entiende y aprecia sus sentimientos y que siente empatía, una cualidad que ya tiene o puede desarrollar para volverse más accesible y relacionarse con su hijo. La empatía es un rasgo de la personalidad que refleja madurez, preocupación y desinterés. No es lo mismo que sentir simpatía y, por supuesto, no significa que esté de acuerdo con la postura de su hijo o su punto de vista. La simpatía es una emoción expresada cuando alguien oye un problema y ofrece lástima o condolencia. La empatía es tomarse el tiempo para entender realmente cómo se siente la otra persona, poniéndose en la misma situación. La disposición de caminar un kilómetro en los zapatos de su hijo sería un gran regalo del corazón, en particular si él se siente solo, frustrado, y malentendido. Puede ayudar a que su hijo se sienta más a salvo, más seguro.

La verdadera empatía va más allá de decir "Te entiendo" o "Sé cómo te sientes". Para realmente sentir y comunicar empatía, debe conectarse con el punto de vista de su hijo y explicarle efectivamente lo que usted cree que siente. Eso es a lo que el famoso psicólogo Carl Rogers se refería con re-

flexión de sentimientos. Los siguientes tipos de enunciados
pueden ayudar:

· Debes sentirte muy triste (asustado, feliz, emocionado,
excluido, preocupado, etcétera.).

· Seguramente eso lastimó tus sentimientos y te molestó.

· Debiste haberte sentido muy solo.

· Debes estar tan emocionado que no puedes quedarte quieto.

· Debes estar muy asustado por lo que va a pasar.

Estos tipos de oraciones pueden ir acompañadas por observaciones que las confirmen y validen para hacer que su hijo
sienta que alguien lo entiende. No se trata de arreglar cosas,
ni de revisar los hechos, de estar de acuerdo o desafiar y
discutir los méritos de la situación o pensar en una solución
para arreglar el problema, si es que existe. La empatía se
trata de realmente hacer un esfuerzo por entender y tomarse
la molestia de mostrar que lo entiende.

Se trata de concentrarse en la *experiencia* de la otra persona en la situación actual. Es una manera de validar los
sentimientos de otros, a lo que tienen derecho. Esto puede
ser muy importante para sus hijos, porque un reconocimiento empático de su parte puede transmitirles que son relevantes y que usted se ha tomado el tiempo para estar en contacto con lo que están experimentando. Esa clase de vínculo
realmente puede animar a su hijo a comunicarse sin miedo a
ser juzgado.

También existe una motivación egoísta para ponerse en
los zapatos de su hijo. Si puede entender su posición emocional, adquirirá perspectivas poderosas de sus necesidades.
Si después puede satisfacer esas necesidades, la experiencia
de la relación de su hijo con usted va a ser muy positiva, y

eso los llevará a tener una relación más fuerte en el futuro. La empatía es lo opuesto de una sacudida emocional. Requiere de consideración y autocontrol. No necesita aceptar el comportamiento de su hijo o validar su elección. Ya habrá tiempo para no estar de acuerdo e incluso castigar el comportamiento de su hijo después de que él sepa que usted entiende la razón de sus acciones.

Considere el siguiente diálogo, que demuestra cómo la empatía y la reflexión de sentimientos, o su ausencia, operan cuando la hija se ha escapado de la casa y termina bajo custodia de la policía.

Hija (llorando): Perdóname, mamá, lo único que quiero es regresar a casa y empezar otra vez. Fue una noche horrible. Estoy confundida y heriste mis sentimientos por la boleta de calificaciones. Sólo pensé en escapar de todo.

Respuesta no empática de la madre: Deberías estar avergonzada. ¿Tienes idea de lo preocupada que estaba...?

Respuesta empática de la madre: Debes haber estado muy enojada conmigo, o contigo misma (la abraza). Si yo hubiera escapado, seguramente sentiría que no tengo nada que decir y sólo querría escapar. ¿Así te sientes? Dime una cosa: ¿Qué habrías podido hacer que hubiera sido más útil que escapar? Entiendo que estuvieras sensible, pero, ¿no crees que hubieras podido hacer algo más constructivo?

Si le demuestra a su hija que entiende, ella estará más dispuesta a aceptar su ayuda o intervención en un futuro. También estará demostrando con sus acciones una cualidad importante para que sus hijos se desarrollen mientras maduran.

REGLAS DE PARTICIPACIÓN

La comunicación efectiva no es sólo una pelea y, mucho menos, una discusión sin reglas en la que la falta de respeto de su hijo se tolera en un esfuerzo por mostrarle que es un padre progresista y moderno. Es importante establecer reglas, guías o límites para estas interacciones con sus hijos. La más importante de mi padre era que podía hablar hasta el cansancio, siempre y cuando no fuera irrespetuoso. Podía discutir un tema por horas para tratar de persuadirlo para cambiar de opinión o hacer las cosas diferentes. Me dejaba seguir hasta quedarme ronco, pero si mis palabras, tono o actitud eran poco menos que respetuosos, me detenía rápidamente. Si eso pasaba, no tenía derecho de apelar. Aprendí con rapidez a presentar mi caso como un abogado frente a un juez que no aceptaba tonterías. Creo que un par de veces cedió sólo para recompensarme por haber presentado mi caso de manera respetuosa, incluso si no estaba completamente persuadido.

Igual que mi padre vigilaba mi tono y actitud, usted tiene que vigilar los suyos. No siempre va a conseguir la respuesta que quiere de su hijo cuando trata de comunicarse con él, pero debe disciplinarse para seguir tratando de transmitir su mensaje de manera adecuada. Los niños más grandes a menudo son tímidos cerca de los adultos, por eso pueden parecer distraídos o desinteresados. No se sienta intimidado o enojado por los ojos en blanco o las miradas. Si el niño se sienta y se niega a participar, eso no significa que sus oídos no estén funcionando. Se sorprenderá de cómo sus palabras se repetirán más tarde en su cabeza.

A menudo, los adolescentes no quieren admitir que sus padres tienen razón. Pero aun así escuchan. A veces debe tomar lo que pueda. Lograr que un adolescente se quede en un lugar el tiempo suficiente para recibir un mensaje puede pagar dividendos a lo largo del camino. Les voy a dar unas guías que pueden ser de gran ayuda cuando se trata de comunicarse con su hijo. Estas sugerencias, cuando se siguen, son efectivas para sacar a los niños de todas las edades de su caparazón y meterlos en el intercambio:

Procure la comunicación de forma que proteja o aumente la autoestima de su hijo, incluso cuando lo esté disciplinando. Por ejemplo, sería incorrecto manejar el desempeño académico inaceptable diciendo algo como: "Eres un flojo y un irresponsable, y estoy harto de que no hagas nada de lo que se supone que tienes que hacer". Un mejor acercamiento sería: "Tú y yo sabemos que eres capaz de ser mucho mejor. Como el padre que soy, te estaría haciendo trampa si dejara que no usaras tu maravillosa mente e inteligencia. Busquemos una forma en la que *tú* puedas desempeñarte y estar orgulloso de él".

Centre el enfoque de sus comunicaciones orientadas a las tareas lo más posible. Decida de antemano cuál es su objetivo; no permita que usted ni su hijo se desvíen hacia otros temas. Dar vueltas sólo creará confusión y hará más difícil que lleguen a una resolución. Si se encuentra a la deriva, simplemente diga algo como: "Ésa es una discusión para otro momento, por ahora quiero que nos mantengamos concentrados en lo que estamos discutiendo".

Use sus comunicaciones para generar soluciones en lugar de revivir problemas. Nadie puede cambiar lo que pasó. La comunicación para resolver conflictos debe centrarse en ir más allá de lo que pasó hacia lo que quiere que pase en el futuro. Sea muy específico en cuanto a los cambios de conducta o los resultados que espera. Una advertencia de que debe ser mejor no ayuda. Algunas preguntas que lo mantienen orientado hacia una solución incluyen: "¿Cómo podemos evitar que esto se repita en el futuro?"; "¿qué hemos aprendido para que podamos hacer algo específicamente distinto la próxima vez?"; "¿hubiera sido un mejor acercamiento o solución para la situación?"

Concéntrese en el problema actual y evite ataques personales o difamación. Concéntrese en el comportamiento y las consecuencias del comportamiento, en vez de en el niño, y en rasgos de carácter como la honestidad y la integridad. Esos rasgos pueden ser verdaderamente importantes, pero es mejor hablar de cómo el comportamiento se refleja en esos rasgos, en lugar de cuestionar si el niño los exhibe. Evite comentarios como: "Eres un mentiroso y no eres digno de confianza". Mejor diga cosas como: "Esa clase de comportamiento o elección no refleja tu honestidad e integridad. Si eliges diferente, otros podrán notar tus buenas cualidades. Realmente quisiera que hicieras elecciones diferentes en el futuro. Hablemos de lo que esas elecciones podrían ser".

Quédese en el aquí y el ahora. Echar en cara a su hijo viejos comportamientos y circunstancias no es productivo y causará que su hijo se sienta indefenso. Sólo concéntrese en la situación actual. Si resuelve problemas en el presente, el pasado parecerá cada vez más remoto e irrelevante.

Mantenga sus comunicaciones para resolver problemas e intercambios privados. Nunca regañe a su hijo en presencia de compañeros, parientes o hermanos, a menos que estén directamente involucrados en la situación. Criticar a su hijo frente a otros le causará humillación, pena y resentimiento. Aunque sienta que no está haciendo eso, puede ser visto de manera diferente por el niño. Hágalo en privado y manténgalo así.

Termine con un comentario positivo. Es importante para su hijo sentir que hay oportunidad de que se rehabilite y que cuenta con una fórmula para el éxito que va hacia delante.

Es más difícil comunicarse con niños más pequeños, ya que tienen un vocabulario más limitado y menor control sobre sus impulsos. También es verdad que pueden ser poco sociables y que generalmente tienen muy poco interés en un punto de vista que no sea el suyo. Comunicarse con un niño pequeño que está en medio de un berrinche, por ejemplo, puede ser difícil, pero es posible. Una vez más, las personas en general y los niños en particular quieren ser escuchados. Ésa es una verdad universal incluso con niños de pocos años de edad. Si un niño está llorando, gritando y chillando —en apariencia, porque usted no quiere hacer lo que ellos quieren, o porque no pueden tener el juguete que desean— la forma más rápida de calmar su dolor y detener el berrinche es hacerles saber que usted entiende lo que los está molestando, aun si no cede. Los berrinches casi siempre empiezan por una razón y persisten por otra. Un berrinche puede empezar porque los deseos del niño son frustrados pero, normalmente, no pasa mucho tiempo antes de que olviden la frustración original. El niño se enoja porque está frustrado. Si se conecta con el niño a ese nivel, y él ve que usted entiende sus sentimientos heridos y frustraciones, pronto se da cuenta de ya no requiere llorar, chillar y gritar para hacer que usted entienda. A veces, simplemente necesita decir: "Caramba, eso hirió tus sentimientos, ¿verdad? Estás muy enojado porque no obtuviste ese juguete". Repetir ese tipo de lenguaje reflexivo varias veces puede calmar un berrinche muy rápido, porque la necesidad real del niño era ser escuchado. Apuesto que casi no creyó ésto. Pero, la próxima vez que esté tratando de calmar un berrinche, dé una oportunidad a ese acercamiento. Creo que se sorprenderá.

EL TIEMPO LO ES TODO

A menudo, la única comunicación que ocurre entre usted y su hijo es cuando ha explotado una crisis. Es importante hablar de temas críticos fuera de situaciones llenas de estrés. El momento para discutir la hora de llegada, por ejemplo, no es cuando su hijo vuelve a casa media hora tarde. Las reglas deben establecerse antes de que su hijo salga en la noche. Si no respeta la hora de llegada, guarde la discusión de las consecuencias hasta la calma de la mañana siguiente, cuando los dos tengan la mente despejada. Gritar en el calor del momento es la peor forma de comunicación que puede tener. A veces, cuando se trata de la comunicación, el tiempo lo es todo.

Tampoco limite sus esfuerzos de comunicación a resolver problemas. Como ya he dicho, si de lo que habla en una relación es de problemas, lo más probable es que tenga una relación conflictiva, hablar de cosas que *no importan* puede ser igual de importante, porque sirven de práctica y crean una base de confianza para cuando necesiten hablar de cosas trascendentales. Los niños están dispuestos a hablar de cosas que no traigan desventajas para ellos, como películas, deportes, o lo que su primo Billy hizo el fin de semana pasado. Si su hijo está acostumbrado a hablar con usted regularmente, no será nada tímido cuando suceda el tiempo de hablar de cosas realmente importantes. Lo conocerá mejor si habla frecuentemente con usted, y esa familiaridad puede ser reconfortante. Si el niño ha llegado a apreciar los diferentes aspectos de su personalidad, como el humor, la compasión, el compromiso y la vulnerabilidad, se sentirá más a gusto sabiendo empezar una conversación importante y prediciendo cómo es más probable que resulte.

Usted recibe lo que da

Es importante que reconozca la regla de la reciprocidad. Si usted es respetuoso, genuino, abierto y honesto con su hijo, es factible que él lo trate de la misma manera. Usted recibe lo que da. Sé que a veces eso es muy difícil de lograr. A veces nuestros hijos dicen cosas o toman posturas tan sorprendentes que enloquecemos. No caiga en la trampa. Caer sólo cierra la comunicación y hace que los vecinos llamen a la policía. Siempre me sorprende ver a los padres gritando, despotricando e incluso aventando cosas durante un desacuerdo con sus hijos. Me sorprende más cuando ese mismo padre me mira de frente y dice: "Mi hijo es tan irrespetuoso, grita, despotrica y avienta cosas". Bueno, ¿y qué esperaba? Usted recibe lo que da.

Recuerde, su meta es comunicarse, no dominar. Hacerles entender el punto es más importante que reafirmar su control sobre ellos. Piense de esta forma: si domina y dicta, puede tener completo y perfecto control de su hijo, siempre y cuando esté parado justo a su lado. ¿Pero qué va a pasar al día siguiente, cuando su hijo esté en los juegos y usted en su casa u oficina? ¿O qué tal la siguiente noche o fin de semana que sus adolescentes hayan salido solos y usted no esté ahí en todo su autoritario y dominante esplendor dictatorial? ¿No cree que tendría una mejor oportunidad de influir en sus hijos a largo plazo si logra *persuadirlos* de ver las cosas a su manera, en vez de hacerlos estar de acuerdo en el momento, para que usted por fin se calle? Lo cierto es que, si no son persuadidos e interiorizan sus valores y creencias, su influencia paternal y control se limita a las veces en que los tenga muy bien controlados. Tal vez no le guste la idea de hacerles entender su punto de vista, pero, le guste o no, es su única oportunidad real de verdaderamente tener un impacto en su comportamiento cuando no esté cerca. Y en caso de que no lo haya notado, entre más crecen, menos tiempo tiene para estar cerca de ellos y sus decisiones se vuelven más importantes.

Ese punto se presentó recientemente en una casa cuando un adolescente salió a beber después de una serie de grandes enfrentamientos con su madre, quién se había alterado al ver advertencias tempranas de que él y sus amigos estaban comprando alcohol. No hubo persuasión de parte de la madre, sólo graves amenazas de cómo convertiría su vida en un infierno si alguna vez se enteraba de que estaba pensando en tomar. Desafortunadamente, sí salió a beber... seguro que —al menos en parte— fue porque no se le dio una razón lógica para no hacerlo. Su madre nunca le dijo porqué era una mala idea; nunca le habló de las posibles desventajas de beber, sólo le advirtió que su vida sería un infierno si lo hacía. Una vez que tomó la decisión y se puso bastante borracho, tenía terror de hablar a su casa y pedir que fueran por él, porque su madre había sido muy vehemente en su petición de que nunca dejara que una gota tocara sus labios y muy explícita acerca de la ira que recibiría. En lugar de eso, trató de manejar a su casa para esconder la falta y escapar de la responsabilidad. Al manejar en estado de ebriedad, causó un terrible accidente.

Resultado de encuesta: Los padres dijeron que sus dos errores más grandes eran ser demasiado indulgentes y descargar el estrés en sus hijos.

Trágicamente, él murió y, además, una mujer y su bebé de
diez meses resultaron severamente quemados. Sólo después
de ese terrible resultado, la madre consideró que si hubiera
sido menos rígida y controladora y mejor hubiera tratado de
persuadir a su hijo, de ponerse en su posición, hubiera tenido menos ganas de manejar en estado de ebriedad. Tal vez
habría estado más dispuesto a comunicarle su necesidad de
ayuda. ¿Tuvo ella la culpa? Por supuesto que no. Su hijo
tomó la decisión y causó el trágico resultado. ¿Pero pudo
haber evitado el problema y convertirse en parte de la solución? ¿Si la comunicación hubiera sido menos dictatorial y
más colaboradora y persuasiva el resultado hubiera sido diferente? Creo que nunca lo sabremos, pero puedo decirles
que mejoraré las probabilidades de mi familia tratando de
persuadir a mis hijos de manera que puedan interiorizar en
vez de dictar una forma de actuar que no puedo obligarlos a
cumplir.

Tener una autoridad desenfrenada y ampliamente desaten-
dida sobre sus hijos es una gran responsabilidad, y la forma
de manejar ese poder y comunicar su postura es crítica. Lo que
a veces pasa, incluso con padres bien intencionados, es
que cuando los niños ya tienen edad para caminar, ya escu-
charon una terrible cantidad de refuerzo negativo en frases
como: "¡Eres un niño malo! ¡No, no, no! ¡No le avientes los
juguetes a tu hermana!" Hay muchos menos comentarios
acerca de su buen comportamiento. Los niños rara vez pueden llenar los espacios deduciendo cuál sería el comportamiento alternativo adecuado. Peor aún, demasiados padres

todavía dan nalgadas y cachetadas a sus hijos, ignorando que los estudios demuestran que el castigo corporal ayuda poco al aprendizaje constructivo a largo plazo. Por el contrario, causa sentimientos de vergüenza, resentimiento, amargura y desconexión confusa. Piense desde el punto de vista del niño. Los niños creen que el deber de usted es amarlos, protegerlos y ser su refugio en lo que, de otra forma, puede ser un mundo inmensamente intimidante. Y, de repente, los está atacando y les causa dolor físico. Ellos no lo entienden, y francamente yo tampoco. ¿Infligir ese dolor inhibirá el comportamiento no deseado? A corto plazo. Pero el mensaje digno de interiorizar es insignificante, si es que lo hay. Lo que necesita comunicar, si es que su hijo se está comportando de manera inaceptable, es mucho más complejo de lo que puede transmitir una nalgada.

Una gran cantidad de padres que creen en dar nalgadas dicen que nunca lo hacen sin darle una explicación al niño de por qué está siendo castigado. Perdón, pero ésa no es justificación para mí. Pregúntese qué tan dispuesto estaría a escuchar a alguien que le acaba de jalar el brazo y de dar varios golpes. El castigo corporal no es necesario ni la manera más eficaz de modificar la conducta de un niño. Incluso, si piensa que está bien dar nalgadas y que funciona, no puede negar que hay maneras más eficaces para conseguir los mismos resultados sin los efectos secundarios.

Dar nalgadas es como cavar un gran hoyo con una cuchara sopera. Se puede hacer, pero una buena pala, resistente, filosa y con un mango largo, haría el trabajo más rápido y mejor, porque es una herramienta superior para el trabajo que hay que hacer. Lo mismo aplica para las herramientas que se usan para cambiar el comportamiento que he incluido en este libro; son mucho mejores que las nalgadas y comunican un mensaje completamente diferente. (Por cierto, hay millones de padres y una gran cantidad de expertos en educar niños que no están de acuerdo conmigo. Al final del libro, hay una lista de artículos de opiniones diferentes. Creo que están equivocados, pero quería que también leyeran sus argumentos, para que puedan decidir.)

Me preocupa y sorprende el número de padres que todavía usan métodos físicos para mantener a sus hijos disciplinados, pero me impactó ver que la información de mi Encuesta Nacional de Paternidad indicaba que el 44 por ciento de los encuestados admitieron que el único medio que tenían para motivar a sus hijos era gritarles.

No necesitamos adivinar que los gritos no eran parte de un evento para celebrar los éxitos de sus hijos. Hay demasiados padres que no tienen la menor idea de cómo comunicarse con sus hijos en una forma que alimente sus talentos, su confianza en sí mismos y su dignidad. A menudo he hecho que los padres, incluso aquellos que no gritan, hagan un ejercicio de verificación personal usando una hoja para registrar cuántos comentarios positivos y negativos les comunican a sus hijos durante el transcurso del día. A veces, por el bien de la objetividad, hago que un padre o un miembro de la familia simplemente ponga un signo de más (+) cada vez que una comunicación positiva sucede, y un signo de menos (-) cada vez que una comunicación negativa o crítica ocurre. Incluso con un padre amoroso y comprensivo, el desequilibrio entre comunicaciones positivas y negativas es asombroso. No es raro que un padre con un hijo de cuatro años o más tenga un registro de cero comunicaciones positivas y más de cien comunicaciones negativas por día. Una vez conté más de doscientas comunicaciones negativas de un padre en menos de dos horas en el supermercado, y eso en un día en que el padre estaba de *buen* humor. Su meta es tener el doble de intercambios positivos que negativos con su hijo cada día. Duplique sus comentarios agradables y maximizará la oportunidad de que su hijo se convierta en un adulto seguro, confiado y exitoso. Si usted es como la mayoría de los padres, seguro piensa que personalmente no es así de negativo. Si es así, le sugiero que pruebe este ejercicio de registro de comentarios positivos y negativos, y sin alterar su comportamiento típico, permita que uno de sus hijos mayores o su pareja lleve el registro y la cuenta. A veces es difícil encontrar a su hijo haciendo algo bueno para recompensarlo con una comunicación positiva, pero esos comportamientos están allí si se toma la molestia de verlos.

Desmitifique la comunicación

Hemos estado hablando del modo de pensar que debe emplear para comunicarse con su hijo. Ahora quiero ser muy específico acerca de las aptitudes y objetivos que debe adoptar mientras se convierte en un comunicador efectivo. Es momento de dividir la comunicación en elementos simples. Primero, creo que hay cinco categorías diferentes de comunicación:

Intercambio de información: Éstos son los escenarios de la comunicación en los que simplemente trata de impartir o reunir información. Los intercambios son muy prácticos y directos. Pueden comprender desde un intercambio casual hasta un interrogatorio dirigido.

Comunicación persuasiva: Los escenarios de comunicación en los que trata de convencer a alguien de que cambie de opinión o postura. Esta categoría contrasta con la categoría práctica de compartir información. Está marcada por la pasión, la emoción y, a menudo, por la persistencia.

Comunicación motivacional: Son los escenarios de la comunicación en los que trata de motivar a alguien para que se involucre o trabaje más duro, o simplemente se preocupe más. Son diferentes de las comunicaciones persuasivas en que usted no está necesariamente tratando de hacer que una persona cambie de opinión o postura, sino que la acepte más apasionadamente. Como la comunicación persuasiva, las interacciones de inspiración normalmente están determinadas por la emoción y animación. Pueden variar desde el interés casual hasta el interrogatorio dirigido.

Comunicación para resolver problemas: Son escenarios de comunicación en los que se enfrenta a un problema o crisis y en los que puede haber presión de tiempo. Para usted y su hijo, manejar bien estos escenarios significa enfrentarlos como un equipo, hombre con hombre, incluso si el problema es de él o causado por él.

Comunicación de conexión: Éstos son los escenarios de comunicación en los que trata de conectarse o relacionarse con alguien de manera significativa. Estas interacciones están marcadas por el compromiso emocional. Como dice el viejo dicho: "Si quiere un buen amigo, sea un buen amigo".

Sea considerado en todo momento en cuanto a los escenarios de comunicación a los que entra con su hijo para que pueda tener un objetivo en mente. Sepa dónde está y de qué se trata cuando se comunica con su hijo en momentos importantes. Tener una meta le ayuda a mantenerse en el punto.

Además de estas cinco categorías, creo que también hay dos amplios modelos de comunicación: comunicación de una

sola vía y comunicación de dos vías. La comunicación de
una sola vía es, en mi opinión, muy común y altamente peligrosa. El ejemplo más frustrante fue cuando Robin y yo com-
prábamos bicicletas para nuestros hijos, un juego de colum-
pios o gimnasio que venía en una caja del tamaño de un
condominio con unas doscientas hojas de instrucciones de
"armado fácil". Rara vez podían ser descifradas por alguien
que no fuera ingeniero mecánico y no había teléfono que algún ser humano contestara a las 2:00 am el día de Navidad.
La comunicación de una sola vía es, simplemente, lo que implica; hay un mensaje que sale y eso es todo. No hay respuestas, no hay retroalimentación, preguntas o aclaraciones.

El otro modelo, la comunicación de dos vías, es exactamente lo que espero que aprenda, adopte y practique en su
situación familiar. A diferencia de la comunicación de una
sola vía, el modelo de dos vías depende del circuito de comunicación en el que los emisores y receptores intercambian y
ajustan mensajes para asegurar la precisión y claridad. El
modelo de comunicación de dos vías incorpora cuatro pasos:

Comunicación inicial: El emisor formula un mensaje en
su mente, lo evalúa, lo edita y después lo manda. Un
comunicador considerado no se adhiere al plan de "listos,
disparen, apunten".

Circuito de retroalimentación: El receptor comunica lo que
escucha al emisor. La retroalimentación puede ser obtenida
por el emisor al simplemente pedir: "Dime lo que me escu-
chaste decir". O puede ser ofrecida por el receptor: "Lo que
te escucho decir es...". Esto permite que tanto el emisor como
el receptor —en su caso, padre e hijo— verifiquen si se están logrando la precisión y claridad del mensaje. Obviamente, si su intención es mandar el mensaje A y su hijo está reci-

biendo el mensaje B, ustedes tiene un problema que puede llevar a consecuencias verdaderamente negativas y a una mala caracterización. Verificar los mensajes enviados y recibidos es crítico. Si está en una situación en la que simplemente no puede arriesgarse a la mala comunicación, este circuito de retroalimentación es la respuesta.

Reafirmación y aclaración: En este paso, el emisor original refina el mensaje para un mayor grado de precisión en respuesta a la retroalimentación y/o las preguntas obtenidas del receptor.

Circuito de confirmación: En este paso, el proceso de retroalimentación, reafirmación y aclaración se repite hasta que tanto el emisor como el receptor estén de acuerdo y coincidan en lo que se envió y recibió. Esto no significa que el receptor cumpla con el mensaje como lo desea el emisor, sólo implica que las dos partes estén de acuerdo con respecto al contenido del mensaje.

El siguiente es un diálogo corto, pero muy representativo, que se llevó a cabo entre Rebecca, una madre de 41 años, y Sloan, su hija de 17 años, acerca de si Sloan podía o no ir a una fiesta después de la graduación en una casa cerca del lago. La conversación se llevó a cabo después de que yo ya había pasado una gran cantidad de tiempo con Rebecca, discutiendo los elementos de la comunicación de dos vías.

Rebecca (mensaje inicial): He decidido que simplemente no puedo dejarte ir a la fiesta porque no va a haber supervisión de adultos. No quiero que tomes esto de manera equivocada, así que dime qué me escuchas decir.

Sloan (retroalimentación): Lo que pasa es que no confías en mí; crees que voy a ir a beber, a tener sexo y a portarme como una completa estúpida.

Rebecca (reafirmación y aclaración): Sloan, no es eso. Sí confío en ti, y no creo que vayas a salir con la idea de beber o tener sexo, pero soy suficientemente inteligente para saber que es muy probable que esas cosas sucedan en la fiesta. Podría haber problemas y no quiero que te involucres. Si vas, y muchos están bebiendo y alguien sale lastimado, o se ahoga o destruyen la casa, vas a desear no haber ido. Mi trabajo es ver todas las posibilidades y no te voy a poner en una situación que no creo que vaya a tener buenos resultados. Dime qué escuchas ahora.

Sloan (circuito de confirmación): Mamá, está bien, ya entendí que tú crees que la situación es el problema, no yo. Pero yo también soy lo suficientemente inteligente como para irme si las cosas se salen de control. Creo que todo va a salir bien y que deberías dejarme ir.

La conversación siguió. Sloan no consiguió permiso para ir a la fiesta. Pero pueden ver que con un solo paso a través del proceso de la comunicación de dos vías, un grave error de interpretación —en el que la hija quería pasar por víctima— fue aclarado por Rebecca, que agregó información adicional. Si Rebecca hubiera manejado esto en la forma de una sola vía, diciendo: "No vas porque soy tu madre y fin de la discusión", no hubiera tenido idea de qué pensaba Sloan ni de qué pensamientos le estaba asignando. Al adherirse al modelo de dos vías y escuchar lo que ambas tenían que decir, las dos pudieron llegar al acuerdo de que estaban en desacuerdo. Sloan no consiguió lo que quería, pero tampoco se quedó con la falsa impresión de que su madre la veía como una niña irresponsable.

Sea considerado y fuerte por dentro y por fuera

Para comunicarse eficazmente, no puede darse a sí mismo un solo mensaje —como "Esto no va a funcionar"— mientras le ofrece al mismo tiempo a su hijo un mensaje de esperanza y perdón. La comunicación externa sólida debe ser congruente con las comunicaciones internas. No puede ir al rescate si se sabotea a lo largo del camino. Éste no es el momento para dudar de usted mismo, incriminarse o autocriticarse. Por supuesto, incluso los adultos tienen dudas e inseguridades. Nosotros, los papás y la mamás, también podemos ponernos nerviosos, así que deben estar conscientes y tener cuidado con sus pensamientos internos durante el tiempo de crisis. Elimine los siguientes mensajes de su cabeza porque sólo serán obstáculos para sus intentos de rescate:

Todo es mi culpa.

No hay forma de que salgamos ilesos de ésta.

Siempre supe que las cosas iban a terminar así.

No puedo lidiar con esto.

No puedo enfrentarlo.

No puedo superarlo.

Cuando esas frases aparezcan, muérdase la lengua. Contrarreste los pensamientos de autoderrota con más mensajes positivos que lo llevarán a través de la crisis, le inculcarán confianza y lo llenarán de energía. Diga cosas como:

Podemos solucionarlo.

Podemos superarlo.

Haré mi mejor esfuerzo y será suficiente.

Sé que puedo manejarlo.

Hay suficientes estudios para apoyar la teoría de que los pensamientos positivos internos son mucho más efectivos que los mensajes negativos en tiempos de crisis. Si se dice a sí mismo que puede hacer algo, es mucho más probable que en realidad lo haga que si gasta su energía pensando que lo va a echar a perder. No sea duro con usted en medio de una crisis. No necesita sumar nada a la negatividad y la presión. En lugar de eso, trabaje con el problema; no se convierta en parte de él al contribuir con más estrés.

Y tenga cuidado de no llevar el diálogo interno de su hijo en una dirección negativa. Por ejemplo, debe tener mucho cuidado de no poner etiquetas a su hijo, incluso si cree que son acertadas. Las etiquetas pueden ser especialmente peligrosas, porque los jóvenes tienden a interiorizarlas. Por eso, después actúan de acuerdo a las expectativas. El padre que presenta a uno de sus hijos como "el atleta" y al otro hijo como "mi ratón de biblioteca" puede estar encasillando inconscientemente a los dos niños en cajas que los limitarán a lo largo del camino.

Incluso una etiqueta que se considera positiva puede ser dañina. Por ejemplo, me encuentro con padres que etiquetan a sus hijos como un genio. Creen que es una caracterización muy positiva, pero a menudo, cuando el hijo la escucha, se vuelve condescendiente acerca de la escuela, siente que el trabajo diario está por debajo de sus capacidades y empieza a experimentar problemas en su trabajo escolar y en sus relaciones con maestros y otros compañeros. Etiquetar a un niño con Déficit de la Atención (DDA) como lento o torpe, puede implantar de manera más obvia mensajes e imágenes que restringen o inhabilitan. Dichas etiquetas probablemente desanimen el interés del niño en actuar ante las oportunidades y también podría dañar la habilidad de ir más allá del fracaso o de la decepción.

Mientras vemos el poder del lenguaje en la comunicación y cómo puede afectar el éxito de su hijo como adulto, echemos un vistazo a un problema verdaderamente *catastrófico:* el lenguaje catastrófico. Es la exageración de situaciones usando la hipérbole.

> ¡Anoche fue la peor noche de toda mi vida!
>
> ¡Cometiste un error increíble y fatal que nunca jamás podré perdonar!
>
> ¡Eres la peor pesadilla de un padre y me rompiste el corazón!

Este tipo de lenguaje es fácil de usar, pero es difícil enmendar el daño que puede causar. La intención del lenguaje catastrófico es sacudir las emociones del oyente y puede tener efectos psicológicos poderosos en aquellos que se lo toman en serio. La presión sanguínea se dispara, el corazón late más fuerte, los músculos se tensan. Y una sola mala palabra puede llevar a todo tipo de malas repercusiones. Padres, no jueguen el juego. No exageren los errores de sus hijos o sus malas aventuras. Sea el adulto y la guía cariñosa que se supone que son los padres. Si va a exagerar algo, vuélvase loco describiendo la cosas buenas que hace su hijo o las maravillosas cualidades que exhibe. Sea el animador, no el sentenciador.

USE LA COMUNICACIÓN PARA PREPARARSE Y ENSAYAR PARA EL FUTURO

Comuníquese con sus hijos para anticipar las tentaciones y retos que probablemente enfrentarán. Hágalos ensayar interpretando papeles. Póngalos a recrear escenarios en sus mentes para determinar cómo podrían manejar situaciones difíciles. Obviamente, los padres no quieren que su hija de 16 años esté sola en el asiento trasero de un auto con un chico en la noche del sábado. Pero si ella se encuentra en esa situación, queremos que esté preparada para manejarla. Si el niño está tratando de convencerla de hacer cosas que ella no quiere diciéndole: "Si realmente me quisieras harías...", le ayudaría tener las respuestas listas y reconocer que éstas son manipulaciones de los chicos para las chicas a esa edad. Si está preparada, ella podrá darse cuenta de que el chico es así y responder: "Eso es estúpido y manipulador. Si tú me quisieras, no tratarías de manipularme".

El lema de los niños exploradores tiene lógica: Prepárate. Padres, tomen eso en cuenta cuando se comuniquen con sus hijos. Vean el futuro y prepárelos para los escenarios típicos que podrían interpretar. Los abogados nunca van a juicio sin anticipar lo que su contraparte usará como evidencia o testimonio sorpresa.

APRENDA DE LOS ÉXITOS Y LOS FRACASOS

Como padre, necesita estar ahí para ayudar a sus hijos a reconocer y reforzar sus éxitos, sus buenas decisiones y sabias elecciones. Qué poderoso es para un hijo oír a su padre decir: "Creo que deberías estar orgulloso de la forma en la que te manejaste en esta temporada. El entrenador no te dio muchas oportunidades, pero te mantuviste y mejoraste tu juego, y cuando tuviste la oportunidad, demostraste que tienes talento".

Ayude a sus hijos a aprender de sus éxitos. En cada oportunidad, repase con ellos lo que hicieron bien. Dígales por qué cree que tuvieron éxito; resalte sus atributos positivos. Cada vez que sienta la necesidad de criticar, suavícelo con algo positivo. Es crítico para los hijos aprender a construir sobre sus fortalezas en lugar de siempre tratar de compensar sus debilidades. Ayúdelos a entender cuáles son sus fortalezas para que puedan acudir a ellas y desarrollar sus talentos. Cuando los hijos aprenden a construir sobre sus fortalezas, es más probable que respondan a los retos con determinación en vez de miedo.

El humor ayuda

Seguramente están pensando: "Caray, este tipo no sólo perdió el cabello, también perdió la cabeza. ¿Además de ser el que disciplina y facilita todas las grandes decisiones de mi familia, también se supone que debo ser chistoso?"

Retrocedamos un poco. No estoy diciendo que necesita ser el payaso de la familia. Estoy sugiriendo que si quiere educar a sus hijos para que tengan la habilidad de reír de la locura de la vida, tiene que ayudarlos a ver el lado chistoso. ¿Qué tan divertido es vivir con usted? ¿Siempre usa el látigo? Bueno, usar bromas también funciona. Ser padre significa tomar decisiones difíciles y mantenerse serio cuando la situación lo requiere, pero eso no significa que no pueda relajarse, reírse o burlarse de usted mismo.

La risa es una parte importante del ser humano y si usted ríe con su hijo fortalece la conexión con él. La risa también es una excelente manera de reducir el estrés y su hijo necesita saber que tiene un poder curativo. En las primeras semanas después de haber cambiado de escuela y de ciudad, la hija de 14 años de un amigo tuvo que pararse enfrente de un grupo de extraños en la clase de coro de su escuela y cantar una canción acerca de ella. Estaba tan nerviosa que todo su cuerpo temblaba, haciendo que su voz sonara como si estuviera vibrando. Cuando llegó a casa en la noche, lloró de la humillación y la vergüenza. Pero cuando su padre fue a hablar con ella, estaba sentada en su cuarto, riendo.

"¿Qué pasa? Creí que estabas triste por lo que pasó hoy", dijo.

"Estaba pensando que mañana los niños de mi clase de coro seguramente me van a decir: "Adivina quién tiembla: tú".

Su padre después le dijo que desde ese momento sabía que iba a tener éxito en la vida, porque tenía el don de encontrar el humor en las situaciones difíciles. La risa es una gran medicina. Entre más ríes, menos estresado te sientes. La hija pudo sanar sus sentimientos heridos y su vergüenza dando un paso atrás y viendo el humor de su situación. Oigan, en realidad la vida es una comedia, sólo que también es un programa acerca de la realidad. Así que rían cuando sea posible; le hacen menos loco y más accesible que si es un papá o una mamá de malas o enojado. Incluso cuando las cosas salen terriblemente mal —el perro hace del baño en el piso, la cena se quema y su hijo derrama leche en la alfombra— en vez de enojarse trate de reírse de la ridiculez. Limpie y continúe con su vida, pero primero, ríase de lo increíblemente malo que es todo.

Hay una diferencia, por supuesto, entre el humor para desvanecer las cosas y reírse a costa de sus hijos. La hija mencionada pudo reírse de su predicamento y su reacción, pero sus padres tenían que reírse con ella, no de ella. Ayude a su hijo a encontrar el humor, pero no lo haga el objetivo de sus chistes. Cuando las personas tienen la habilidad de encontrar el humor en su situación, es mucho menos probable que se pongan a la defensiva o se estresen.

Una de las características de una familia exitosa es que tiene bastantes chistes familiares internos que compartir. Es una señal saludable cuando usted y sus hijos pueden citar historia tras historia de cuando papá vistió al bebé al revés, mamá pensó que un grupo nuevo de música era una marca de comida para perros o los niños hicieron huevos morados para desayunar. Mantenga vivos los recuerdos familiares más locos repitiéndolos y riéndose de ellos. Esto provee una conexión compartida y les recuerda a todos que sólo son personas chifladas que cometen errores locos, pero que se aman y respetan. Compartir la risa es una expresión de humanidad y comunidad. Disfrute con sus hijos y el mundo le sonreirá.

Prueba

Hagamos una evaluación sobre cómo crea oportunidades de comunicación. Para cada una de las oraciones siguientes, elija consistentemente (C), frecuentemente (F), inconsistentemente (I) o nunca (N).

Sección	C	F	I	N
Reconozco cuándo mi hijo hace algo positivo y le doy el crédito completo por ese hecho.	4	3	2	1
Reconozco cuándo mi hijo hace algo negativo y trato de entender sus sentimientos.	4	3	2	1

Cuando mi hijo logra algo, me gusta repasar sin criticar su pensamiento, sus intenciones y el comportamiento que causó ese resultado.	4	3	2	1
Cuando mi hijo hace algo negativo, me gusta comprender sus ideas, sus intenciones y el comportamiento que causó el resultado negativo.	4	3	2	1
¿Su hijo puede enumerar cinco de sus cualidades positivas? ¿Usted puede confirmarlas?	4	3	2	1
¿Puede describir los sentimientos de su hijo?	4	3	2	1
¿Usted y su hijo pueden entender sus intenciones y comportamientos?	4	3	2	1
¿Usted y su hijo hablan diariamente?	4	3	2	1
¿Usted y su hijo reconocen los sentimientos y objetivos del otro o de alguien que su hijo podría ver como ejemplo de éxito?	4	3	2	1
¿Reconoce usted la definición de éxito de su hijo?	4	3	2	1

Puntuación: Si eligió 3 para cualquier pregunta, ese comportamiento debe subir al principio de su lista. Si eligió menos de 3, se vuelve obligatorio.

Hemos cubierto mucho terreno en este capítulo y espero que esta información acerca de la comunicación le dé tiempo para asentarse. Observe la relevancia de hablar con sus hijos y, sobre todo, de escuchar lo que dicen para entender quiénes son. Si hace eso, tendrá una mejor oportunidad de influir en lo que se convertirán como adultos. Y una cosa más: no olvide reír con sus hijos, incluso si a veces es usted el objetivo de sus bromas. ¡El humor sana!

HERRAMIENTA 3. PATERNIDAD
MEDIANTE NEGOCIACIÓN
SEA EL SOCIO DE SU HIJO

Uno sabe que sus hijos están creciendo cuando dejan de preguntarle de dónde vienen y se niegan a decirle hacia dónde van.

P.J. O'ROURKE

Hagamos un trato: Esté consciente o no, cada día está involucrado en infinidad de negociaciones. De verdad creo que la vida es una larga serie de interacciones que consiste en dar y recibir, y que empieza casi desde el nacimiento. Cuando de bebé lloraba para llamar la atención y se detenía cuando su madre lo cargaba, su primera negociación exitosa se completó. Después, en el jardín de niños, negoció su lugar en el área de juegos. Vio cómo ganar la atención del primer amor de la escuela. Conseguir su primera cita en la secundaria el novio o novia formal seguro, requirió de dar y recibir de modo más sofisticado. Después, se movió hacia el mercado y negoció cosas como sus tarifas por hora para cuidar niños o cortar el pasto con los vecinos. Su primer auto, su primer trabajo y salario y su primera casa fueron adquiridos mediante negociaciones.

Tal vez no ha pensado en usted como un negociante y probablemente no ha usado la palabra "negociación" para describir el proceso, pero eso es lo que está haciendo. Como padres, necesitamos estar conscientes de la importancia de las negociaciones en nuestras relaciones familiares. El objetivo de las negociaciones familiares es, como dicen los gritones de las ferias, "¡Todos salen ganadores!" Usted quiere que las dos partes se sientan satisfechas y realizadas para que la relación pueda continuar exitosamente. En un vínculo, hacer un trato que lo favorezca totalmente e ignore las necesidades de su pareja o de sus hijos, puede parecer una buena idea en el momento, pero no durará.

Las relaciones se definen mutuamente, y las definiciones que usted alcanza son producto de las negociaciones que conduce con los otros. Usted puede decir: "Yo no negocié esta relación, la heredé". Eso no es verdad. Usted enseña a la gente cómo tratarlo y esto incluye la forma en que se relaciona con sus hijos. Si no le gusta su relación con un niño, necesita establecerla.

Cualquiera que sea la definición que tiene su relación familiar, ya sea que sus hijos tengan el control, que papá tenga el control, que mamá lo tenga o que lo comparta, todos han negociado su papel en la familia, incluso Sparky, el perro, cuyos movimientos de cola y ladridos son herramientas persuasivas de negociación. Consciente o inconscientemente, ponemos en juego las negociaciones en cada relación y familia. El proceso se desarrolla constantemente. Usted negocia las reglas, la distribución del poder, los patrones, las metas, los jefes, la práctica y el ritmo de su familia.

Herb Cohen, un experto internacional en negociación, enseña que cada vez que intenta influir, persuadir, manipular o dirigir a una persona o grupo de ellas, está negociando.

Usted está envuelto en un proceso de negociaciones cuando intenta reconciliar diferencias, manejar conflictos, resolver disputas y crear un cambio en sus relaciones. Aclaremos esto: las negociaciones son parte vital y absoluta de ellas. Las aptitudes de negociación determinan definitivamente qué tan exitoso y efectivo será. Por lo tanto, es impresionante que la mayoría de las personas no tenga entrenamiento alguno para negociar. La sociedad no enseña esta invaluable e importante herramienta; por eso yo se la voy a enseñar ahora mismo.

Tácticas de negociación

Como aclaré en el capítulo 5, como madre o padre, usted puede negociar con muchos estilos diferentes. El primer paso es evaluar las clases de personalidades y tipos con los que trata. Eso le dirá que tipo de acercamiento de negociación debe tomar. Si tiene un hijo sumamente rebelde, no necesariamente querrá acercarse a la negociación de una manera grosera o autoritaria, del tipo "yo soy el jefe". Eso sólo causará resistencia. Usted quiere ser en realidad un constructor de consenso; quiere que su hijo crea algo y lo sienta suyo, como si fuera su idea. También es importante para su hijo entender los elementos básicos de la negociación, porque es una aptitud importante de la vida.

Desde el momento en que mi hijo mayor Jay tenía diez años, hice que se apoyara en muchas de mis negociaciones diarias, en especial, cuando compraba un auto o una podadora, o cuando trataba de resolver un conflicto con un vecino acerca de dónde poner una barda o estacionar el auto. A veces dejaba que Jay hiciera la negociación para que ganara confianza en su habilidad. Un día, sin pensarlo, decidimos ir a un juego de básquetbol de los Mavericks de Dallas aunque no teníamos boletos. Cuando llegamos al estadio, había gente vendiendo boletos en la calle. Envié a Jay a negociar el trato con los revendedores, pero primero negocié un trato con él: "Queremos estar en la tercera sección para poder ver el juego. Toma doscientos dólares, suficiente para comprar dos boletos. Quiero que consigas el mejor precio que puedas, así que este es el trato: si negocias un precio de doscientos dólares, está bien. Pero si logras que te deje los boletos más baratos, te quedas con la diferencia. Así que si consigues un precio de 150 dólares, tú te quedas con cincuenta".

A Jay le fue bien ese día. Y el revendedor se fue feliz también. Mi meta era enseñar a Jay a estar cómodo en las negociaciones y a no dejar que se aprovecharan de él. Las personas a veces piensan que "negociar" es una mala palabra y se ponen ansiosos cuando la escuchan. No les gusta hacerlo porque a menudo resulta tenso, de mucha presión y polémico. Pero no tiene que ser así. Puede ser amigable y orientado a la solución. Piense en esto como el proceso de trabajar juntos para encontrar una solución.

> Resultado de encuesta: 46 por ciento de los padres dijo que los problemas emocionales más graves de sus hijos eran lidiar con el estrés y la depresión.

En las negociaciones de ciertas relaciones en particular, usted quiere promover respeto mutuo al tratarse como seres humanos razonables e inteligentes. Creo que mis hijos son grandes personas, y deseo que sepan que lo creo cuando negociamos. Cuando hay disfunción en una casa, es fácil que los padres y los hijos estresados perciban al otro como enemigo. Se azotan las puertas, las palabras de enojo vuelan. Las emociones se quedan en la superficie, donde pueden ser encendidas fácilmente. En el ambiente explosivo se pierde el hecho de que los padres e hijos se aman y se necesitan mutuamente. Cuando negocia con sus hijos, usted no quiere agredirlos, molestarlos o intimidarlos, porque su trato con ellos es a largo plazo.

En las negociaciones familiares no se busca rápidamente dar y recibir. Estará ahí por un largo tiempo. Debe ser sensible a los sentimientos de los miembros de la familia, por eso es diferente a negociar con el hombre que vende boletos en la esquina (aunque creo que en esa situación también es importante conducirse con dignidad y respeto). Siempre debe negociar desde la postura más positiva, pero en especial con sus hijos, para que salgan con su propio respeto intacto.

En una negociación exitosa con su hijo, los dos deben creer en la solución, porque ambos la sentirán como propia. Cuando el trato está hecho, con suerte los dos podrán verlo y darse cuenta de que sus puntos importantes están ahí. Cuando negocia apropiadamente con su hijo, los dos deben salir con la actitud de: "Puedo apoyar lo que quieres porque éste no es tu trato, es *nuestro* trato".

Empiece a negociar con el modo de pensar adecuado. Para ser efectivo, haga su tarea y entienda los objetivos de su hijo antes de empezar las negociaciones con él. Asegúrese de que lo que trata de negociar es en favor de todos en la familia y no sólo algo conveniente para usted. Administre bien y con benevolencia su poder y control. Es fácil inclinarse a un lado cuando se tienen todas las fichas. Reconozca que cuando negocia con sus hijos, puede que ellos no entiendan completamente lo que es mejor para ellos. Trate de hacer que su hijo comprenda sus razones, que se tratan de proteger a la familia, pero no se sienta culpable si no lo entienden. Una vez que haya hecho la pequeña revisión, no se sienta culpable de perseguir lo que quiere del trato.

No dude en negociar

Muchos padres e hijos se niegan a sentarse en la mesa de las negociaciones por los demonios que están en el cuarto, debido a intentos fallidos del pasado. Si los esfuerzos anteriores han sido conducidos de una manera torpe y testaruda, es probable que haya renuencia para regresar a la mesa.

Cuando Frances y su hijo de 16 años, Sean, acudieron a mí, estaban en un punto muerto acerca del uso del auto (un asunto común de conflicto entre padres y adolescentes). Frances tenía siete años de ser madre soltera. Sean albergaba resentimiento por no tener padre y ya habían tenido otros conflictos, pero esta situación familiar de dos conductores y un auto los había puesto en camino al enfrentamiento, en especial porque Sean empezaba a tener citas.

Frances llegó a estas negociaciones con un poco de equipaje, algo de lo que los padres deben estar conscientes. El legado familiar que discutimos en el capítulo 4 puede aparecer en muchas áreas de la relación con su hijo. La forma en que ese legado puede afectar su actitud al negociar con sus niños es uno de varios ejemplos. Si las negociaciones de su infancia con sus padres fueron experiencias de confrontación, no caiga en un retroceso y evite la situación; mejor, dispóngase a ser mejor con su hijo. No se dé por vencido en el proceso. Cámbielo para bien. El padre de Frances era un tirano físicamente abusivo. Desde su infancia, Frances aprendió a evitar cualquier tipo de enfrentamiento con él a toda costa. Ciertamente, nunca trató de persuadirlo de hacer algo que no quisiera. Su hijo tenía el físico de su padre, pero el temperamento de su madre. Sean no sabía mucho de la historia de su madre, pero desde su limitada experiencia, el proceso de negociación se trataba más de la manipulación y la discusión que de llegar a un consenso mediante el diálogo razonado.

Para poner a ambos en camino, les presenté una nueva definición de negociación, de la que podrán leer algo más en este capítulo. Ya que evitar el conflicto había sido la regla en su casa, tanto la madre como el hijo se habían llenado de frustración a causa de problemas no resueltos. Mi formato de negociación les ofreció un ambiente más seguro para resolver las cosas. Los dos se jugaban algo al resolver el conflicto del auto. Eso no es poca cosa. Un deseo compartido de solución es el factor más importante en el proceso de negociación. Si una o ambas partes en realidad no se preocupan por resolver el problema, entonces las cosas se van a complicar más.

Frances y Sean pudieron resolver el problema una vez que se sintieron seguros en la negociación. Hicieron un horario que reservaba el auto para cada uno cuando más lo necesitaban. Como Frances paga las cuentas, reclamó el derecho de saber a dónde iba Sean y qué hacía cuando tenía el auto. Para Sean, había consecuencias y tareas que acompañaban el privilegio de usarlo. Ambos estaban bastante contentos con la solución, aunque Frances se reservaba el derecho de preocuparse y Sean aclaró que muy rápido tendría el uso permanente del auto. No se puede negociar con la naturaleza humana o con el deseo de manejar de un adolescente. En pocas palabras, ambos se retiraron satisfechos, pero sin sentir que habían conseguido lo que querían al cien por ciento. Hubo la actitud de dar y recibir. Ese sentimiento es un muy buen parámetro para saber que se hizo un trato justo.

EL PODER DE LOS NIÑOS

Con el paso de los años, una de las quejas más comunes que he escuchado de los niños es que se sienten impotentes al negociar con sus padres. Muchos, también perciben a sus padres como arbitrarios en su disciplina y sus decisiones. A nadie le gusta que lo traten así, niño o adulto. Queremos que nuestras voces se escuchen y que sean considerados nuestros sentimientos, aun cuando no somos dueños de las llaves del auto, no controlamos el dinero ni hacemos las reglas de la casa. Los hijos se desarrollan en situaciones que son ordenadas, tienen límites y son predecibles. Pero al mismo tiempo, les gusta tener un sentido de autodeterminación dentro de esos límites. Quieren saber que pueden ganar ciertos derechos y privilegios si hacen lo que se espera de ellos; además de contar con la percepción de cierto poder, una habilidad de crear lo que valoran. Si sienten que su posición es fija y que, sin importar lo que hagan o digan, no tienen la habilidad de influir en ella de alguna forma, le puedo garantizar que se desconectarán de usted y pensarán en otra manera de conseguir lo que quieren, a como dé lugar. A veces, cuando los hijos se sienten ineptos e impotentes en su situación familiar, deciden que es mejor pedir perdón que pedir permiso. Si creen que ya hace tiempo que usted tomó la decisión de que no van a conseguir lo que quieren y que los tiene como prisioneros impotentes, lo más probable es que piensen que no hay nada que perder si ignoran sus reglas y toman lo que quieren. Piensan: "Si ya estoy encerrado, ¿cuál es la diferencia?" Con frecuencia los niños me dicen que creen que sus padres tienen ideas fijas acerca de cómo se tienen que comportar y no hay esperanza de que alguna vez cambien su parecer. Creen que si cometieron errores en el pasado, fueron irresponsables, los atraparon mintiendo o tergiversando una situación, su castigo es una cadena perpetua sin esperanza de perdón o fianza. Se sienten destinados a vivir bajo sospecha y sin confianza. Es importante que los hijos perciban que usted viene a la mesa de negociaciones con una mente abierta y la disposición de ver hacia el frente y no al pasado. Es importante que perciban un cierto grado de poder, persuasión e influencia en una situación familiar abierta. Cuando los niños sienten que sus padres los escuchan y toman en consideración sus preocupaciones, aumenta la confianza en sí mismos y su autoestima. Su trabajo como padre es establecer límites, dirigir las decisiones importantes e inculcar los valores y la moral que considera importantes para su hijo. Al mismo tiempo, cuando esté involucrado en las negociaciones, siempre debe esforzarse por escuchar las preocupaciones de su hijo para que, gane, pierda o empate, al menos sepa que fue escuchado. Los hijos que sienten que tienen voz, consideran que tienen poder. Los hijos que sienten que tienen poder, se ven sanos y salvos.

CLARIDAD DE OBJETIVOS

Todos lo hemos hecho. Cuando le informamos la decisión a nuestro hijo, cada padre, —usted y yo incluidos—, ha fallado en algún punto (y probablemente en muchos puntos) al dar un "porqué" (ya sea *por qué* el niño no puede tener una malteada grande o un Corvette como su primer auto). También es cierto que los hijos exigirán un "porqué" en un esfuerzo por debilitar la resistencia paterna. Les aconsejo que se los den. Hacer que su hijo entienda sus razones subyacentes los ayuda a aprender a formar sus propios juicios. Sus reglas tendrán más sentido y más peso si les da un cimiento. A la inversa, tendrán poco poder de duración si simplemente sigue un modelo vertical de paternidad.

Tome, por ejemplo, la clásica orden paterna "Cómete las verduras o no comes postre". Claro que la mayoría de los niños lo harán mientras esté encima de ellos como el nada agradable Gigante Verde. Pero la próxima vez que *no* esté ahí, ¿qué los va a obligar a comerse sus verduras antes de ir por las golosinas? Sin una motivación o perspectiva interna, seguramente se tragarán el pastel y dejarán la col. Hable con sus hijos y deles no sólo órdenes, sino una interpretación de su objetivo.

Mis investigaciones clínicas han demostrado que entre más hablen los padres con sus hijos, cada día, y los ayudan a entender porqué quieren que sigan sus órdenes, entre más les expliquen las cosas, menos conflictos habrá. Hablar confiere un incentivo en términos de la habilidad de su hijo para lidiar con otras figuras de autoridad como los maestros, los jefes e incluso la policía. Se podría decir que las conversaciones entre padres e hijos salvan vidas, o al menos ahorran mucha angustia. El padre que le dice a su hijo de 16 años que no puede llevarse el auto de la compañía a la fiesta de un amigo sólo está incitando al conflicto cuando su respuesta a la inevitable pregunta "¿Por qué no?" es "¡Porque soy tu padre, por Dios, y dije que no!"

El niño que oye esa respuesta, con regularidad está destinado a resistir la autoridad a lo largo de su vida. Considere una respuesta alternativa más apropiada: "Déjame explicarte por qué. El seguro no te cubre. Es el auto de la compañía, lo que supone que sólo yo lo maneje. Si destruyes el auto o un borracho te choca, no sólo no podré llegar al trabajo, también me meteré en problemas con mis jefes. Y si pierdo mi trabajo, perdemos el auto".

El niño típico tal vez no quede contento con esa respuesta, pero no puede negar la lógica que hay detrás. Y, una vez que tiene esa lógica, tiene los cimientos para tomar sus propias decisiones cuando usted no está cerca. Digamos que tuvo que salir de la ciudad en un viaje de negocios, dejando el auto de la compañía en la cochera y las llaves colgando en la casa. Su hijo puede estar muy tentado a desafiar su autoridad y tomar el auto para ir a dar una vuelta si todo lo que ha oído de usted es "¡Porque lo digo yo!" Pero, una vez que haya compartido su lógica con él, tiene las bases para tomar sus propias decisiones. "Si algo saliera mal y destruyera el auto, me pondría a mí y a mi papá en una muy mala situación".

Los padres deben notar que sentar las bases para tomar una decisión no necesariamente abre las puertas para el debate, aunque esto es un gran ejercicio mental para los hijos. El cierre apropiado para una conversación de "porqué" que amenaza en convertirse en un debate que usted no cree conveniente u oportuno, simplemente, diga: "Tomé mi decisión basándome en lo que te dije. Fin de la discusión".

Ensayo

Aunque es cierto que su hijo lo conoce mejor de lo que usted mismo se conoce, usted tiene la ventaja de la experiencia. La mayor parte del tiempo usted sabrá lo que se acerca en términos de peticiones o exigencias, lo cual le permite estar preparado. Recuerde que en cualquier negociación es mejor persuadir que coaccionar. Es mejor asociarse en una decisión que dictarla. Para tener sus respuestas listas, le sugiero que practique mentalmente, ensayando lo que dirá la próxima vez que su hijo quiera algo que no desea que tenga. Una vez que aceptan su punto de vista o una postura de compromiso, encontrará que no tiene que repetir la misma discusión una y otra vez. El siguiente es un ejercicio simple que lo pondrá a pensar. Haga una lista de posibles peticiones. En la siguiente columna escriba las respuestas y aclaraciones que quiera tener a la mano; oblíguese a ir hacia un nivel más alto de interacción y resista las estrategias:

Probable petición poco razonable	Respuesta clara
1. ¿Me prestas el auto para salir con mis amigos?	
2. ¿Puedo ver televisión hasta las 9:00 p.m.?	
3. ¿Puedo ir a una pijamada con mis amigas de la escuela?	
4. ¿Puedo faltar a la escuela? Nadie va a ir mañana.	
5. ¿Puedo ir al cine a la función de media noche?	
6.	
7.	
8.	
9.	
10.	

CONSECUENCIAS Y ELECCIONES

El tenista profesional Andre Agassi tiene una selección de herramientas y armas para el deporte que ha dominado. Cuenta con un golpe de derecha, de revés, volea, golpea por arriba, el servicio de poder y una variedad de movimientos finos y devoluciones de saque. Con su dominio de esas herramientas y armas, Agassi puede enfrentar oponentes con un sinfín de estilos diferentes y, aun así, competir en los niveles más altos.

Soy un ávido jugador de tenis amateur con un grupo de herramientas propio, pero mucho más limitado. Sé lo que esas herramientas me permitirán hacer y lo que no. Me presento con lo que tengo y hago mi mejor esfuerzo. No trato de reinventar la rueda con cada oponente. Lo mismo aplica a la negociación. Usted es tan bueno como las herramientas que tiene. Lo mismo aplica para su hijo. Por eso, domine el arte de la negociación y luego pasar esta herramienta tan importante a su hijo. Al negociar propiamente lo que quiere, en su relación con su hijo, conseguirá un buen resultado y, adicionalmente, su hijo verá cómo se hace un buen trato con doble bono.

Uno de los primeros pasos al enseñar a su hijo los conceptos básicos de la negociación es asegurarse de que él o ella pueda predecir la consecuencia de sus acciones para que tenga un sentido de responsabilidad ante los resultados generados. Si al salir rumbo a la escuela el viernes por la mañana su hija le dice "¡Muérete!", entonces más le vale que pueda predecir con certeza que pasará el fin de semana limpiando su cuarto y doblando la ropa en lugar de conviviendo en la playa con el "joven maravilloso".

Necesita aclararse: Cuando escoges el comportamiento, escoges las consecuencias. Sabrá que han absorbido ese principio fundamental cuando los oiga decir: "La regué, ¿verdad?" o "Mi mamá no me castigó, me castigué yo sola" o "Si hubiera cerrado mi bocota, ahora estaría en la playa con ustedes". Si las dos partes de la negociación no tienen requerimientos que alcanzar en una relación, no puede haber negociación porque no hay nada que ganar.

Una vez que haya aclarado tanto sus expectativas como las consecuencias de no cumplirlas, su hijo entenderá la idea. Eso establece las bases sobre las que el resto de la negociación puede empezar. Sus hijos necesitan saber que hay ciertas cosas que rompen el acuerdo. Necesitan saber que, si hacen cualquiera de esas cosas que rompen el acuerdo, la negociación se termina y ellos pierden. Su hijo aprenderá eso y lo respetará para mantener el diálogo abierto. Tal vez haga algunos intentos, pero créame, la mayoría de los niños aprende bastante rápido.

Esta premisa: "Escoge el comportamiento, escoge la consecuencias" para manejar el proceso de negociación enseña responsabilidad, es importante para hacerlos dueños de los resultados en sus propias vidas. Por lo tanto, los padres deben enfatizar de manera consistente reglas de participación como:

"Espero que escojas divertirte en Semana Santa mejorando tus calificaciones en invierno".

"Si conoces la ley, también conoces las reglas. Espero que escojas conservar tu licencia de conducir manteniendo la velocidad del auto bajo el límite. Es tu decisión; la ley es la ley".

La consistencia invita a la pertenencia

Una vez más, para que el aspecto de la negociación sobre: "Escoge el comportamiento, elije las consecuencias" sea efectivo, debe ser ejercido con consistencia. Una vez que haya negociado las reglas principales, no puede nivelar las consecuencias de manera descuidada. Debe respetar el derecho de su hijo. Si escoge un comportamiento inapropiado, debe estar preparado para enfrentar las consecuencias que eligió. Sólo porque tuvo un mal día y está en el límite, no tiene permiso para castigar a su hija sin razón. Los castigos arbitrarios invalidan las negociaciones existentes, sino también los futuros intentos de negociación. Sus hijos deben predecir lo que hará para hacer suya esa importante sensación de conseguir crear sus propias vidas. Si su hijo cumple con su parte del trato, usted debe cumplir la suya.

OTÓRGUELES SU PARTE Y SERÁN PARTE

El proceso de negociación está diseñado para dar a su hijo mayor sentido de auto-determinación, seguridad y pertenencia. Cuando se lleva a cabo correctamente, su hijo se siente más como un socio que como un peón. Puede ser de gran ayuda involucrar a los hijos en la toma de decisiones sobre las reglas, las guías y los patrones de conducta familiar. Cada vez que ponga a alguien bajo su supervisión para participar en su plan de administración, conseguirá varios efectos deseables:

- Si alguien está orgulloso de pertenecer a un plan, es mucho menos probable que se rebele contra él.
- Las personas que sienten pertenencia a un plan son menos propensas a frustrarlo, ya que eso significaría admitir una falla de su parte.
- Los niños, en especial, ganarán un sentido de seguridad si adquieren un sentido de poder. Les encanta cuando el suyo es un plan que pueden controlar o en el que al menos pueden aportar algo.

Es bueno para los hijos saber desde un principio que limpiar su cuarto, hacer la tarea y terminar sus quehaceres, al mismo tiempo que son respetuosos con sus padres, les da derecho a la recompensa que han buscado, como quedarse a dormir con un amigo la noche del viernes. Una vez que ha inculcado en su hijo la idea de que la vida es una serie de retribuciones, si él no cumple con sus obligaciones y se cancela el permiso, probablemente no reciba reclamaciones al respecto. En vez de escuchar algo como: "Odio a mi madre, es tan mala", probablemente escuchará algo como: "Creo que lo eché a perder".

La mayoría de los niños no quieren llevar la batuta, pero sí les gusta dominar el área bajo sus pies. Saben que son pequeños y están conscientes de sus deficiencias, por ello en realidad no quieren la responsabilidad de tener el control absoluto. Sólo desean tanto control como puedan manejar y el poder suficiente para tomar las decisiones que les afectan directamente. Ése es el orden natural de las cosas y es una buena parte del ritmo de la vida, usted podrá domar a la bestia salvaje si se toma el tiempo de poner las cosas en orden. En este caso, "en orden" significa mantener su autoridad, pero asegurarse de que su hijo sienta que tiene la oportunidad de aportar e influir. Usted y su hijo necesitan trabajar juntos y en etapas cuando se trata de compartir el privilegio del poder. No les damos licencias de conducir sin hacerlos practicar y aprobar exámenes escritos y de manejo; es de sabios ser igual de cuidadosos cuando les damos la licencia para tomar sus propias decisiones en la vida.

Las aptitudes del negociante

Punto final: La negociación es como el tipo de cambio, pero en el buen sentido de la palabra. La definición de tipo de cambio tiene dos criterios: Primero, el proceso debe ser abierto, no insidioso. Segundo, los métodos deben estar motivados por el deseo de fomentar los intereses del niño, esté de acuerdo o no.

Los siguientes son pasos, técnicas y principios clave para una negociación exitosa.

Cinco pasos críticos para una negociación exitosa

1. **Reduzca el área de la disputa**. Puede ser de gran ayuda identificar primero todo en lo que ambas partes están de acuerdo. A menudo cometemos el error de creer que estamos hablando de cosas distintas con la otra parte cuando en realidad las áreas de disputa están algo aisladas. Al identificar en qué se puede estar de acuerdo, se inyecta energía positiva a la situación y ocurre una vinculación afectiva. Por ejemplo, asumamos que su hijo quiere llegar a la una de la mañana en lugar de a las doce de la noche. Usted simplemente puede decir: "No, porque soy tu padre y ya dije que no". O puede discutirlo abiertamente, identificando algunas cosas en las que ambos están de acuerdo. Sospecho que su hijo estará de acuerdo en que la seguridad es una prioridad. Tal vez podría empezar diciendo: "¿Estamos de acuerdo en que la prioridad número uno es que estés a salvo y no ponerte en riesgo sin razón?" Una vez que se llegue a un acuerdo, usted cuenta con el punto de partida para su negociación

y eso se reduce a si alguno de ustedes puede persuadir al otro sobre si es seguro o no estar en la calle después de que los bares ya cerraron y los borrachos van camino a casa. Si usted hizo su tarea, apuesto que ésta es una batalla lógica que no puede perder.

2. **Descubra lo que realmente quieren.** Note que no dije: "Descubra lo que quieren o no quieren hacer". Se trata de lo que la otra parte *quiere*. Su hijo podría decir: "Quiero salir hasta la una de la mañana". Pero hay una *necesidad* o *deseo* detrás de esta petición. ¿Qué es lo que su hijo espera lograr saliendo hasta la una de la mañana? Puede ser que todos los niños populares salgan hasta la una de la mañana y que no quiera perder su estatus de "popular". Cualquiera que sea esta necesidad, es precisos determinar si hay un método más seguro y más agradable para satisfacerla. En el ejemplo que acabo de dar, puede encontrar muchas maneras diferentes de ayudar a su hijo a sentir "que lo tiene" sin tener que manejar en una hora tan peligrosa. Hay más de una forma de hacer las cosas y, si es creativo, puede inventar una forma alternativa de darle a su hijo lo que realmente está motivado a tener.

Una familia con la que trabajé tenía este tipo de disputa, en la que madre e hija llegaron a un acuerdo. Se acordó que la hija podía llegar a la una de la mañana si estaba en casa de una amiga que viviera cerca y podía regresar a casa sin tener que manejar por calles transitadas. O podía invitar a sus amigas desde la medianoche hasta la una de la mañana. La mamá, en un esfuerzo increíblemente desinteresado de llegar a una solución, incluso accedió a permitirles que pusieran la música a todo volumen durante esa hora sin quejas por parte de los padres. Funcionó para la mamá, por lo tanto, para la hija. Negociación completa. Algunas personas tienden a ser egoístas o a exagerar en las negociaciones. Piensan que si consiguen todo lo que quieren sin renunciar a nada, han hecho un buen trato. Como he subrayado en muchas ocasiones, la paternidad es un maratón, no una carrera corta. En consecuencia, es importante que se conduzca con gracia y generosidad. Cada vez que empiezo una negociación, me concentro tanto en este paso que termino trabajando con la misma fuerza para el otro lado que para el mío. Pero he descubierto que si el otro lado recibe lo que quiere o lo que siente necesita, es más probable que me dé lo que quiero o necesito. Debería tratar de descifrar tantas formas como le sean posibles de darle a su hijo lo que quiere, sin perturbar lo que tanto estima.

Al trabajar con mi equipo de producción de TV, establecí la que creo es una muy buena regla, que es: "amamos" cada idea durante 15 minutos. Si a alguien se le ocurre una idea, incluso si yo o alguien más no cree que funcionará, en lugar de ser negativos, pasamos 15 minutos tratando de ver cómo podría funcionar. Mi meta es encontrar una forma para que la idea pueda ser parte del cuerpo de trabajo que generamos durante la temporada. Eso significa que el productor al que se le ocurrió la idea recibe más de lo que quiere, pues es más buena televisión que impacte las vidas de las personas y sentir que ha hecho una contribución importante. Al no desechar la idea, lo que recibo son buenos pensamientos "fuera de la caja" que han generado programas sorprendentemente interesantes.

3. **Trabaje duro para encontrar el punto medio en el que ambas partes den y reciban.** Tal vez haya algunos riesgos limitados que esté dispuesto a tomar, y tal vez haya algunas concesiones que su hijo estará dispuesto a hacer. El problema potencial con las negociaciones es que pueden degenerar en ultimátum y necedad. No llega a ningún lado creando solamente resentimiento y rebelión. Busque el punto medio, como en el caso de la hora de llegada antes mencionado. Socializar a la una de la mañana es mucho más agradable si ocurre en una casa cercana.

4. **Sea específico en su acuerdo y en los resultados de las negociaciones.** Si hay comportamientos que considera importante que su hijo exhiba, descríbalos con detalle para que sea fácil medir si hay conformidad. No le diga simplemente a su adolescente: "Quiero que seas más respetuoso conmigo". Establezca ejemplos específicos como: "Cuando te pido que saques la basura, no digas 'luego' o 'Cuando termine de bajar esta canción del iTune', di 'Está bien' y hazlo inmediatamente".

5. **Haga acuerdos negociados, primero a corto plazo y a largo plazo después de un periodo de ajustes.** Podría negociar una nueva hora de llegada por dos semanas, y aceptar revisarla al término de ese periodo para ver cómo van las cosas. Después de que esto haya pasado por algunos ciclos, puede aceptar revisar la política en 30 días, y luego en seis meses. De ese modo, usted y su hijo establecen un patrón exitoso. Tal vez el acercamiento más efectivo al negociar con su hijo es acudir a su avaricia. Los hijos regularmente no ven las cosas a la larga. Recuerde, quieren tener lo que quieren cuando quieren, y lo quieren ahora mismo. Si quiere motivar-

los, para variar, entonces llame a ese impulso hedonista. Su avaricia no los hace malos. Simplemente no están socializados al punto de poner los intereses de otras personas antes que los suyos. Use eso para tener ventaja en las negociaciones al servir a su visión de corto plazo y construir patrones de comportamiento a largo plazo.

Autocorrección

Los cinco pasos que acabo de presentar dan un mapa paso a paso de cómo negociar, pero dominar las habilidades toma práctica. Es como aprender a montar un monociclo: No debe planear ir muy rápido el primer día. El proceso puede descomponerse rápido si no se autocorrige en el camino. En el proceso de negociación, esto significa revisar que está seguro de que en cada punto entiende por completo la posición de la otra parte. Cree que sabe lo que su hijo está pidiendo porque alguna vez fue joven y recuerda cómo se comportaba e incluso cuánto mentía. En realidad, sólo hay un 25 por ciento de posibilidad para que verdaderamente sepa lo que está pasando por la mente de su hijo.

Éstos son algunos métodos para auto corregirse durante las negociaciones.

Auto corrija su entendimiento de la posición de su hijo. Para hacer esto puede usar el acercamiento cibernético a la comunicación, lo que significa comprobar lo que está escuchando antes de asumir que entiende. A menudo, hago que las personas involucradas en la negociación escriban qué es lo que están tratando de lograr. El siguiente paso es hacer que la parte opuesta lea su descripción y viceversa. Luego deben intentar poner los deseos de la otra persona en sus propias palabras. Quien escribe la petición puede corregir las percepciones que sean incorrectas. Al tomar turnos, existe la seguridad de que todas las partes estén hablando de lo mismo.

Frances y Sean empezaron con percepciones muy diferentes de lo que el otro estaba diciendo. Cuando Frances describió las notas de Sean, ella dijo que lo que él quería era un auto nuevo y que ella no podía pagarlo, y que tampoco podía darle el suyo. Sean la corrigió explicando que no era lo que necesitaba. Lo que quería era usar el auto en ciertos momentos, hasta que él pudiera comprar uno.

Cuando hicieron el ejercicio de "traducción", Sean describió las notas de su madre como si significaran que no confiaba en él, a pesar de sus buenas calificaciones e historial de manejo. Quería demostrarle que era responsable, pero no podía. Frances corrigió su percepción explicando que no tenía forma de encontrar una solución, pero que sí confiaba en él.

Durante las prácticas de negociación entre padres e hijos, a menudo dejo una muestra de las formas anotadas más adelante, para que los miembros de la familia las pueden tener a la mano cuando inician el proceso. Los invito a copiarlas y a usarlas, tanto para iniciar las negociaciones como para que sirvan de medio para hacer autocorrecciones.

Primer individuo	Descripción de lo que su hijo quiere de las negociaciones.
Segundo individuo	Percepciones de la descripción número 1.
Primer individuo	Correcciones.
Segundo individuo	Descripciones de lo que su hijo quiere de las negociaciones.
Primer individuo	
Segundo individuo	Percepciones de la descripción número 2. Correcciones.

Mantenga la vista en la dona, no en el agujero. Manténgase enfocado en el resultado final, no en las distracciones que intervienen. Durante las negociaciones, las discusiones pueden alejarse mucho del tema principal, a menos que usted lleve un sistema de registro. De hecho, existe una tendencia natural de desviarse al tiempo que las emociones aumentan. A veces, uno de los individuos termina la discusión de manera prematura, por miedo a lastimar los sentimientos del otro o por algún tipo de historia personal. El propósito de la negociación no es lastimar a la otra persona o ganar poder. El requerimiento número 1 para tener una negociación exitosa es la seguridad, y la mejor manera de establecer seguridad es formar una sociedad dedicada a encontrar soluciones mutuamente satisfactorias. Repetir la meta final, incluso escribirla y pegársela en la frente, creará claridad y ayudará a lograr el éxito. Para tener fe en el proceso, es importante tener la meta en mente.

Genere un cierre. Reduzca el producto final a un contrato para que usted y su hijo adquieran un sentido de logro y mutuo entendimiento. Puede ser una oración tan simple como "Tú haces esto, yo hago esto". Escriba la esencia como un trato para que, cuando después no estén de acuerdo, puedan regresar a lo que se acordó. Puede que no sea lo que quiso decir, sino lo que dijo. Esto ayudará a identificar cualquier malentendido o mala interpretación y servirá como otra corrección. Recuerde que los individuos interpretan ciertas palabras de forma diferente. "Discutir" es un buen ejemplo, sin duda. Para algunas personas, tiene una connotación ligeramente negativa. Perciben que significa debatir en formas divertidas o provocativas. Otros ven la palabra como un sinónimo de pelear. Incluso si las dos personas están hablando el mismo idioma, las percepciones difieren. Lo que se requiere es tener paciencia y el compromiso de adquirir un mismo idioma. Ultimadamente, un contrato cumple una función correctiva, y no debería usarse como la base para una demanda.

Como dije al principio, estas herramientas de negociación son un regalo que continúa dando y pueden ser usadas en una amplia variedad de circunstancias. Recuerden, padres, que la meta de la verdadera negociación es pensar en un trato que beneficie a ambas partes. No está tratando de engañar a sus hijos; está intentando que participen en su visión de éxito para ellos y para la familia entera. Cuando eso sucede, es el mejor trato de la vida.

10

Herramienta 4. Paternidad con recompensas

Desempeño y beneficios

No importa con cuánta calma trate de arbitrar, la paternidad finalmente producirá comportamientos inesperados y no estoy hablando de los hijos.

Bill Cosby

No puedo contar el número de padres frustrados que han venido a mí, seguros de que algo está terriblemente mal con sus hijos. Dicen que sus hijos están dañados porque no responden a las técnicas comunes de paternidad. Estos niños no pueden ser motivados. El típico castigo no funciona. Los tiempos fuera no tienen efecto. Las amenazas de quitarles cosas no funcionan —dicen los padres—, porque a estos niños no les importa nada. Sus hijos no responden a los sermones ni incluso a las nalgadas como otros niños.

Créanme, estos padres necesitan la misma cantidad de ayuda, si no es que más, que sus hijos. Pero cuando trato de guiarlos invariablemente responden: "Perdón, ya lo intenté, no funciona".

Bueno, hay un viejo dicho que dice que uno trabaja con lo que tiene.

Si el comportamiento de su hijo necesita cambiar, en este capítulo es dónde el caucho toca el asfalto. Moldear el comportamiento es una ciencia. Hay principios y técnicas específicas y precisas para hacerlo. Usted puede aprenderlos y convertirse en un poderoso agente de cambio en su familia. Puesto de manera simple, estos principios funcionan. Si sigue mis instrucciones, podrá modificar y cambiará el comportamiento de su hijo de manera productiva.

En las páginas siguientes, aprenderá cómo hacer que sus hijos hagan las cosas que usted quiere que hagan, y dejen de hacer las cosas que no quiere que lleven a cabo.

La verdad es que la mayoría de los padres saben suficiente de psicología como para ser peligrosos, extremadamente peligrosos. Puede estar pensando: "Tomé el primer curso de Psicología del Comportamiento. Yo sé cómo recompensar el buen comportamiento y castigar el malo. No es tan difícil".

Bueno, tiene algo de razón, porque sí es fácil cuando sabe cómo. Pero es posible que no lo sepa... todavía. Mi acercamiento no es nuevo si ha pasado su vida adulta estudiando el comportamiento humano, pero si no lo ha hecho, se trata de más de lo que aprendió observando ratones en un laberinto. De todos modos, es fácil cuando se tienen las herramientas adecuadas. Voy a compartir con usted los detalles básicos y prácticos para reparar y afinar los patrones de comportamiento de su hijo. Aprenderá cómo deshacerse de esos comportamientos que lo tiene dando vueltas en la cama y cómo inspirar aquellos que ayudarán a su hijo a convertirse en un adulto realizado y auténtico.

Los principios usados en esta herramienta provienen de campos establecidos de modificación del comportamiento, psicología cognitiva del comportamiento, psicología social y otros acercamientos científicos a la naturaleza humana. Seleccioné lo mejor de lo mejor de cada una de estas disciplinas para enseñarle a crear estrategias sólidas que lo llevan a cambios de comportamiento duraderos que lo ayudarán a educar a su hijo efectiva y amorosamente.

Debo advertirle que si hace mal uso de esta herramienta —si juega con esto en lugar de hacer un compromiso serio de aprender y aplicar los principios— podría crear más problemas de los que resuelva.

Pero si se usa apropiadamente, los principios que está a punto de adquirir han demostrado ser efectivos para eliminar comportamientos indeseados y crear los comportamientos deseados. Entienda que no estoy hablando de aplicarlos a esos problemas complejos, que están en la raíz del comportamiento inaceptable de su hijo. Si en su opinión esas causas subyacentes necesitan ser tratadas, entonces, debe buscar ayuda profesional para hacerlo. En la mayoría de los casos, no creo que sea necesaria ese tipo de intervención, pero es su decisión y usted tendrá que tomarla. El cambio de comportamiento es una meta principal válida en un alto porcentaje de casos, por lo que voy a decirles con precisión lo que tienen que hacer para cambiar el comportamiento problema de su hijo.

Hay espacio legítimo en los dos acercamientos para tratar con un comportamiento mal adaptado. A veces es importante llegar a la causa como parte de la solución, pero hay otras veces en que es apropiado, e incluso críticamente importante d,etener el comportamiento mal adaptado dentro de un periodo más inmediato. Por ejemplo, he trabajado con niños que golpean continuamente sus cabezas contra las mesas, paredes u otros objetos cuando están bajo estrés. ¿Era importante llegar a la causa de raíz de ese desorden? Sin duda alguna. Pero, mientras tanto, para proteger la vida y la salud del niño, era crítico modificar el comportamiento en ese instante, se conociera o no la causa.

Las instrucciones para usar estas herramientas son engañosamente simples, pero los matices son muy importantes. Los principios se basan en décadas de investigación científica, y las aplicaciones son universales. Lo digo con tanta convicción porque, además de un gran cuerpo de investigación, las herramientas se basan en leyes de comportamiento humano que son tan inquebrantables como las leyes de la física. La principal es que todos los humanos —y especialmente los niños— tienden a buscar el placer y a evitar el dolor. No estoy hablando de modificar el comportamiento con dolor físico, no lo olvide. Estoy hablando de conocer los premios para su hijo y administrarlos para crear los patrones de comportamiento que desea.

Si se pregunta si tiene derecho de moldear el comportamiento de su hijo tan poderosamente, créame, no sólo tiene el derecho, tiene la responsabilidad. La verdad es que las fuerzas que moldean el comportamiento ya están activas. Están siendo moldeados y programados en este preciso momento. Yo creo que ese proceso no debería ser al azar. No hay nadie mejor que usted para ayudar a su hijo, porque nadie en este mundo quiere lo mejor para él tan apasionadamente como usted. Pero ésta es una responsabilidad asombrosa y para la que usted debe ser un buen administrador. Debe permanecer enfocado en descubrir el verdadero ser de su hijo. Debe estar convencido de ayudar a su hijo a convertirse en la mejor persona, única, en la que se pueda convertir. Debe tener cuidado de perseguir expectativas irrealmente altas o imponer en su hijo su propia idea de gustos y aversiones, aptitudes y habilidades. Moldéelos, pero dentro del marco de quien realmente están destinados a ser.

Estoy ansioso por empezar a impartirles esta información porque, aunque sé que son bien intencionados, es probable que estén violando algunas reglas de formación de comportamiento en este preciso momento porque no las entienden completamente o no entienden sus efectos. Si está enfrentando problemas persistentes con su hijo, manténgase positivo porque no es demasiado tarde; si está dispuesto a aprender a usar estas técnicas (y más importante, a usarlas correctamente), predigo que le complacerá descubrir que, después de todo, no hay algo terriblemente malo con su hijo. Por suerte, va a descubrir que, de hecho, sí responden a la guía.

Sé que puede tener muchas dudas, pero debe tener fe. Su hijo no es una excepción, porque no las hay. Cualquiera que sea el problema de comportamiento de su hijo: mojar la cama, hablar como bebé, ser respondón o mentir, usted puede crear un cambio. Berrinches, rebelión, bajo desempeño escolar, alcoholismo o drogadicción, pelear, quejarse, dependencia excesiva o algo peor, todos los comportamientos pueden ser cambiados. Debe creer en su hijo y en su propia habilidad para dominar lo que necesita saber para ser un padre efectivo. Salvo que hubiera alguna genuina anomalía médica o de desarrollo que afecte la habilidad de su hijo para aprender, usted descubrirá que tiene el poder de moldear su comportamiento de manera eficiente.

Susan, de cuatro años, fue una de las primeras niñas que ayudé con los métodos que estoy a punto de enseñarle. Ella no le hablaba a su madre. La madre vino a mí completamente fuera de sí, pensando que había algo muy malo porque Susan sólo le gruñía. La niña era la más pequeña de tres hermanas y se deleitaba con su atención por ser la bebé. Pero se negaba a hablar. "Le doy galletas, le suplico, le doy nalgadas, la molesto, hago de todo, pero sólo obtengo gruñidos", me dijo su madre. "Me da vergüenza llevarla a ver a mis amigos. Siento que tengo un pequeño simio conmigo".

Había varias claves en los comentarios de la madre con respecto a sus problemas. Y con sólo observar a su hija mientras ellas hablaba, pude ver que esta niña obviamente era inteligente y había encontrado una forma de manipular a su madre para conseguir su atención. Podía ver cómo se iluminaban sus ojos cuando la madre hablaba de sus frustraciones con Susan, comparadas con los éxitos de las dos primeras hijas. La madre estaba tan absorta en sus propias emociones que la sesión inicial terminó antes de que tuviera oportunidad de interactuar con la niña. Aun así, me impresionó con cuanta pasividad la pequeña Susan se sentó en la silla durante toda la sesión. Obviamente, no había nada grave con la niña.

Antes de la siguiente sesión, compré una caja de cereal Cheerios y una pequeña bolsa para niña, de camino a la clínica. Le pedí a la madre de Susan que permaneciera en la sala de espera mientras hablaba con Susan, en mi consultorio. La pequeñita entró, se trepó a la gran silla y se sintió como en casa sin decir una sola palabra. Se interesó mucho cuando saqué la caja de cereal Cheerios, gruñendo para indicar que quería un puñado. Tomé la señal para iniciar el proceso de modificación de comportamiento. "Éste es el trato. Quiero tener una buena conversación contigo acerca de lo que tú quieras, pero sé que quieres que se te recompense por tu esfuerzo. Te voy a pagar con Cheerios", le ofrecí. "Te los puedes comer o los puedes guardar en la bolsita que compré. ¿Trato hecho?"

Podía decir que Susan entendió exactamente lo que dije. Pero no dijo nada. Era un juego para ella. Le hice la primera pregunta que requería de un sí o no como respuesta: "¿Estás cómoda en esa silla?"

Asintió con la cabeza, y gruñó por un Cheerios.

Le dije que necesitaba un sí o no verbal.

Resonó la voz clara como campana de una pequeña niña: "Sí".

¡Es momento de Cheerios! La recompensé con uno solo, y rápidamente se lo comió. La siguiente serie de preguntas requerían como respuesta un sí o un no. Susan no tuvo problemas con ellas. Entonces empecé a pedir respuestas con oraciones completas. Una vez más, la niña habló claramente y con obvia inteligencia, que también se reflejaba pues empezó a aumentar su cuenta de ahorros de los Cheerios. Los apiló como fichas en una mesa de póquer. Hacia el final de la sesión, Susan estaba platicando como una típica niña de cuatro años y detecté semejanzas con los patrones de habla de su madre. La niña también tenía su bolsita llena de Cheerios, los cuales había estado usando para crear dibujos que ilustraran las historias que me contó. Al salir del cuarto y reunirnos con su madre, Susan le mostró orgullosa su bolsita llena, pero volvió a gruñir en lugar de hablar. Observé como, rápidamente, Susan retrocedió a ese comportamiento indeseable frente a su madre. La mamá no podía creerlo cuando le aseguré que Susan y yo habíamos estado conversando toda la hora. Le prometí que la niña era muy verbal y bien adaptada.

Tuvimos dos sesiones más, que siguieron el mismo patrón. Susan platicaba conmigo para obtener Cheerios, pero sólo gruñía para su madre. Su madre pudo observar y escuchar los intercambios verbales de su hija mediante un cristal que funciona como espejo por un lado y ventana por el otro, pero reportó que no había habido cambios en su comportamiento posterior en casa. Logré entender mejor el problema cuando le sugerí a la madre que intentara el truco con el cereal Cheerios en la casa para provocar el habla de su hija. Ella respondió que no tenía tiempo para esos juegos.

Desde una perspectiva profesional, este caso fue exitoso ya que logré el comportamiento deseado en la niña. Pero desde una perspectiva familiar, fue un fracaso porque Susan no hablaba en casa. El fracaso de su madre para salir avante debería servir como un buen mal ejemplo para otros padres. Necesita entender y adoptar los principios del cambio de comportamiento si espera tener éxito con su hijo. Puede arrastrar al pobre niño a terapia cada año hasta que cumpla 18, pero hasta que no lleve a casa los principios para ejercer presión, su hijo probablemente no responderá con el cambio de comportamiento deseado.

El resto del capítulo está dividido en dos secciones. En la primera, aprenderá a identificar, especificar y crear comportamientos que sean deseables. En la segunda, le ofreceré una guía para identificar, especificar y eliminar los comportamientos indeseables. Al ir leyendo el material, es probable que se dé cuenta de los errores que ha cometido en el pasado, con sus hijos mayores. No se preocupe, por favor. Podrá corregir esos errores con los mismos procesos.

PRIMERA PARTE: PASOS BÁSICOS PARA IDENTIFICAR Y GENERAR COMPORTAMIENTOS DESEADOS

Si quiere que su hijo se comporte adecuadamente, primero tiene que fijar los parámetros de comportamientos que quiere. Necesita especificar exactamente cómo quiere que su hijo se comporte, aunque debe ser apropiado para su edad. No puede esperar que un niño de cinco años tenga los mismos modales a la hora de sentarse a la mesa que una persona de 30 años. Y deben presentar un frente unido. Es importante que los padres se sienten a hablar y sean claros en términos de cómo quieren que se comporten sus hijos. Después, necesitan desarrollar estrategias para lograr esos comportamientos. Voy a darles la ayuda suficiente en ese aspecto porque quiero que se enfoquen en lo positivo.

Muy a menudo, los padres sólo ven los comportamientos indeseables y, consecuentemente, sus estilos de paternidad se disuelven en quejas y reacciones y, bueno, la clásica actitud de no congeniar o encenderse se acumula en el cuadro familiar. Es como tratar de manejar el auto viendo por medio del espejo retrovisor. Sólo ve lo que se hace en lugar de lo que está por delante. La lista de comportamientos apropiados no es tan larga ni tan complicada. Se espera que los niños sigan órdenes, respeten a los adultos, se atengan a sus horarios, y actúen en público como si tuvieran conciencia, por lo menos. Si se enfoca en desarrollar los comportamientos positivos en su hijo, entonces, los comportamientos negativos no serán tan abrumadores y podrá sentirse bien acerca de su paternidad y sus hijos.

Paso 1: Identifique objetivos de comportamientos específicos

Enfocarse en lo positivo siempre es la mejor manera de lidiar con un hijo, así que nuestro primer objetivo son los comportamientos que quiere que empiece a llevar a cabo su hijo. Esta categoría también puede incluir comportamientos que su hijo realiza ocasionalmente, pero que quiere que aumenten en frecuencia, intensidad o duración. Podría, por ejemplo, valorar un comportamiento como la lectura, pero su hijo rara vez se sienta a leer un libro, así que quiere fomentar eso. Como recordatorio, asegúrese de que su objetivo sean los comportamientos apropiados para su desarrollo. Leer puede ser una gran meta para un niño de cinco o seis años, pero no para uno de dos años. Además, no cometa el error de que su objetivo sea una emoción y no un comportamiento. Un padre me dijo una vez: "Quería que mi hijo comiera espinaca, y por fin lo hizo. Ahora quiero que le guste y *se sienta* emocionado por eso". ¡Alto ahí, papá! Puede influir el comportamiento con la esperanza de que se vuelva permanente, pero no puede legislar una emoción.

Ese padre estaba confundiendo emociones con comportamientos. Para ayudarlo a no confundirlos, a continuación hay una lista de características. Para que un comportamiento sea un objetivo apropiado, debe ser:

· Dentro del alcance de las habilidades del niño. Evite intentar demasiado y asegúrese de que lo que está pidiendo al niño sea adecuado a las circunstancias específicas en las que debe ocurrir. Deben tener la edad suficiente para hacerlo y tener una amplia oportunidad. Por ejemplo, sería injusto esperar que un niño de diez años lea en silencio y entienda *La guerra y la paz*, especialmente, si sienta al niño en la cocina, que es un zoológico de actividad, con la televisión prendida, los teléfonos sonando y otros niños corriendo por todos lados.

· Reducido en alcance. Un objetivo apropiado de comportamiento debe dirigirse hacia una acción específica, en vez de hacia una gran variedad de problemas. Si un niño se resiste a cumplir con su higiene personal, usted querrá tratar uno o dos comportamientos a la vez. Un objetivo de comportamiento práctico podría ser uno de los siguientes:

· Cepillarse los dientes por dos minutos sin que se le diga.

· Tomar un baño después de jugar afuera o antes de sentarse a cenar o estudiar.

· Peinarse el cabello en la mañana, antes de empezar el día.

· Definido sin ambigüedad. El comportamiento objetivo debe ser claro, no sólo para el niño sino para toda la familia. Esto puede ser de ayuda si un hermano ofrece su apoyo cuando usted no está. Haga de esto un asunto familiar. No espere que el niño adivine lo que usted quiere. Use su modelo de comunicación de dos vías para asegurar que su hijo sabe y puede articular exactamente lo que se desea. "¡Sé bueno!" no es instrucción suficiente. Debe dividir lo que quiere en lo que llamamos definiciones operacionales. Esto es, dividir el producto final deseado en las operaciones que lo definen. ¿Qué quiere decir con 'sé bueno'? ¿Quiere decir sentarse en silencio, ver la televisión, hacer sus tareas del hogar, jugar un juego de mesa? ¿Qué quiere decir exactamente? Sea preciso.

· Mesurable. Cuando sea posible, el comportamiento objetivo debe ser cuantificable. Si éste se puede contar o medir de alguna manera objetiva, es mucho más fácil llevar un registro del progreso, lo que puede crear un impulso para sostener el comportamiento positivo.

Los siguientes son algunos ejemplos de comportamientos objetivos, cuantificables y que pueden ser usados como medida del mejoramiento:

· Número de veces que muestra una cara sonriente (difícil para los adolescentes).

· Número de palabras escritas correctamente en un examen.

· Cantidad de tiempo de estudio (tenga cuidado al definir "estudio").

· Número de veces que limpió su cuarto en la semana.

Un comportamiento objetivo positivo es una acción bien definida que desea introducir o aumentar en el patrón de conducta de su hijo. Puede ser confuso sólo pedir a su hijo que *no* se comporte de cierta forma para recibir refuerzo. Hacer eso sería violar lo que llamamos la regla del muerto. ¡Usted no quiere asignarle a su hijo algo que haría un muerto! Un muerto puede *no* correr por la casa, *no* ser grosero y *no* ser respondón. Como está tratando con un niño vivo, que respira, querrá enfocarse en guiar un comportamiento *activo*, positivo. Esto puede sonar tonto, pero los padres lo hacen todo el tiempo. Piénselo: Si le dice a Billy que deje de pegarle a su hermana, puede no haber hecho un progreso real, incluso si accede. Inmediatamente puede empezar a patear a su hermana, a pellizcarla o a empujarla. Usted no le dijo que no hiciera eso. En cambio, dígale que haga algo que un muerto no puede hacer, como: "Billy, dile a tu hermana que te arrepientes de haberle pegado y ayúdale a guardar sus juguetes". Ya le dio una *fórmula de comportamiento* muy precisa que pide acción afirmativa de comportamiento apropiado y deseado. Decirle simplemente a un hijo qué no hacer no es un acercamiento administrativo efectivo.

Nunca quiera juzgar el éxito o el fracaso de su paternidad con base en la ausencia de negativas de su hijo. Como ya he dicho, el hijo perfecto no es necesariamente un hijo exitoso. Lo que usted quiere es un hijo que se relacione de manera activa con el mundo con comportamientos positivos, productivos y que generen resultados. Para poder tener eso, necesita preguntar. Usted, el padre, debe reforzar y recompensar positivamente esos comportamientos para propiciarlos. Así que, punto final: No desperdicie su tiempo sólo diciéndole a su hijo qué no hacer. Invierta sus esfuerzos y energía en guiar a su hijo hacia qué hacer.

Paso 2: Determinar los premios

Con base en la naturaleza humana, debe haber una recompensa o beneficio para que su hijo adopte activamente comportamientos deseables. Eso no es acusar a su hijo de ser excesivamente egoísta. Es la naturaleza humana. Todos nos acercamos a una situación determinada pensando hasta cierto grado: "¿Qué voy a conseguir?" Los niños ciertamente son así, porque todavía no se les ha socializado para pasar mucho tiempo considerando los pensamientos, sentimientos o necesidades de otros.

Los niños pueden ser egoístas y buscar tener poder. No estoy diciendo que sean seres malignos como los de la película *Los niños del maíz*. Sólo son niños tratando de sobrevivir y buscando que sus necesidades y deseos sean satisfechos. Estoy señalando su naturaleza porque si quiere tener éxito al lidiar con la gente, tiene que entender qué los hace comportarse así. Tiene que ponerse a su nivel, y si los niños son avaros, recurra a la avaricia. *Los niños quieren lo que quieren cuando quieren y lo quieren ahora.* Así que piense en una forma para que consigan lo que se pueda de lo que quieren mediante el comportamiento adecuado.

Todos trabajamos en cierta medida para obtener beneficios. Es simple naturaleza humana. Qué constituye un beneficio varía de una persona a otra. Como dice el viejo dicho: "La basura de un hombre es el tesoro de otro". Por esa razón debe definir *empíricamente* si una consecuencia determinada es verdaderamente positiva para su hijo. Eso quiere decir que no puede simplemente decidir que un resultado es una recompensa sólo porque *usted* piensa que lo es o debería serlo. Debe determinar un premio positivo para su hijo, basado en lo que le gusta o disgusta y lo que está dispuesto a trabajar para conseguirlo. Uno de los premios más poderosos para un hijo es la aceptación y aprobación de los padres. Si su hijo *no está* influido cuando le dice "buen trabajo" o "me decepcionas", entonces, no les importa lo que usted piensa. Y ése es un comentario triste sobre su relación. Necesitará hacer un gran trabajo de reparación porque usted ha sido descartado. En la mayoría de los casos, los hijos repruebana un padre si piensan que en realidad no le importan. Lo rechazan a usted y a su influencia para contraatacar. De esa forma, si usted los lastima, pueden decir: "No me importa".

Como dije antes, he tenido a muchos padres de niños "problema" que me dicen que sus hijos no valoran nada, no responden a nada y no están dispuestos a trabajar por nada. Esos padres están equivocados. Simplemente, todavía no han encontrado los premios o han decidido arbitrariamente lo que funciona como recompensa para sus hijos. Todos los hijos tienen tendencias, palancas y botones. Si quiere influir sobre sus hijos, debe *identificar empíricamente* y luego controlar sus premios favoritos.

> Resultado de encuesta: 29 por ciento de los padres permiten que sus hijos duerman con ellos, pero no saben cómo terminar con esta situación.

En mi práctica clínica, en una ocasión trabajé con una joven madre, Teresa, estudiante de tercer año de psicología que intentaba enseñar a su hijo Javier, de tres años, a no usar pañales. Teresa era uno de esos padres que saben suficiente psicología para ser peligrosos. Sabía que si quería aumentar la probabilidad de que el comportamiento volviera a ocurrir, debía reforzar ese comportamiento ofreciendo una recompensa positiva cada vez que el comportamiento o una aproximación del comportamiento ocurriera. Su elección de recompensa fue un chocolate Kiss de Hershey's. Pero Teresa estaba completamente condenada. Aunque lo recompensaba rápidamente cada vez que Javier se acercaba a la bacinica, simplemente no hacía ningún progreso, por ponerlo de manera delicada. Bueno, resulta que el pobre Javier era alérgico al chocolate. Para él, esos chocolates Kisses de Hershey's eran el beso de la muerte. Piénselo desde su punto de vista: cada vez que se acercaba a la bacinica, su madre le ponía en la boca una sustancia tóxica que le provocaba que se le tapara la nariz y le picaran los ojos. ¡Cualquier persona inteligente evitaría la bacinica en esas condiciones!

Teresa hizo muchas cosas bien, pero falló al identificar adecuadamente lo que era una verdadera recompensa para su hijo. Era como muchos padres que luchan para identificar una tendencia positiva para sus hijos. A veces, esa dificultad se debe al hecho de que el padre le dio al hijo lo que le era posible. Así que los niños —siendo niños— dan todo por sentado. Puede ser que necesiten regresar el mundo de sus hijos a lo básico y que les pidan aprender que la televisión, el Nintendo, el estéreo, el DVD y el ejército de animales de peluche son privilegios que deben ser ganados a cambio de un comportamiento bueno y apropiado.

Los niños necesitan reconocer el vínculo entre sus niveles de desempeño y su calidad de vida. Hay un número de tendencias diferentes que pueden variar con la edad de su hijo. Un premio para los adultos es monetario. Al menos en teoría, si los adultos hacen un excelente trabajo, reciben un buen cheque. Con su hijo, un tipo de premio, por ejemplo, serían las calificaciones conseguidas en la escuela. Creo que es importante enseñar a los hijos cómo funciona el mundo, así que pienso que si las calificaciones están marcadas como un premio importante y un niño tiene un nivel de desempeño de diez, debería disfrutar de un *nivel de vida de diez*. Si el niño tiene un nivel de desempeño de nueve, debería tener un *nivel de vida de nueve*. Si el niño obtiene calificaciones de ocho en la escuela, debería tener un *nivel de vida de ocho*. Esto les enseña cómo funciona el mundo. También les da un sentido de poder infantil, dominio y control de su existencia que es tan crítico para el desarrollo del sentido de un niño de su ser. También aprenden esa lección tan valiosa: *Cuando escoges el comportamiento, escoges las consecuencias.* Esto es vital para aprender responsabilidad.

Entonces es importante aprender qué premio funciona para su hijo y también para usted. ¿Conoce el premio de su hijo? ¿Tiene un plan para usarlo para moldear su comportamiento? ¿O simplemente les reparte dulces indiscriminadamente porque tienen derecho? Esta es una definición de lo que quiero decir exactamente con premio. Un premio es cualquier cosa que cuando se presenta *durante* o *inmediatamente des-*

pués de un objetivo de comportamiento aumenta la probabilidad de que ese comportamiento ocurra otra vez. En otras palabras, es algo por lo que el niño trabajará para conseguir.

Note el énfasis en "durante" e "inmediatamente después". Debe tener cuidado acerca del momento o puede reforzar inadvertidamente el mismo comportamiento que está tratando de eliminar. Este es un ejemplo común: Muchos padres se quejan de que sus hijos no se quedan en sus camas. Entran al cuarto de los padres a media noche, y ruegan o lloran por dormir con ellos. He escuchado a padres decir que responden levantándose, dándoles abrazos o incluso sobornándolos con galletas para que regresen a sus camas.

Al hacer esto, en realidad están reforzando el comportamiento indeseado de salirse de la cama, meterse en el cuarto de los padres, quejarse y llorar. Esto es cierto porque inmediatamente le pagan al niño con el premio de la atención —abrazos y galletas— introduciendo esas consecuencias como respuesta directa al comportamiento indeseado. Los padres están asegurando que el hijo repita una y otra vez rogar por la cama a media noche. ¿Por qué? Porque funciona. ¡El niño recibe un gran pago! Si esos padres quieren que sus hijos se queden en su propia cama, el premio debería darse inmediatamente después de que el comportamiento sea visto y mantenido. Así que abrace a sus queriditos mientras están *en* su propia cama y mientras están siendo arropados. No espere hasta que se levanten a las cuatro de la mañana y traten de meterse en la cama con usted.

Un premio también puede motivar a un niño de manera negativa. Lo que eso significa es que los niños están dispuestos a desempeñar el Comportamiento A para escapar de la Consecuencia B. Un ejemplo sería que el niño estudie (Comportamiento A) para escapar de una mala calificación (Consecuencia B). Los hijos hablarán a sus padres con respeto (Comportamiento A) para evitar ser castigados (Consecuencia B). En lo personal, prefiero las consecuencias positivas a cambio de los comportamientos positivos, pero en el mundo real los niños se desempeñarán para escapar a las consecuencias negativas o para evitar perder privilegios. Debe prepararse para adoptar motivación dónde la encuentre.

1. Categorías de premios positivos potenciales

Refuerzos Tangibles / Extrínsecos: Materiales, dinero, comida, fichas de ahorros. Las recompensas externas se derivan del mundo y de las personas en éste, en oposición a las recompensas personales. Pero, tenga cuidado de no exagerar las recompensas materiales externas. Hasta el punto en que las recompensas extrínsecas como juguetes, privilegios y dinero aumentan en valor, la motivación interna disminuye. Un padre que quiere presumir de las calificaciones de su hijo y le da veinte dólares por cada diez que saca está ofreciendo un refuerzo extrínseco que es poco probable que inspire al niño a sentirse orgulloso de sus calificaciones, o a desarrollar una saludable sed de conocimiento. Un gran error que los padres cometen es recompensar en exceso a sus hijos al punto en que se convierte en soborno. Demasiadas recompensas pueden vencer la automotivación que la mayoría de los padres busca inculcar en sus hijos.

Fichas de ahorro: Muchas veces, un padre puede dar fichas de recompensas que más tarde pueden ser canjeadas por otros valores. Estas fichas ayudan a mantener el sistema de cuentas para comportamientos y sirven como una manera fácil de crear sistemas de crédito. Las fichas pueden ser cualquier cosa: fichas de póquer, boletos, palitos de madera, estrellas doradas e incluso dinero de juguete. El padre puede establecer el valor de cada ficha, como que una ficha valga por una galleta; dos fichas valgan por un helado; cinco fichas valgan por una película en casa; diez fichas equivalen a un juguete pequeño; quince fichas son igual a una ida a la sala de juegos; veinte fichas equivalen a un permiso para dormir en casa de un amigo.

Refuerzos sociales: Atención, afecto, afirmación.

Refuerzos implícitos: Certificados, privilegios, títulos.

Refuerzos Naturales / Intrínsecos: Los buenos sentimientos que el niño siente en su interior por progresar hacia sus metas, la satisfacción del desempeño y los cambios de auto concepto.

2. Identificar los premios potenciales de su hijo

Para poder ayudarlo a determinar de manera empírica los premios favoritos de su hijo, conteste estas preguntas. Debe poder identificar varias posibilidades.

¿Qué cosas le gusta usar a su hijo? ¿Comprar? ¿Comer?

¿Cuál es el pasatiempo favorito de su hijo?

¿Cuáles son los programas de televisión favoritos de su hijo?

¿Con quién les gusta pasar más tiempo?

¿Qué cosas, como muñecas o juguetes, les gusta coleccionar?

¿Qué tanto valora su privacidad?

¿Cuál es su lugar favorito?

¿Cómo le gusta que se reconozcan sus logros?

¿En qué son buenos?

¿A qué hora les gusta levantarse y a qué hora les gusta irse a dormir?

¿Qué tan importante es su ropa? ¿Tienen prendas favoritas?

¿Tienen una rutina que valoren durante el día?

Para estimular más su pensamiento, éstas son algunas sugerencias de actividades que los hijos tienden a valorar. Estos son posibles premios que podría retener:

Ir a un evento, como un concierto o una fiesta

Estar solo

Estar con uno o ambos padres

Cumplidos o elogios

Manejar

Salir a comer

Comer botanas

Mandar correos electrónicos

Hacer ejercicio

Vestirse bien

Recibir un masaje completo o de espalda

Salir de vacaciones

Ir al centro comercial

Ayudar a alguien

Escuchar el radio

Jugar videojuegos

Practicar un deporte

Tocar música

Jugar con su mascota

Cocinar

Bailar

Tener citas

Hacer trabajo artístico

Hacer trabajo voluntario

Usar juguetes

Leer

Montar en bicicleta

Ir de compras

Despertarse tarde

Ir a dormir tarde

Navegar en la Internet

Tomar una siesta

Tomar un baño

Salir a caminar

Hablar por teléfono

Contar historias

Ver televisión

Ver un video

Escribir cartas

Paso 3: Administración de premios

Es verdad que los premios de un niño funcionan mejor y de manera eficaz cuando se otorgan consistente e inmediatamente. Aun así, hay una ciencia para programar la administración de premios de manera eficaz. Hay dos refuerzos básicos que quiero que entiendan: *continuo* e *intermitente.*

Los refuerzos continuos se dan cada vez que un objetivo de comportamiento es desempeñado.

El refuerzo intermitente es cuando se da un premio durante e inmediatamente después de cumplir algún objetivo de comportamiento, pero no cualquiera.

Como estrategia, es recomendable que ofrezca refuerzos continuos durante la fase de aprendizaje. Una vez que obtenga estabilidad, deberá cambiar a un programa intermitente de refuerzo. Esto se recomienda porque el aprendizaje ocurre más rápidamente durante el refuerzo continuo, pero se mantiene con mayor fuerza con refuerzo intermitente. Además, un niño tendrá la tendencia a resistir los esfuerzos de pasar al siguiente nivel o a una nueva área del comportamiento, si se mantiene un programa de refuerzo continuo. Por ejemplo, un niño puede aprender rápidamente las tablas de multiplicar y trabajar duro por premios intrínsecos y extrínsecos, pero resistirá aventurarse en lo desconocido cuando un programa de refuerzo continuo se mantiene. Realmente, no es tan difícil de entender. Cae en la filosofía de "si no está roto, no lo arregles". ¿Por qué tratar algo nuevo si el comportamiento actual y cómodo retribuye algo? ¿Cuántas veces ha recompensado a un hijo por dibujar un objeto sólo para que regrese una y otra vez, básicamente con el mismo resultado? Saben que el dibujo les trajo elogios, ¿entonces por qué tratar uno nuevo? Los niños que son reforzados en un programa al 100 por ciento también son muy frágiles. Si, conforme los retos se vuelven más difíciles empiezan a experimentar errores y, por lo tanto, no reciben refuerzos, tienden a entrar en pánico y regresan a comportamientos más infantiles. Los niños que han aprendido en un programa intermitente de refuerzos son más estables y sus comportamientos y emociones son duraderos. Son mucho más aventureros y dispuestos a probar cosas nuevas, con la esperanza de encontrar una nueva forma de que les recompensen, tal vez con más frecuencia.

El programa intermitente puede basarse en dos estrategias. La primera está *basada en el tiempo*: Los premios se dan en un marco de tiempo, como dar Cheerios en cada intervalo de cinco minutos durante el cual el niño haya jugado bien con otros. Este programa es altamente efectivo para moldear objetivos de comportamiento. La segunda, se basa en el *número de veces* que un objetivo de comportamiento específico se desempeña: Por ejemplo, cada cinco veces que el niño esté a tiempo para ir a la escuela, se le da una cantidad de dinero.

MOLDEAR COMPORTAMIENTOS COMPLEJOS PASO A PASO

Padres, muchas veces el comportamiento complejo de un hijo necesitará ser *moldeado*. Esto significa que en el principio del proceso de aprendizaje, los comportamientos que se acercan al objetivo de comportamiento deben ser reforzados. Si el objetivo de comportamiento es hacer que su hijo diga una palabra específica, como "abuelita", podría usar Cheerios como premio (si le gustan los Cheerios). Mientras repite la palabra y apunta hacia la abuela, el niño podría decir algo parecido a esa palabra, como "abue". Eso se acerca lo suficiente para recompensar con un cheerio. Sin embargo, una vez dominada la palabra "abue", deberá retener los Cheerios hasta que el niño diga otra cosa, como "abuita". Después de ese paso, y asumiendo que el niño puede emitir el sonido, esperará y recompensará la siguiente aproximación al objetivo de comportamiento específico. Así funciona. Usted refuerza paso a paso la formación, hasta que el niño domina el objetivo de comportamiento deseado. Es importante que sea paciente. Se puede convencer al niño para desempeñar los comportamientos complejos que desea, siempre y cuando él esté en la etapa de desarrollo adecuada para desempeñarse a ese nivel. Este procedimiento de recompensar aproximaciones sucesivas a un objetivo funciona incluso con animales. ¿Cómo cree que los entrenadores de animales logran que un oso monte una bicicleta o que una foca balancee una pelota en su nariz? Se trata de recompensar en el momento preciso los comportamientos que se acercan cada vez más al objetivo.

Estudio de caso: entrenamiento para ir al baño

Una de las preguntas más frecuentes hechas por madres jóvenes se refiere al objetivo de comportamiento del entrenamiento para ir al baño. Este hito tan terco y problemático, si su hijo está en la etapa de desarrollo adecuada y usted ya domina los conceptos de este capítulo, puede lograrse en un día. (He demostrado este proceso en mi programa de televisión, y usted puede conseguir una copia del protocolo paso a paso, en mi sitio web: «http://www.drphil.com»). Sin embargo, con el interés de demostrar el proceso de cambio de comportamiento como se describe en este capítulo, les ofrezco a continuación un resumen rápido (¡sin costo adicional!).

Objetivo de comportamiento: Orinar y defecar en la bacinica.

Premio: Grandes recompensas sociales en la forma de besos y abrazos, una fiesta, la botana que se basa en resultados que el niño valora, e incluso una llamada a su personaje fantástico favorito o superhéroe (como la abuela o algún otro espíritu dispuesto). He hecho esto por tanto tiempo que he pasado por Superman, Batman, El Hombre Nuclear, la Mujer Maravilla, las Tortugas Ninja y, ahora, Nemo.

Programe: Refuerzos continuos para maximizar la fase de aprendizaje.

Para que el niño entienda el objetivo de comportamiento más rápido, a menudo uso una muñeca que "se moja" tanto como modelo como a manera de estudiante para que el niño entrene. Es cierto que la forma más rápida de aprender es enseñar. Dejo que la muñeca orine en la bacinica y los dos elogiamos a la muñeca y le damos comida de juguete, por ejemplo, Cheerios. Hacemos un alboroto sobre lo inteligente y madura que se ha vuelto la muñeca y le damos un tratamiento especial, como llamarla "Sally, la niña grande".

El mejor momento para que su hijo orine con regularidad es alrededor de treinta minutos después de haber tomado algo, así que debemos esperar a que haya algo que orinar. Hago que el niño se siente (o se pare) como lo hizo la muñeca, y me enfoco en obtener el resultado. Si no hay algo ligeramente inmediato, en lugar de frustrar a todos, relájese e inténtelo cinco minutos después. Si hay un intento, aunque no sea precisamente en la bacinica, puede moldear el objetivo con un premio parcial.

Normalmente, en unas cuantas horas sale algo de orina hacia la bacinica, y entonces se cubrirá al niño con todas las recompensas. Habrá globos que caen del techo, se le darán abrazos, los elogios y la adoración serán inmediatos y el niño y la muñeca celebrarán juntos su nuevo estatus y se realizará la llamada especial. Toda la atención y la celebración continúa cada día o dos, y luego el programa de refuerzo se va debilitando hasta que el comportamiento se autoperpetúe. He trabajado con muchos padres que han luchado en vano con esto por un año, en una batalla de voluntades. Pero una vez que usan los importantes principios de formación de comportamientos, se termina en menos de un día.

SEGUNDA PARTE: IDENTIFICAR Y ELIMINAR EL COMPORTAMIENTO NEGATIVO

La primera parte de este capítulo se dedicó a hacer que su hijo se comporte de acuerdo a sus deseos. La segunda parte se dedicará al otro lado de la moneda, detener los comportamientos que no quiere, como berrinches y el romper las reglas en la escuela. En términos psicológicos, deshacerse de comportamientos no deseados se conoce como *extinguirlos*, de modo parecido a como extinguiría un fuego. Una llama no puede continuar sin combustible, como gasolina o madera. En el caso del comportamiento, las acciones no seguirán existiendo sin el combustible del premio y el refuerzo.

Por favor, note que le estoy dando formas de detener comportamientos indeseados que lo ayudarán a evitar conflictos y confrontaciones con su hijo. Creo que es importante evitar enfrentamientos con sus hijos tanto como sea posible. Tenerlos frente a frente, dar un ultimátum y, en esencia, tirar por el caño el conflicto de edades, la lucha por el poder y el resentimiento. Por lo tanto, pienso que generalmente es bueno tratar de encontrar la mejor alternativa posible y crear un plan patrocinado conjuntamente, en el que los dos participen y se sientan emocionados. Evite la confrontación tanto como sea posible, pero cuando tenga una, como padre, *usted no debe perder*.

También, entienda que todo comportamiento, incluso el mal comportamiento, sirve como propósito. Las personas, incluyendo a los niños, sólo hacen lo que funciona. Si ve que un comportamiento se repite, puede apostar que ese comportamiento está generando un beneficio para el niño. Tal vez su hijo quiere atención. Esto no es necesariamente una necesidad patológica, pero si recibe la atención como producto de hacer berrinches, quejarse, llorar y manipular, eso *es* un problema.

Otra cosa de la que necesita estar consciente cuando usa mis métodos para detener comportamientos indeseados es que cuando retira los refuerzos para un comportamiento problema, su hijo podría aumentar ese comportamiento problema, en un principio, como una respuesta de frustración. Un niño subirá el nivel de intensidad de un comportamiento no deseado por la frustración porque usted cambió las reglas del juego y siente que ya no juega limpio. No se deje molestar cuando eso pase, porque estas respuestas de frustración duran poco tiempo antes que el comportamiento desaparezca por completo. Es probable que vuelva a ocurrir de manera espontánea en cualquier momento de una a tres semanas después, ya que el niño está revisando una vez más para asegurarse de que, en realidad, las nuevas reglas están en vigor.

Los principios de los premios y refuerzos son los mismos para reducir comportamientos indeseados, que para aumentar acciones deseables. Veamos algunos pasos más específicos para eliminar comportamientos problema.

Paso 1: Identifique el comportamiento problema

Igual que para identificar objetivos de comportamientos positivos, sea tan específico como pueda, al definir el comportamiento problema. En términos de actitud, tenga cuidado de separar al niño de su comportamiento. Aquí hay una breve perspectiva general para definir adecuadamente un comportamiento problema en términos que hagan su eliminación manejable:

- Debe definirse de manera específica en términos de las acciones observables que son objetivo de eliminación.
- Debe tener un alcance limitado. Por ejemplo, si un niño usa malas palabras, especifique las palabras exactas que deben ser eliminadas.
- Debe definirse sin ambigüedad. El niño y la familia entera tendrán un entendimiento claro de qué es objetivo de eliminación.
- Debe ser mesurable. Siempre que sea posible, el comportamiento problema debe ser cuantificado, por ejemplo, contar el número de palabras inaceptables que se dicen.

Paso 2: Comprométase a quitar premios

El proceso de disminuir comportamientos indeseados puede lograrse de dos formas:

- Extinción directa.
- Sustitución de un objetivo de comportamiento positivo.

Recuerde que cuando se retira un premio que mantiene un comportamiento problema, puede esperar que el comportamiento se intensifique y empeore a corto plazo. ¿Por qué? Porque ha sido exitoso por tanto tiempo que su hijo no renunciará fácilmente a él. El niño redoblará esfuerzos para mantener el *status quo*. Es como poner una moneda en una máquina expendedora de refrescos y esperar que la bebida aparezca. Si no funciona, no se lamenta y se aleja. Golpea, sacude y agita la máquina, le dice unas cuantas cosas y considera la condena eterna antes de rendirse. Su hijo hará lo mismo, pero si usted es consistente en su resolución de realmente detener el flujo de premios que ha mantenido el comportamiento problema, las cosas se suavizarán. Aun así, debe ser fuerte y estar comprometido, porque será examinado.

Si se mantiene fuerte por un tiempo, pero a la larga cede, sólo empeorará la situación. Todo lo que hizo es enseñarle al niño a estar todavía más mal adaptado para que se le pague. Cuando decida cambiar el comportamiento de su hijo, haga un plan y apéguese a él. Le prometo que puede ganar, y su hijo ganará también.

Aislar y definir el comportamiento problema es en realidad la parte fácil. La parte difícil es ser sincero con usted mismo sobre lo que ha estado haciendo para mantener el comportamiento problema, para detenerlo. El proceso de autoevaluación requiere esfuerzo. No puedo decirle cuántas cartas hemos recibido de padres desesperados que quieren venir al programa porque han perdido el control de sus hijos. Suplican por ayuda y dicen que harán lo que sea. Puede que sus hijos estén robando, comportándose de forma violenta, amenazando a otros niños o, de alguna forma, haciendo todo lo posible para llenar el expediente criminal de los más buscados del FBI. Pero, cuando pido a esos padres que se vean a sí mismos, dándoles unas cuantas preguntas penetrantes que revelan sus legados y sus propios patrones de refuerzo, se ponen blancos y salen huyendo. Como dije en el capítulo 1, muchos padres quieren componer a sus hijos, pero no están dispuestos a ver sus propios comportamientos y a comprometerse a cambiarlos. Recuerde, la familia es un sistema y un niño problema es un síntoma, una indicación de que la familia ha perdido su ritmo.

Debe estar dispuesto a cambiar usted mismo. Este es un paso crítico hacia cambiar a su hijo. Debe tener el valor suficiente para impedir ese comportamiento que quiere eliminar. Empiece por preguntarse de qué forma puede estar recompensando que cause, mantenga o permita el comportamiento problema. Apuesto que, al menos en parte, está dando el premio que mantiene vivo el comportamiento que quiere ver morir.

El segundo acercamiento para eliminar el comportamiento problema es sustituir un objetivo de comportamiento positivo o un comportamiento competente por el indeseado. Aunque es más complejo, este acercamiento es más efectivo que la extinción directa por el comportamiento alternativo ofrecido por el niño. Cuando se administra el método de extinción directa, el repertorio de comportamientos del niño se queda con un vacío, y puede escoger otro comportamiento indeseado en su lugar. Por ejemplo, un niño que ha estado usando malas palabras como "carajo" puede dejar esa palabra después de algún tiempo y empezar a usar la palabra "mierda". Puede pasar por muchas palabras antes de que descubra que todas las indeseables no se pueden usar.

Una complicación más, llamada *corrección excesiva*, puede ocurrir con el método de extinción. Este resultado puede ocurrir cuando la ansiedad de extinguir el comportamiento indeseado tiene repercusiones, como mojar la cama, tener comportamientos auto-perjudiciales y comer en exceso. El niño necesita encontrar un método adaptable de lidiar con estos problemas subyacentes.

El proceso de sustitución tiene tres requerimientos básicos. El comportamiento sustituto deseado debe (1) cumplir la misma función, (2) ser más adaptable y (3) dar una respuesta competente. Por ejemplo, si quiere evitar que su hijo use la palabra "carajo" (ya que normalmente es una expresión de frustración o enojo), el comportamiento sustituto sería usar otra palabra para frustración o enojo, como "demonios" o "caramba". El sustituto debe ser más adaptable, lo que quiere decir que no debe ser ofensivo o crear más problemas sociales. Y ser aplicable a la misma circunstancia, como usar "caramba" o "demonios" en respuesta a la misma frustración. Otros ejemplos son:

Comportamiento problema	Comportamiento sustituto
Estudiar en ambientes perturbadores, como el cuarto de televisión o de juegos.	Estudiar en la biblioteca.
Morderse las uñas.	Mantener las manos en las bolsas del pantalón.
Criticar a otros.	Elogiar a otros.
Actos destructivos, burlas.	Actos constructivos, ayudar a las personas.

El principio de Premack

Hace más de treinta años, el profesor de psicología David Premack describió acertadamente algo que las madres han sabido por generaciones. Descubrió que los comportamientos altamente probables (agradables) pueden servir como premio para los comportamientos poco probables (desagradables). Puesto de manera simple, los hijos harán cosas que no les gustan, como la tarea, para poder hacer cosas que sí les gustan, como ver televisión o jugar con sus juguetes.

Esto se convirtió en el principio de Premack. Es una verdad simple poderosa que sus hijos desempeñarán esos comportamientos con un grado de consistencia y eficiencia si usted establece e *impone una regla consistente* que deben seguir antes de hacer lo que quieren hacer. Si cree que ésta es una versión más sofisticada de "cómete las verduras o no comes postre", ¡tiene toda la razón! El valor clave es que puede usar un comportamiento deseado como refuerzo en lugar de encontrar otra recompensa tangible, como dinero o juguetes. Por supuesto, para que sea efectivo, debe identificar con precisión qué actividades o comportamientos su hijo está dispuesto a trabajar. Si en realidad no les importa si pueden o no realizar la actividad que usted tiene como rehén, su poder se ha perdido. También está bien demostrado que los niños valoran las actividades agradables aún más si tienen que trabajar para poder hacerlas. Una vez más, la consistencia es la clave. Cuando establezca una recompensa contingente debe administrarla con gran predicción o se pierde el poder.

Costos de respuesta

Por otro lado, los hijos también se abstendrán de comportamientos inapropiados cuando sepan que la conducta inaceptable les costará el acceso a algo que realmente disfrutan hacer. Por ejemplo, si el niño sabe que obtener una sanción o castigo en la escuela por hablar en clase le costará el privilegio de ver su programa favorito de televisión por la noche, será menos probable que el niño cometa la trasgresión en la escuela. Otra vez, la clave es que su hijo pueda predecir las consecuencias de sus acciones con una precisión del cien por ciento. Eso significa que usted debe ser totalmente consistente al imponer la regla contingente. Los hijos deben saber que cuando escogen el comportamiento, escogen las consecuencias, no algunas veces, sino todo el tiempo. Si algunas veces se pueden salir con la suya con mal comportamiento —aunque algunas veces no se salgan con la suya con él— usted ha perdido su poder. Eso significa que debe poner atención. No puede ocuparse y fallar en monitorear la situación. Ya sé que no dejo de repetir este punto de consistencia. Pero lo hago porque es de suma importancia.

Recientemente, trabajé con una madre que estaba frustrada porque su hija de diez años era una mentirosa crónica. Me dijo: "No sé por qué no deja de mentir, si se mete en problemas cada vez que lo hace". De inmediato, pensé en dos teorías. La primera era que la niña no se metía en problemas cada vez que mentía. Se metía en problemas cada vez que era *descubierta* mintiendo. Mi padre solía decir: "Por cada rata que ves, hay cincuenta que no ves". Sospeché que la niña se salía con la suya al mentir la gran mayoría de las veces. Desde su punto de vista, mentir era probablemente un comportamiento muy eficaz, pues le permitía escapar de la responsabilidad de su pobre desempeño o mala conducta el 80 por ciento de las veces. Mi segunda teoría era que lo que la madre llamaba "problemas" eran todo menos eso. Mamá no estaba *definiendo empíricamente* lo que era problema y el castigo no era un castigo real para la niña. Resultó que, en las raras ocasiones en que mamá la descubría mintiendo, mandaba a su hija a su cuarto y le quitaba el teléfono. Ya lo adivinaron, el cuarto de la niña era como Disneylandia, y simplemente platicaba con sus amigas en línea en lugar de por teléfono.

¿Puede descubrir cada vez que su hijo se porta mal? Claro que no, pero tampoco debe ser ingenuo. Y cuando sí los descubra portándose mal, debé haber una consecuencia que verdaderamente les parezca desagradable. Debe estar ahí con gran consistencia. Si debe tomar medidas extremas para asegurarse de que no están recibiendo refuerzo "pirata" al simplemente concentrarse en algo más —como conectarse en lugar de usar el teléfono, entonces debe quitarles algo más. Tal vez deba tomar medidas drásticas. He recomendado a muchos padres de niños que están fuera de control que literalmente despojen el cuarto del niño de todo excepto lo más indispensable. Les digo que muevan todo a un depósito que sirva como banco. Y quiero decir todo, incluyendo toda la ropa que no es básica, la televisión, los juegos, los juguetes, las decoraciones de la pared y cualquier cosa que entretenga al niño. Este es el costo del mal comportamiento, y el niño debe ganarse los lujos de regreso.

Confíe en mí; la agencia local de protección al menor no vendrá tras usted por negligencia. Suena duro, pero su hijo lo superará y empezará a apreciar más esas cosas. Los hijos necesitan aprender a ganarse las cosas en lugar de sentir que tienen derecho a ellas. A veces será apropiado y necesario quitarle cualquier estímulo o entretenimiento por una semana e incluso un mes, también puede ser igual de efectivo quitar al niño de un ambiente de estímulos por algunos minutos. Ése es el concepto de tiempo fuera. Y no importa qué piense o cuál sea su experiencia hasta este punto; si se aplica apropiadamente, el procedimiento puede ser poderoso.

Tiempos fuera

Seguramente, recomiendo los tiempos fuera más a menudo que cualquier otra técnica de manejo de comportamiento porque, cuando se usan apropiadamente, son altamente efectivos. Este procedimiento está disponible para los padres en la mayoría de las situaciones, pero he tenido padres que me dicen que el procedimiento de los tiempos fuera es defectuoso. Dicen que simplemente no funciona con sus hijos. Al examinar más de cerca, generalmente encuentro que cuando usan el procedimiento diseñado para quitar a los niños de la estimulación positiva, hacen lo contrario. Enviar a un hijo a su cuarto en estos días no es un tiempo fuera de la estimulación. Es como ir a Disneylandia. Si mi cuarto de la infancia hubiera tenido tantas cosas tan extraordinarias como los cuartos de los niños de estos tiempos, seguramente nunca hubiera salido de ahí. ¡Hubiera suplicado que me enviaran a mi cuarto!

Padres, también recuerden que deben definir empíricamente el valor de lo que están tomando, así como de qué los remplazará. Mi cuarto, cuando estaba creciendo, era austero. Los únicos muebles que tenía eran una cama individual y una gran caja de cartón para poner mis cosas. Aunque lógicamente podría parecer como un lugar negativo, perfecto para mandar a alguien a un tiempo fuera, ese cuarto desprovisto era mi refugio de seguridad. Me encantaba retirarme a él. Así que, padres, tomen sus decisiones sobre los premios basados en los resultados. Si el niño está dispuesto a trabajar duro para tener acceso a una actividad o cosa en particular, entonces, por definición es un premio positivo. Si no están dispuestos a trabajar para tener acceso a esa actividad o cosa en particular, entonces, no es una recompensa y deben buscar algo más.

Si se siguen los pasos básicos a continuación, le puedo asegurar que este acercamiento funciona de manera consistente y efectiva.

- El niño debe estar consciente de la razón del tiempo fuera y de su duración.
- La duración debe ser apropiada para el desarrollo del niño. Un niño pequeño no va a entender el sentido de estar castigado por un día. Para los niños pequeños, cinco minutos pueden parecer toda una vida.
- No se deben presentar o introducir refuerzos positivos durante el tiempo fuera. El niño no debe tener ninguna estimulación, de preferencia ni una ventana por la cual mirar.
- El tiempo fuera debe terminar en el tiempo establecido.
- El tiempo fuera sólo debe terminar cuando el niño se esté comportando de manera adecuada.
- El tiempo fuera no debe permitir que el niño escape o evite una situación en la que el tiempo fuera pueda considerarse preferible, como lavar los platos o hacer la tarea.

CONTRATOS DE CONTINGENCIA

Siempre es una buena idea que las dos partes lleguen a un acuerdo por escrito que sea verdad para los padres y también para los hijos. He descubierto que es bastante efectivo escribir lo que espera de su hijo y cuáles serán las consecuencias si el niño sigue o no el programa. Esto se conoce como *contratos de contingencia* o *contratos de comportamiento*. Puede llamarlos como quiera, pero yo los llamo una muy buena idea. Además de proveer un buen registro de lo que se ha acordado, tienden a propiciar un efecto de cristalización o memorización en el niño. Una vez que lo ven en papel, es difícil que nieguen que lo entendieron. Estos contratos dan a los hijos lecciones tempranas de acuerdos contractuales y todo el concepto de lo que significa firmar un documento y estar de acuerdo con sus estipulaciones.

Crear un contrato es algo bueno, porque es una comunicación positiva para resolver problemas. Es una negociación activa de dos vías en la que ambas partes están interesadas. Y es algo que le pertenece de manera conjunta a las dos partes involucradas. Esto puede usarse con cualquier niño que tenga la edad suficiente para saber leer y entender lo que incluye el contrato. (Si su hija aparece con un grupo de abogados de la ciudad de Nueva York, ¡tal vez quiera reconsiderarlo!)

Para los niños más pequeños, a veces ayuda sustituir esto por una gráfica en la pared que incluya una lista de deberes, tareas y responsabilidades del niño. Me gusta dividir el día en tareas y responsabilidades de la mañana que el niño debe hacer cuando se levanta, como cepillarse los dientes, peinarse, vestirse, guardar la pijama, tender la cama, juntar sus útiles escolares y estar listo en la puerta para irse a la hora establecida.

Tareas y responsabilidades similares pueden anotarse para otras partes del día. Una vez que el niño termine el deber o grupo de deberes, mamá y papá pondrán una estrellita en la columna de los deberes de ese día. Para los niños más pequeños, es bueno darles una estrellita por cada cosa que hagan porque les gusta recibir mucho refuerzo. Para los niños mayores, una estrellita por cada grupo de cosas es suficiente. Si el niño recibe el cien por ciento de las posibles estrellitas, o si está moldeando el comportamiento por un 80 por ciento de las posibles estrellitas por cada uno de los cinco días de la semana, recibirá un privilegio especial el sábado.

Crear este gráfico puede ser divertido, lo cual provee gran interacción entre el padre y el hijo. No tiene que parecer un documento de la Suprema Corte de Justicia. Deje que su hijo diseñe algo colorido. Use pintura, brillantina, marcadores e imágenes recortadas. Para niños más pequeños, esto podría ser un proyecto realmente divertido. Haga el gráfico usando muchos colores y estampas, añada un arco iris, conviértalo en una caricatura para que sea algo que sus hijos disfruten ver y trabajar con él.

Funciona bastante bien hacer un gráfico de treinta días, lo que significa que puede repetir la diversión de crear un gráfico nuevo con frecuencia. Una vez más, existen muchos beneficios del trabajo en conjunto de padres e hijos, incluyendo el uso de fichas de ahorro que le enseñen al niño que cuando se escoge el comportamiento se escogen las consecuencias. También está la oportunidad de que su hijo vea pruebas reales de que está progresando durante el día, la semana y el mes.

Éste es un ejemplo de contrato de comportamiento. También lo puede bajar de «http://www.drphil.com».

CONTRATO DE COMPORTAMIENTO

Sección del niño

Yo _____ , (el niño) y nosotros _____ , (los padres) empezamos el siguiente contrato de comportamiento para crear orden y armonía en nuestro hogar. Este contrato se revisará en treinta días a partir de la fecha en que se firme, en cuyo momento podrá continuar o ser renegociado.

Al estar de acuerdo en los términos y condiciones de este contrato de comportamiento, todas las partes entienden y aceptan que están obligados por este contrato y no tienen libertad de variar los términos y condiciones.

Yo _____ , (el niño) estoy de acuerdo en que cumpliré los comportamientos anotados a continuación de la forma en que han sido presentados y descritos.

(Inserte comportamientos definidos de manera operacional, como terminar la tarea en un tiempo pertinente, llegar a casa a tiempo, dirigirme a mi madre y padre de manera respetuosa, no conectarme o usar el teléfono durante las horas de tarea, de ocho a diez, etcétera.)

Yo _____ , (el niño) estoy de acuerdo en que si no respeto el contrato y fallo en desempeñar los comportamientos arriba expuestos, estaría eligiendo sufrir las siguientes consecuencias.

(Inserte las penalizaciones o pérdidas de privilegios asociados con el pobre desempeño de los objetivos de comportamiento especificados).

Sección de los padres

Nosotros _____ (los padres), estamos de acuerdo en que si_____ (el niño) desempeña los comportamientos como fueron explicados anteriormente, además de escapar a cualquier consecuencia negativa explicada con anterioridad, habrá ganado el derecho a los siguientes privilegios.

(Inserte el privilegio que podría ganarse, como tiempo libre para ver la televisión, uso del auto familiar, dormir en casa de alguien más, ver una película, tener un juguete, etc.)

Ambas partes reconocen que este contrato se empezó de manera voluntaria y que los términos y condiciones serán respetados. Si se logra el desempeño, los padres están de acuerdo en que al niño no se le negarán sus privilegios u otras consecuencias.

El niño está de acuerdo en que, de fallar en el desempeño, es él, y no sus padres, quien eligió pagar las consecuencias y no podrá llorar, quejarse o rebelarse.

Los padres   El niño

_____   _____

Fecha_____

Los contratos de comportamiento deben utilizar un lenguaje claro y comprensible sobre temas como el comportamiento, la salud, seguridad, conducta social y el desempeño académico. Deben dirigirse a las expectativas en cada una de estas áreas y a las consecuencias positivas y negativas de desempeño o falla en el desempeño. Los contratos deben tener un lenguaje apropiado para su edad y que pueda ser claramente entendido por el niño.

Los contratos son buenos porque llevan los conflictos de personalidad fuera de la situación. Si se acuerda algo en un contrato y el niño no respeta el acuerdo, solamente tiene que ver el acuerdo para entender que ha fallado en cumplir. Es importante que los hijos admitan las consecuencias de sus acciones en vez de que se sientan frustrados y molestos con sus padres. Incluso, debe haber una frase en el contrato que diga que si las consecuencias negativas están próximas, el niño reconoce que será a causa de sus elecciones. De ese modo, el niño no tendrá razón alguna para molestarse o frustrarse con sus padres. De esta manera, el niño tiene que estar a la altura del hecho de que "éste es mi trato, y es mi responsabilidad y lo acepto por completo, así que no me puedo quejar después".

Sin acuerdos escritos, las discusiones a menudo se olvidan, en especial cuando es en beneficio de alguien que esto suceda. Otros beneficios de dichos acuerdos son:

- Darle al niño un sentido de justicia y control, haciéndolo acceder más al acuerdo; y darle al padre un entendimiento claro del plan.

- Los componentes esenciales de un contrato de contingencia son oraciones claras y no ambiguas del (1) objetivo de comportamiento o el comportamiento problema, (2) las consecuencias y premios por el desempeño (o la falla en el desempeño), (3) la contingencia entre el comportamiento y las consecuencias y (4) el marco de tiempo en el que el contrato será impuesto.

- Al escribir los acuerdos con premios y comportamientos específicos, el contrato puede ser la autoridad final que subraya la importancia de establecer los términos del plan, para que no haya confusión o pasen inadvertidos. Firmar el contrato aumenta el compromiso del padre y el hijo de satisfacer los papeles como fueron establecidos.

En algunas formas, la administración del comportamiento es un término científico para el buen sentido común de la paternidad, pero tiene la ciencia que respalda su efectividad. Le recomiendo que le dé una oportunidad, una vez que haya estudiado cuidadosamente mis guías. Debe hacerlo bien para obtener los resultados que quiere para su hijo. Creo que le alegrará hacerlo, y apuesto que su hijo se lo agradecerá también; si no de inmediato, a lo largo del camino, cuando sea un adulto bien ajustado y auténtico. Entienda que la mayoría de los comportamientos indeseables responden al mismo principio de refuerzo, ya sea mentir, pegar, quejarse, ser exageradamente dramático, ser poco independiente, chuparse el dedo, no saber seguir indicaciones, no levantar los juguetes, maldecir, etcétera. La razón por la que puedo generalizar estos comportamientos es porque todo comportamiento tiene un propósito, y cuando cambia este propósito subyacente el comportamiento cambiará. Así que si ninguno de mis ejemplos de trabajo en este capítulo se dirigen al problema que enfrenta, no pierda la esperanza, porque todos siguen la misma ley de comportamiento.

Antes de continuar, quiero hablar sobre el niño que puede ser más terco de lo común y resistente al cambio. Si ha sido un buen alumno y ha seguido de cerca los principios y las guías establecidos de antemano en este capítulo y su hijo o no responde o, a pesar de cambios significativos en el comportamiento, sigue pareciendo infeliz, angustiado o confundido emocionalmente y sufre, debe ser sensible a estas circunstancias y ver más allá. Usted conoce a su hijo y sus historias médicas, mentales y emocionales mejor que nadie. Si su hijo ha experimentado eventos en la vida que puedan haber creado un dolor debilitante, miedo o soledad, puede ser que su comportamiento mal adaptado se haya convertido en un mecanismo de defensa que sirve a un propósito significativo y necesario en su vida. Si, por ejemplo, su hijo ha experimentado la muerte de un miembro de la familia, un divorcio doloroso o una enfermedad seria o prolongada (suya o de un miembro), los mismos comportamientos que son su objetivo pueden generar un pago protector que va más allá de lo aparente.

Si ése es el caso, darles nuevos comportamientos para enfrentar ese dolor interno será esencial en su disposición para dejar los comportamientos mal adaptados. Debe ser paciente y tal vez necesite buscar ayuda profesional de manera simultánea para resolver el dolor y los conflictos. Con suerte, implementar los cinco factores para una familia fenomenal, superar el legado paternal negativo y ser más sensible en su estilo de paternidad será curativo y sanador, y propiciará un mayor sentido de seguridad para, adicionalmente, ayudar a su hijo a superar sus problemas internos.

Tenga cuidado de no esconderse detrás de algún trauma exagerado o imaginario para disculpar la responsabilidad de su hijo o la suya. En la mayoría de los casos, los hijos responderán a estas técnicas de cambio de comportamiento y se sentirán mucho mejor al respecto.

11

HERRAMIENTA 5. PATERNIDAD POR MEDIO DEL CAMBIO

SACÚDALO PARA ROMPERLO

Cuando mis hijos se vuelven salvajes e indisciplinados, uso un lindo y seguro corral. Cuando ya terminaron, me salgo.

ERMA BOMBECK

Tiene que sacudirlo para romperlo. Sé que puede sonar extraño hablar de *crear desequilibrio* en su familia como herramienta para crear cambios positivos, pero eso es exactamente lo que quiero decir. Sacudir patrones de conducta disfuncional y relaciones familiares puede ser una gran herramienta. De hecho, es una herramienta de poder. Crear desequilibrio en una estructura familiar enferma puede ser extremadamente útil y apropiado si los patrones y las alianzas que la definen están causando problemas y se ven profundamente afianzados. Eso es lo que quiero decir cuando afirmo: Tiene que *sacudirlo para romperlo*. Al crear un cambio importante en la manera en que funcionan las cosas en su casa puede despejar el camino para poner a su familia en marcha otra vez. Cuando los viejos hábitos y patrones de repente ya no funcionen, su hijo será vulnerable a sus esfuerzos por redefinir las cosas.

Esta herramienta está libremente basada en el concepto de desequilibrio, usado por terapeutas familiares que practican la terapia familiar estructural. Usted no es terapeuta pero está arraigado a su sistema familiar y puede usar lo que estoy a punto de mostrarle cuando se sienta realmente abrumado pero quiera crear un cambio positivo de adentro hacia afuera. Por ejemplo, crear un desequilibrio puede ser de gran ayuda si está en una familia en la que parece que la cola agita al perro. Eso es, parece que los hijos han ganado el poder o que la situación se ha convertido en las niñas contra los niños o los niños contra las niñas. Tal vez tiene un hijo que constantemente se queja y se hace la víctima, ¡y funciona! Un desequilibrio de poder y el sectarismo enfermo pueden alimentar el ego y la tiranía de un niño o de un padre inseguro. Y destruir a una familia rápidamente.

Por más de un año, Jasmine, de 16 años, había llegado a casa después de la escuela todos los días enojada y rebelde. Entraba por la puerta como una tormenta, exigía que se le diera de comer y convertía la casa en un torbellino. Se sentaba frente a la televisión a todo volumen y gritaba órdenes a su madre: "Mamá, te dije que tengo hambre. Si no me puedes dar algo, me voy a McDonald's. Me muero de hambre. Dame dinero y las llaves del coche."

La madre de Jasmine la dejó ser desconsiderada, cumpliendo todas sus órdenes, lo que sólo ocasionaba que la adolescente fuera más despreciativa y demandante.

Cada día, este escenario de desprecio se interpretaba con Jasmine furiosa y la madre tratando de calmarla. Pero no había nada que hiciera que Jasmine fuera feliz y nadie a su alrededor podía estar en paz o sentirse feliz.

Entonces, un día, Jasmine llegó a casa con su enojo habitual para descubrir que la televisión había desaparecido, y su madre también. Una nota en la puerta del refrigerador decía: "Regreso a las seis para cenar. Besos, mamá". Rápidamente marcó el celular de su mamá. Cuando contestó, Jasmine le gritó: "Mamá, ¿por qué no estás en la casa? Tengo hambre. ¿Qué voy a hacer?"

Su madre mantuvo la calma. "Jasmine, decidí ir de compras, y si tienes hambre, hay suficiente para que te prepares algo. Cenaremos a las seis, y tú estarás ahí".

El tono de voz de su madre la descontroló. Sonaba segura y bajo control. "Mamá, ¿dónde está la televisión? ¿Está en reparación?"

"No", contestó la madre, "la guardamos hasta que nuestra vida familiar se calme".

"¿Qué? Nadie me preguntó. Después de todo, yo también soy parte de esta familia".

"No, querida, no te preguntamos porque no era tu decisión, era nuestra".

La conversación no ayudó a los sentimientos de Jasmine. Sintió que estaba perdiendo el control, y le sorprendía cada vez que su madre usaba el pronombre "nosotros". Después de todo, había sido capaz de conseguir casi cualquier cosa de su padre. Lo llamó para exponerle su caso directamente. "Papá, mamá dice que guardaron la televisión. ¿Por qué dejas que sea tan mala?"

Su padre también sonaba diferente. "Sí, la guardamos. Tu madre y yo tomamos la decisión juntos. Necesitamos rehacer el plan familiar. Así que de ahora en adelante necesitas decidir cómo vamos a trabajar juntos para volvernos más felices en lugar de más miserables".

Las cosas sí cambiaron. La televisión se fue, el uso del auto desapareció y Jasmine llegó a cenar esa noche y todas las siguientes. Al principio estaba aterrada, confundida y enojada. Los cambios que presentaba este nuevo frente unido y el fracaso para responder o incluso interesarse cuando trataba de llorar y quejarse eran perturbadores. Se sentía como una extraña. Pero, gradualmente, empezó a adaptarse y calmarse. La nueva estructura familiar, de hecho, le daba el mayor sentido de seguridad que había tenido en mucho tiempo. Empezó a respetar en lugar de abusar de sus padres y, por primera, vez vio a su familia unida. La fuerza del liderazgo unificado era tranquilizante.

Los problemas drásticos exigen soluciones drásticas. En una familia que se ha vuelto disfuncional o autodestructiva, los patrones necesitan cambiar de manera drástica. Usar la herramienta que estoy a punto de darles de forma comprometida y responsable realmente puede agitar las cosas para reagruparse y reestructurarse de manera sana y balanceada. La llamo crear *desequilibrio* porque resulta ser una redefinición de papeles y un gran cambio de poder que puede ser temporalmente muy perturbador para los que controlaban el espectáculo y se salían con la suya. Los obliga a adoptar un nivel de comportamiento más maduro, para recuperar los privilegios y derechos perdidos en la sacudida.

Desde una perspectiva psicológica, es un método para redefinir su dinámica familiar y concentrarse en las prioridades que sabe en su mente y en su corazón, que se requieren para llegar a sus metas de éxito familiar. Es como cuando mi madre solía limpiar la cocina después de que mi padre y yo habíamos hecho un desastre al freír el bagre. Había grasa por todos lados y sólo pasarle un trapo a la estufa no se acercaba ni siquiera a limpiarla. Primero tenía que quitar todas las partes para limpiar y luego volver a ponerlas rechinando de limpias, en su lugar. (Sé que debió hacer que *nosotros* la limpiáramos, pero no sabía cómo... ¡sólo tenía 28 años!) No había forma fácil de hacerlo bien. Lo mismo pasa con una familia que está fuera de balance y control. Se necesitan agallas y compromiso para lograrlo y, con suerte, tendrá el apoyo de todos los adultos en la familia cercana y en la familia extendida. Las recompensas de una familia bien dirigida, feliz y en paz son simplemente las más dulces que la vida puede ofrecer. ¡Así que sí vale la pena!

Problemas en casa

Los terapeutas familiares le dirán que a menudo, cuando una familia disfuncional sufre una gran crisis —tal vez se corre a alguien de la casa, o una adolescente queda embarazada o se escapa, o incluso es llevada bajo custodia— el problema principal es que el adolescente o los adolescentes de la casa han llegado a dominar la mentalidad y las dinámicas de poder de la familia entera. Como ya dije, la cola mueve al perro. Lo he visto suceder muchas veces y no es bonito. Puede llevar a una familia a la ruina emocional o a la bancarrota.

Otra vez, ese niño puede ser miembro de la familia que se presenta como paciente al terapeuta familiar, pero para que esta situación se desarrolle, otros miembros debieron contaminar la situación en algún punto. Ya sea que se trate del adolescente más joven o de algún otro miembro de la familia que ejerza un poder exorbitante, de alguna manera la base de poder de la familia ha sido sacada de balance. Crear desequilibrio puede revolver esa base de poder. Sacuda las cosas para que los viejos trucos ya no funcionen. La inducción de culpa, los berrinches, hacerse la víctima y otras manipulaciones deben inhabilitarse para crear una oportunidad de cambio saludable.

Todas las familias tienen una estructura, y si la suya es contraproducente, entonces es tiempo de hacer un plan para volver a empezar. No puede seguir cometiendo lo anterior y esperar conseguir resultados diferentes. Las cosas deben cambiar. Ese cambio puede conseguirse de manera eficaz y drástica cuando los adultos de la casa —estoy hablando de usted y de mí— dejan de jugar a ser la presa y empiezan a ser padres. La idea es que ustedes, los padres, se levanten, empiecen a dirigir las cosas otra vez y establezcan objetivos claros implementados como un frente unificado fuerte, hombro con hombro, y un nuevo compromiso de consistencia en lugar de palabrerías constantes. Los patrones autodestructivos se deben poner en una lista de objetivos para ser eliminados, y nuevos patrones deben ser adoptados. El niño tirano es derrocado. Es un nuevo día en el reino con nuevas reglas y distribución de poder. La paz y la serenidad serán reestablecidas. ¡Camelot vive!

El hijo dominante, naturalmente, se sentirá enojado y confundido por haber sido quitado de la posición de poder. Bien. Eso puede trabajar en su favor como padres. Otra vez, en esta situación, la confusión puede ser constructiva. Los hijos en estas circunstancias, sin importar su edad, primero mostrarán la frustración marcada por quejas excesivas, ataques de furia y otras cosas, pero buscarán seguridad, previsión y uniformidad ultimadamente. Y usted, el adulto, puede darle eso exactamente si se da permiso de educar con propósito y sin culpa.

No sé a ciencia cierta cómo sucedió, pero muchos padres hoy en día participan del sentido de derecho de sus hijos. Algunos operan bajo la teoría de que son mejores si le evitan a sus hijos *cualquier* momento difícil o reto. En la actualidad, muchos padres se sienten culpables cuando no le pueden comprar a sus hijos ropa de diseñador, autos nuevos y los juguetes con la tecnología más avanzada que los jóvenes exigen. Los niños no conocen más que eso. Pero nosotros deberíamos.

Los jóvenes son inundados ola tras ola por la máquina de mercadeo norteamericana. Después de ver horas y horas la televisión, no puede culparlos realmente por pensar que "necesitan" todos los juguetes, toda la ropa y todos los aparatitos electrónicos que existen. Y los niños son buenos interpretando a la víctima. "Si me quisieras me comprarías esas cosas". (¡La cola moviendo al perro!) Muy a menudo, los padres caen en eso. A veces es culpa, inseguridad o simple y sencilla flojera paternal. Es más fácil rendirse que tomar una postura. Así que la delgada colita mueve al gran perro, una y otra vez.

MÁS AMOR, MENOS DINERO

Voy a darle un consejo: De a sus hijos demasiado amor y poco dinero. Pueden soportarlo. Se pueden adaptar. Recuerde: usted le enseña a la gente cómo tratarlo. Si consiente a sus hijos, entonces tendrá que ser el que los desconsienta.

Es esencial recordar que las cosas más importantes que debe sentirse obligado a dar a sus hijos son protección, preparación para enfrentar el mundo y amor. Todo lo demás es un lujo. Pero no puede esperar que sus hijos lo sepan. No tienen contexto para evaluar su estatus, igual que un pez no tiene idea de cómo es la vida fuera del agua. Para la gente joven en sus circunstancias, la televisión provee con frecuencia el único marco de referencia para ellos. Y ésa es una de las causas principales de muchos problemas en las familias de hoy.

Crear desequilibrio, reestablecer el contexto para un niño descontento, quejumbroso y amargado, puede significar quitarle todo lo que no sea esencial para su bienestar. No estoy hablando de privación. Su hijo debe tener casa, comida y sustento, pero siéntase libre de quitarle lo demás para sacudirlo y llamar su atención. Incluso las cosas que ellos consideran tan esenciales como el aire que respiran, como MTV, internet o el Nintendo. Estoy hablando de despojar sus cuartos de cualquier cosa que no sean sábanas, una cobija y una almohada, si los obligan a enfrentarse para ver quién dirige las cosas. Y no estoy hablando de las sábanas de Snoopy o la cobija de Winnie the Pooh; estoy hablando de las cosas esenciales más simples. Sus hijos no necesitan tener carteles, juguetes u otros lujos o formas de distracción. Dan estas cosas por sentadas y las apreciarán sólo si usted crea el desequilibrio de un día quitárselas todas. Los niños mal portados y sin modales no deberían disfrutar de un estilo de vida rico y lujoso. Si permite ese desequilibrio, si continúa recompensando el mal comportamiento, debería enseñarles a manejar con el alto y a detenerse con el siga y luego darles las llaves del auto.

> Resultado de encuesta: El problema número uno de los padres de adolescentes es la presión externa, lo que hacen los adolescentes cuando no son supervisados.

Así no funciona el mundo y usted debe recordar que su trabajo es socializarlos y prepararlos para el mundo. Las investigaciones son claras: Los hijos que son demasiado blandos son típicamente infelices. Son infelices porque no aprecian nada. Deben tener tiempos malos, tiempos de inactividad y tiempos de escasez para apreciar los buenos tiempos. Si le quita a sus hijos la experiencia del contraste, no les está haciendo un favor. Sus gritos se oirán por todos lados cuando les quite los tapones. Pero he guiado a algunas familias mediante este proceso de desequilibrio, y ha funcionado de maravilla.

Falla de poder paternal

Joan y Jerry parecían la imagen de la pareja perfecta cuando se casaron. Él era un abogado en ascenso, contratado por su suegro como posible heredero de un gran despacho de abogados. Joan estaba dedicada a ser la típica esposa y madre norteamericana. Quería educar a dos hijos tal como lo habían hecho sus padres. Esta pareja tenía buenas intenciones, pero estaban cortos de herramientas en el departamento de paternidad.

Doce años después de haberse casado, su familia ideal tenía una gran necesidad de una sacudida. Su hija de once años, Sara, orquestaba un reinado de terror. La familia era esclava de sus peticiones diarias y un horario que incluía ballet, porras, práctica de softbol, lecciones de canto y dos clubes de niñas. Pero no era sólo una escaladora social; estaba en la orilla del precipicio. En dos ocasiones, Joan encontró marihuana en el cajón de ropa interior de Sara mientras guardaba la ropa limpia. Cuando se le preguntó acerca de estos descubrimientos preocupantes, Sara desechó los porros y aseguró que no tenía idea de dónde venían. Joan aceptó la posibilidad de que probablemente sólo era una broma de sus amigas.

También tenemos a Gerard III, hijo de Joan y Jerry. Su ocupación principal era destruir cualquier cosa que cayera en sus manos. Cuando no estaba tratando de prenderle fuego al gato del vecino, estaba en la calle molestando a los otros niños. Tenía sobrepeso por los montones de dulces que comía frente a la televisión en su cuarto. Su respuesta a las órdenes paternas era hacer un berrinche. Joan dejó de intentarlo.

Había dedicado su vida a sus hijos pero no tenía un plan ni el poder para implementarlo. Jerry vivía el sueño de su vida como socio en el despacho de abogados, pero trabajaba doce horas al día en la oficina. Joan tenía el título de madre y toda la responsabilidad, pero no la influencia ni el control real sobre sus hijos. En Texas, esta situación se conoce de manera despreciativa como "mucho sombrero, pero nada de ganado". Sus herramientas de paternidad se limitaban a gritos de enojo y frustración.

Esta familia educada de clase alta se deslizaba rápidamente hacia el abismo. Sara estaba destinada a un centro de rehabilitación de drogadictos; Gerard, a una correccional para menores. Joan iba en camino a una calamidad de salud a causa del estrés y su matrimonio estaba destinado al divorcio. No era una imagen bonita, y era demasiado típica. Cuando los padres renuncian a su poder y a sus responsabilidades, los hijos toman el control sin excepción. Joan y Jerry son sólo un ejemplo de padres que han dejado que eso pase. Mi investigación reveló padres cuyos cuestionarios indicaban que tenían problemas de un tipo o de otro.

AGENTES DE CAMBIO

El cambio puede ser doloroso, pero vale la pena. Aunque los hijos pueden resistirse, a largo plazo, la sacudida es por su bien. La clave es poner estas técnicas en juego de manera consistente. Otra técnica para crear desequilibrio es formar nuevas alianzas dentro de la familia. Por ejemplo, si uno de los hijos está desamparado entre los hermanos, o si los hijos perciben que uno de ellos es el consentido, puede lograrse un desequilibrio haciendo un esfuerzo consciente para enfocarse en el hijo desamparado. Aumentar la conciencia de cómo cada uno de los miembros de la familia es visto por los otros, también es una poderosa técnica de desequilibrio. Interpretar papeles con frecuencia y retroalimenta de manera honesta a varios miembros de la familia sin el drama de gritar y llorar puede ser extremadamente poderoso.

A menudo hago que los padres interpreten diferentes papeles y observen cómo los hijos reaccionan a ellos. Puede que los niños entiendan por completo que el padre sólo está interpretando un papel, pero los hijos reaccionarán a los papeles como si fueran reales. En otros casos, hago que los hijos actúen ante lo que ellos perciben que debería ser el papel del padre. A veces los padres se sorprenden de los resultados: "¿Así actúo?" El padre actúa la parte del hijo obteniendo los mismos resultados asombrosos: "Te ves tonto actuando como yo".

Cuando usted y otro miembro de la familia intercambian papeles, esto se conoce como inversión de papeles. Puede ser instructivo para todos ver cómo son percibidos por los demás. Los hijos pueden ser muy hábiles al interpretar a sus padres y viceversa. Intente intercambiar papeles y actuar un escenario familiar típico, como un adolescente pidiendo usar el auto familiar o un niño que quiere quedarse a dormir con un amigo. Pero haga que el padre haga la petición como el hijo, y que el hijo interprete el papel del padre que niega el permiso. Interpretar papeles demostrará no sólo como cada lado percibe al otro, sino también creará nuevos acercamientos y compromisos más obvios. Puede ser divertido, y siempre será de gran ayuda.

Recuerde, si tiene una familia disfuncional lo más probable es que se enfrente a estructuras negativas muy fuertes, con cimientos profundos, que deben ser arrancados y reagrupados de una manera más sana. De eso se trata el crear desequilibrio. Sé que se logró cuando escucho a un niño decir: "¿Qué está pasando aquí? ¿Por qué no me dejas hacer lo que hago siempre?" Una vez que eso sucede, puede empezar a reconstruir porque ya abrió el diálogo con su hijo. Ahora puede hablar y ser escuchado. Ahora el niño se involucrará porque existe la posibilidad de tener un perro en la discusión: quieren algo. Ha sacudido las cosas y creado un desequilibrio para superar el sistema disfuncional que define a su familia.

¿DE QUÉ SIRVE?

Para crear desequilibrio en una familia disfuncional en la que los hijos han tomado el control, o se comportan de formas inmaduras e improductivas, hay técnicas que pueden ser efectivas. Primero, los padres deben declarar la casa como una zona libre de culpas para los adultos, con el título de madre o padre. Debe liberarse para establecer límites, redefinir reglas, renovar alianzas de madre y padre y, en general, estremecer la casa. Concédase permiso, porque es su trabajo educar a sus hijos de manera responsable. No es su trabajo ganar un concurso de popularidad con sus hijos. Puede que les agrade por eso y puede que no; de cualquier manera, es su trabajo. Ellos no le dieron esa responsabilidad y no lo pueden disculpar de ella. Puede haber caos por un tiempo y rechinidos de dientes por la frustración, pero al salir del caos, sus hijos comenzarán a comunicarse con usted otra vez para conseguir lo que quieren. Recuerde, los hijos pueden ser egoístas cuando no están socializados apropiadamente, porque trabajan con el instinto de supervivencia básico.

Tratan de conseguir lo que piensan que necesitan, pero ya se les pasará. No será un diálogo cálido y amoroso al principio, pero les prometo: las cosas mejorarán. Y una vez más, recuerde, su trabajo no es agradarle a sus hijos, su trabajo es hacerlos respetarlo y dejarse guiar por usted.

Si tiene un hijo manipulador que ha tenido éxito en dividir y conquistar a mamá y papá, un frente paternal unido necesitará un cambio en el acercamiento con el niño. Los hijos son listos; puede que sean los más listos de la familia. Saben cómo dividir y conquistar y cómo llevar su juego al siguiente nivel si es necesario, pero si es necesario. Es esta realidad de obtener de su hijo únicamente lo necesario que causa que yo sea tan crítico con los padres que hablan como bebés con sus hijos. Sé que es tierno cuando un hijo dice "aba" en vez de "agua", pero cuando esa mala pronunciación se convierte en modelo para el niño, esto retrasa el desarrollo de un vocabulario apropiado para su edad. Cuando se le pide al niño que empiece a decir la palabra correctamente, tomará el reto por sed. Mismo trato: Cuando se hace al hijo consciente de que tiene que ganarse ciertos derechos y privilegios, en lugar de arreglárselas para conseguirlos con comportamientos insidiosos y solapados, mejorará su comportamiento. Lo que quiero que los hijos vean es que de repente mamá y papá, que solían discutir, pelear, oponerse y culparse, extrañamente ahora están aliados. Quiero que se rasquen la cabeza y digan: "¿Qué pasó? Antes podía ponerlos uno en contra del otro. Antes podía convencerlos de que me dijeran lo que quería oír, para que tuvieran ventaja sobre el otro. Ahora de repente están hombro con hombro, incluso comparando notas, y parecen estar de acuerdo en los estándares y reglas. Creo que tengo un problema. ¡Un gran problema!" Éste es un niño que se ha acostumbrado a llevar la batuta y que no dejará el trono fácilmente, así que prepárese para una gran cantidad de manipulación creativa. Va a ser tormentoso. ¿Está preparado y comprometido para lidiar con eso? Antes de que responda, esté consciente de que he escuchado las excusas de los padres que no tienen la fuerza para hacer su trabajo. Algunas son persuasivas, pero ninguna es convincente.

Lea estas excusas cuidadosamente, porque necesita ser honesto sobre si se esconde o no detrás de ellas. Quiero que deje todas estos pretextos. Sus hijos necesitan saber que está completamente comprometido a ganar esta batalla por el futuro de su familia, y que no podrán cansarlo en esta batalla de voluntades porque ha trabajado demasiado o, simplemente, está emocionalmente cansado. Si se dice a sí mismo alguna de estas cosas por lo menos una vez a la semana, es posible que se haya rendido ante los niños de la casa:

· Las diez excusas más comunes para no sacudir las cosas.

· No puedo hacerlo solo y mi pareja o no ayuda o me hace menos.

· No tiene caso, mi hijo simplemente no responde a la paternidad como otros niños.

· Sólo es una fase; los niños siempre serán niños y no quiero que me odien.

· Simplemente no puedo lidiar con esto ahora; tengo demasiadas cosas en mi vida en este momento.

· Estoy tan cansado de oír quejas; sólo quiero un poco de paz.

· Me han dejado fuera y no podría importarles menos lo que tengo que decir.

· No me quieren o no me respetan, así que a mí ya no me importa.

- Tengo mis propios problemas y tengo que arreglarme primero a mí.

- Traté y fallé. Ahora es demasiado tarde.

- Me conozco y simplemente no soy lo suficientemente fuerte para lograrlo.

Si una o todas estas excusas han sido repetidas incluso sólo en su cabeza, es tiempo de declarar que un nuevo día ha llegado. Debe tomar un segundo aire y defender la salud de su familia a largo plazo. Pagará un precio por sacudir las cosas, pero continuar por este camino simplemente no es una opción. Seamos realistas acerca de sus hijos y sobre qué los hace comportarse así.

La verdadera naturaleza del niño

Nos gusta pensar en nuestro hijos cómo ángeles llenos de amor y buenas intenciones. En muchos aspectos, creo que puede explicar la naturaleza no socializada del niño de manera sucinta: Los hijos pueden ser egoístas y buscar el poder. Como muchos adultos, buscan el placer y evitan el dolor. Esto puede sonar pesimista, pero no lo es. Sus hijos no son malditos o malos si se comportan de esta manera, sólo están esperando que usted haga su trabajo y los socialice apropiadamente. Si no lo hace, se convertirán en tiranos y exigentes porque no son lo suficientemente maduros para manejar el poder que se les entregó dentro de una familia compleja. También necesita ver que su hijo es capaz de mentir, hacer trampa, molestar y robar. Eso no quiere decir que hace o haría esas cosas, pero sí que es capaz de hacerlas. Si no establece una conexión clara entre su comportamiento y las consecuencias que se generan de él, estará paralizado en un mundo que, a diferencia de un padre indulgente, no lo recompensará por mal comportamiento.

Padres, deben enseñar y ser ejemplos de amor, empatía, desinterés, justicia y muchas otras cualidades positivas para que sus hijos aprendan esos rasgos. Sus comportamientos dicen mucho más que sus palabras. Y créame, sus hijos lo están observando como un halcón. El viejo dicho: "Haz lo que digo, no lo que hago" es un perro que no caza en este día y a esta hora. Si no ha estado haciendo a sus hijos responsables de sus comportamientos y ejemplificando lo que quiere que hagan, ha contribuido en gran medida a la formación de los pequeños monstruos que ahora dirigen la casa de la risa de la familia.

La forma más rápida para que un niño aprenda habilidades de socialización es por medio de la experiencia, las consecuencias, la formación, y que usted se tome el tiempo para explicarles la lógica detrás de las instrucciones. Pero recuerde que sus hijos lo han estado estudiando toda su vida y no van a dejar sus percepciones de usted de un día para otro. Lo conocen mejor de lo que usted se conoce. Pueden decir en un instante si está cansado, enojado o feliz. Y son expertos en descifrar qué pueden conseguir. Alguien definitivamente va a dirigir el programa. Si usted no toma el control, le garantizo que ellos lo tomarán. Si creen que pueden cansarlo, agotarlo o romperlo, lo harán.

Hacer borrosos los límites

El hecho tan aterrador es que cada vez que sus hijos ganan una batalla contra usted, pierden más de lo que realmente quieren y necesitan: confiar en su guía. No están equipados para ser los líderes de la familia. Cuando les permite dominar, hace borrosos los límites de la autoridad paternal. Eso los confunde. Por mucho que peleen por tener el control, en realidad no lo quieren, porque instintivamente saben que son demasiado jóvenes para estar en esa posición. Estar en control los confunde y les causa conflicto. Cuando los padres abdican el control, su culpa es compartida con los hijos que ganaron. Es un campo minado psicológico.

Los niños tienen habilidad para programar sus asaltos. Piense en el niño que ya no usa pañal y que se moja los pantalones justo cuando sus padres están a punto de dejarlo con la niñera para ir a una cena. El 99 por ciento de las veces no se trata de un problema de los riñones. Es una movida de poder. Piense que no puede hacer nada al respecto, porque ya está vestido y listo para irse. Así que tiene que ser fuerte y siempre estar preparado para descubrir su juego.

El equipo de mamá y papá

No puedo subrayar lo suficiente la importancia de que las mamás y los papás trabajen como compañeros y presenten un frente unificado cuando inicien la sacudida de la familia. Esto es importante, ya sea que uno o los dos estén en casa. Es el tiempo para ustedes dos, mosqueteros, de *uno para todos y todos para uno*. No más discusiones, murmuraciones o desacuerdos de equipo. Si es padre soltero y hace uso de cuidados infantiles, niñeras o miembros de familia para supervisar a sus hijos, debe reunirse con esos otros guardianes para asegurar que también sean parte del plan.

Sacudir a una familia requiere de planeación cuidadosa. Siéntese y trabaje en un acercamiento por el que las partes paternales se puedan emocionar y comprometer completamente. Mentalícelo, no es como cualquier otra tarea que esté a punto de aceptar. Es una misión emocionante para finalmente crear la familia con la que siempre soñó. Y sus hijos van a ser más felices, más sanos y más amorosos. Apreciarán por el resto de sus vidas que se haya preocupado lo suficiente por levantarse y tomar el control.

Esto los acercará a usted y a su pareja más, como compañeros, porque requiere de integridad emocional. Cada uno de ustedes debe confiar en el otro. Cada uno de ustedes debe ser *digno* de confianza. Debe saber que su compañero puede llevar y llevará a cabo las órdenes y se adherirá a los valores y a las guías que los dos acordaron. No sucumban. No hagan tratos con los hijos cuando el otro padre no está poniendo atención. No trate de parecer el policía bueno frente a su pareja, el policía malo. Deben comprometerse con esta sacudida y con el otro con todo su tiempo, esfuerzo, energía y recursos.

Una vez comprometido con el equipo paternal, quiero que también se dediquen a la consistencia de la sacudida de la familia. No pueden desvariar. El comportamiento de sus hijos se moldea por las consecuencias que genera. Así que esas consecuencias que expone y les administra deben ser consistentes cada vez. Si es inconsistente al castigar el mal comportamiento de su hijo, invita a la rebelión y a la manipulación del niño. La inconsistencia equivale a un programa de refuerzo intermitente, lo que significa que a veces el comportamiento no deseado es castigado y a veces no. Esta clase de paternidad crea patrones de comportamiento en el niño que son los más resistentes al cambio. Los hijos saben instintivamente si sus padres no están comprometidos. Pueden ser implacables al tratar de agotar a un padre de voluntad débil.

Debe estar ahí para confrontar el comportamiento inaceptable de su hijo y dejarle saber que sí es un nuevo día. Cuando dice: "Estás castigado por una semana", más vale que eso quiera decir seis días, 23 horas, y 59 minutos con 59 segundos de castigo. Más vale que acepte que hará todo lo posible para imponer ese castigo, aunque signifique no ir a trabajar, seguir al niño a la escuela, cancelar las vacaciones y faltar a una cena en casa del jefe.

Si su hijo está acostumbrado a que no imponga los castigos de manera consistente, una vez que se convierta en un padre con determinación, hará lo posible para pelear el cambio. Si se mantiene en su lugar causará la tremenda cantidad de desequilibrio que necesita para rediseñar su sistema familiar. Se va a poner feo, pero no confunda eso con algo que no es sano. Siempre y cuando, usted y su pareja, presenten un frente unificado y no se echen a correr, cosas buenas comenzarán a suceder.

Compromiso de comandos

Debe estar dispuesto a adoptar lo que llamo paternidad de comandos. Si no se compromete a sumergirse totalmente en el plan, va a sabotear la oportunidad de su hijo por cambiarle que, en su momento, puede sabotear el futuro de su familia. Esto no es algo con lo que se puede jugar. Si dos de ustedes están involucrados a diario, los dos deben tener la mentalidad de que no importa qué se necesite. Esto se relaciona con una intervención, así que papá tendrá que tomar dos semanas de sus vacaciones para quedarse en casa con los niños las 24 horas del día, los siete días de la semana, para crear un frente unificado con mamá. Incluso podría significar que uno de los dos renuncie a su trabajo o lo reduzca a medio tiempo para pasar más tiempo en casa. Tal vez deba conducir un auto más pequeño, vivir en una casa más chica, reducir las salidas a comer o ir de vacaciones a un lugar más cercano, pero sacudir a esta familia es más importante que todas esas cosas superfluas combinadas. Su futuro y el de sus hijos están en juego.

Ésta bien podría ser la misión más importante de su vida. Debe mostrarle a su hijo con seguridad al cien por ciento que los comportamientos prohibidos generarán las consecuencias que ya había expuesto. Si no impone esas derivaciones, puedo asegurarle que va a sabotear el desarrollo de su hijo: va a confundirle. Va a crearle ansiedad y a animar comportamientos mal adaptados. Va a cavar su propia tumba y a enterrar sus sueños de una familia futura sana y feliz. Considere este panorama: Jerry llega a casa de la oficina. Se quita la corbata del cuello, la voltea y se la pone en la cabeza, ¡porque es tiempo de paternidad de comandos!

Jerry y Joan mostraron un alto nivel de compromiso con la sacudida de su familia que les ayudé a planear y llevar a cabo. Los preparé para meterse en las trincheras con sus hijos, especialmente con su hija Sara, que estaba profundamente comprometida a mantener el poder sobre su familia. Se resistió a todo lo que sus padres trataron. Aventó muñecos de peluche. Anunció que odiaba a sus padres y a todos sus ancestros. Proclamó que la odiaban desde el minuto en que había nacido. Amenazó con dejar la escuela, escapar y unirse la Legión Extranjera de Francia, si es que todavía estaban aceptando mujeres voluntarias.

Era una guerra total y se prolongó intensamente por un largo periodo. Pero Joan y Jerry se mantuvieron firmes y los benefició. Se salieron de su círculo social y en su lugar hicieron círculos alrededor de sus hijos. Les ayudé a dar a sus hijos la estructura que tanto necesitaban. No fue nada fácil. Fue doloroso. Pero por sacrificar la paz temporalmente, pudimos construir un futuro para esta familia. Recuerde, la paz a como dé lugar no es paz. Me da orgullo reportar que Sara ahora es más feliz porque la presión de dirigir a esta familia ya no cae en ella. No tiene que ser la mamá de su hermano o de sus padres. Gerard III se ha convertido en uno de los mejores alumnos de su escuela, porque ahora se puede concentrar en sus estudios. Ha aprendido a confiar en que sus padres cargarán con sus responsabilidades y serán sus guardianes y guías.

Pasos de acción

Antes de empezar con los pasos de acción, entienda que la regla básica es que debe ser responsable. Inventé este pequeño cuestionario para evaluar su estado actual de control. En los siguientes panoramas, marque la respuesta que probablemente tendría. ¡Sea honesto!

1. Ha planeado una semana de vacaciones y su hijo adolescente no respeta la hora de llegada, lo que tiene como consecuencia una semana de castigo.

A. Suspende el castigo hasta regresar de vacaciones.

B. Trata de mostrarle lo enojado que estaba y hace que el adolescente vea los problemas causados por su comportamiento. Una vez que vio que él se sintió culpable, lo perdonó y se fue de vacaciones.

C. Cancela las vacaciones y monitorea al niño hasta que el resultado consecuente es completado.

2. Contrató a una niñera que cuidará a sus dos hijos para poder ir a cenar con amigos. Sin embargo, justo cuando está a punto de salir, uno de sus hijos empieza a hacer un berrinche por una galleta.

A. Le da la galleta y se va.

B. Le ofrece un abrazo y le explica que no puede lidiar con esto ahora, pero que lo hará cuando regrese.

C. Lidiaría con la situación en el momento, aunque significara cancelar la cena.

3. Está en una tienda departamental comprando cosas cuando su hijo empieza a hacer un berrinche porque quiere un helado.

A. Le consigue un helado.

B. Está demasiado avergonzado de ser un mal padre, así que la toma en sus brazos y sigue comprando.

C. Inmediatamente deja de comprar e impone una consecuencia de tiempo fuera.

4. Está con sus suegros y su hijo rompe una regla deliberadamente porque sabe que su abuela lo dejará salirse con la suya.

A. Lo deja pasar porque la situación con la abuela es diferente, se ha convertido en algo típico, especialmente, porque le parece tierno a la abuela.

B. Amenaza a su hijo con las consecuencias cuando no está cerca de la abuela.

C. Inmediatamente maneja la situación como lo haría si estuviera la abuela o no.

5. Está muy cansado después de un día agotador y su hijo rompe una regla que tiene consecuencias conocidas.

A. Tomará un gran esfuerzo reforzar las consecuencias, así que lo deja pasar porque el niño sabe que la próxima vez habrá consecuencias.

B. Le grita a su hijo y lo amenaza con las consecuencias. Como parece que el niño entiende la infracción, olvida el problema.

C. Aunque requiere de toda su fuerza, impone la consecuencia y el nivel de disciplina.

Puntuación: si marcó respuestas que no fueran la letra C, usted es culpable de perder el control de su familia y de fallar en cumplir sus responsabilidades como padre. ¡Es tiempo de herramientas para usted!

FORMAS PARA CREAR DESEQUILIBRIO CONSTRUCTIVO

Simplemente, decidir cambiar el comportamiento destructivo no hará el trabajo. Debe tener un plan de batalla. A continuación, presento unas sugerencias básicas para hacerlo exitosamente:

1. Reúnan a su ejército. Su ejército es el equipo paternal. Su misión es reconocer que han perdido el control de sus hijos y tomar las medidas para recuperarlo. Hagan un compromiso el uno con el otro de que se apoyarán mutuamente a lo largo de esta campaña y después de ella. Tal vez no estén de acuerdo en algunas de las tácticas u objetivos de comportamiento específicos, pero deben estar de acuerdo que su primera obligación es presentar un frente unificado. Si están divididos, los dos estarán condenados.

- Fijen un horario para implementar los pasos.
- Se requiere de algo de planeación. Ensayen sus acercamientos para que los dos tengan en claro el plan. Creen un plan de juego con un plan B. Por ejemplo, podrían usar las siguientes tácticas:
- Tengan una reunión familiar.
- Expliquen algunas de las preocupaciones y posibles consecuencias futuras si se continúa como antes. Podrían mencionar un artículo reciente en el periódico, o una reunión con alguien que respetan.
- Explique que muchos de los planes crearán un cambio en la rutina normal y que no todos van a estar contentos, pero que la posición que toma es en beneficio de todos los involucrados.
- Presenten los cambios en un pizarrón para que todos puedan seguir el plan. Discutan las consecuencias de forma presente.
- Consideren las preguntas y respuestas.
- Pongan la fecha de implementación, como de inmediato o mañana.
- Para comenzar con su plan, en el primer día, guarden las televisiones; quiten las líneas telefónicas excepto una. En el segundo día, guarden el estéreo y jueguen su primer juego en familia. En el tercer día, comiencen el programa de cambio de comportamiento hacia las metas.
- Escriban una expresión de compromiso.
- Muy parecida a la Declaración de Independencia, sólo que en este caso puede escribirse una carta de declara-

ción para que puedan remitirse a las grandes ideas con las que empezaron. Muy a menudo, los hijos rompen nuestra resolución creando distracciones. Hay buenas razones por las que todas las religiones tienen un libro sagrado de principios para que todos puedan entender los valores primordiales y sus implicaciones. Esto podría parecer desalentador en un principio, pero si trabajan juntos y no tratan de cubrir cada posible incidente, se convertirá en una fuente para más correcciones. Recuerden, no tienen que ser perfectos. Sólo comiencen y siempre podrán cambiar después.

2. Resistencia anticipada animada. Cuando empieza una reestructuración comprometida de comandos, sus hijos a menudo regresarán a comportamientos primitivos como azotar los pies, mojar la cama, llorar, hacer berrinches y otros comportamientos perjudiciales. Piensen con anticipación y hagan una lista de las jugadas de poder más probables de su hijo, y planeen una reacción para cada una. Si su pareja está en casa o si su hijo la puede localizar por teléfono, es de importancia crítica que los dos vayan a la misma velocidad y se apoyen el uno al otro total y absolutamente.

3. Desarrollen un sistema de comunicación. Sería importante desarrollar un sistema de comunicación entre los padres para que los hijos aprendan con rapidez que no pueden dividirlos. Puede haber problemas inesperados que no habían sido previstos en el ensayo y que necesitarán de discusión inmediata. Por ejemplo, supongamos que su hijo llega enojado porque un bravucón lo molestó y se pone a aventar cosas en su cuarto. Tocarse la oreja derecha podría indicar al otro padre que es momento de una acción conjunta. Un guiño podría significar que el padre prefiere estar solo para manejar la situación. Una señal con la mano podría significar que se necesita tener una conferencia inmediata. Usted querrá tener señales discretas para los siguientes mensajes:

"Necesito ayuda"

"Quiero estar a solas con el niño"

"No estoy de acuerdo contigo"

"Quiero decir algo"

"Necesito tu apoyo"

"Tengamos una conferencia rápida antes de que esto se salga de control"

"No nos rindamos"

4. Tenga una sesión de consulta y apoyo. Es altamente recomendable que los padres programen una sesión de consulta cada noche si es posible, al menos durante el primer mes del cambio. Estas sesiones deben tener un plan consistente, como el que se recomienda a continuación:

- Compartan con el otro los sentimientos que tienen acerca de las terribles experiencias del día, sin culpar o insinuar cuáles son las responsabilidades del otro padre. Esto debe limitarse a 10 minutos para no convertirlo en una sesión apasionante.

- Díganse uno al otro qué comportamiento positivo observaron en el otro. Dense retroalimentación positiva y expliquen porqué pensaron que el comportamiento del otro fue tan bueno. Esto debe tomar unos diez minutos.

- Evalúe qué tan efectivo será el cambio de responsabilidad. ¿Se necesita hacer algunos ajustes?

- Discutan nuevos desarrollos y posibles acercamientos que podrían considerarse.

- Pónganse de acuerdo para comprometerse con el cambio y apoyarse el uno al otro, en especial cuando se les pide.

Manténgase positivo y mire adelante

Cuando se compromete a sacudir a su familia disfuncional, puede parecer como una tarea desalentadora y deprimente, así que necesita recordar que está haciendo algo importante, honorable y emocionante. Ésta es una oportunidad para crear el ambiente familiar que siempre ha querido. Es, por mucho, el trabajo más importante que hará. Tendrá recompensas de larga duración en la forma de hijos que crecen para ser mejores padres. Piénselo de esta manera: al sacudir a sus hijos y al crear una familia más fuerte, está contribuyendo a enriquecer las vidas de sus nietos y bisnietos. Está rompiendo un ciclo que de otra forma haría sus vidas muy difíciles. La reacción provocada por su decisión impactará a las generaciones futuras. Siéntase bien por eso. Ponga todo lo que tiene en esto. Y sepa que sus hijos estarán por siempre agradecidos de que se haya preocupado lo suficiente para levantarse y hacer lo que necesitaba hacerse por su bien y el futuro de la familia.

HERRAMIENTA 6
PATERNIDAD EN ARMONÍA
PONGA SU CASA EN ORDEN

La mejor manera de mantener a los hijos en casa es hacer agradable la atmósfera de la casa... y ponchar las llantas.

DOROTHY PARKER

El barrendero: Dos de las herramientas que les di antes eran para establecer metas y cambiar la estructura de poder de su familia. Ésta es para limpiar el ambiente familiar, para que sea más fácil enfocarse en esa reestructuración con el fin de tener un futuro más exitoso juntos. Como psicólogo y padre, conozco los retos de lidiar con asuntos familiares importantes en contra de un telón de fondo de una casa que parece un circo de diez pistas. Sé lo que es tratar de tener una conversación seria con un adolescente, cuyo teléfono celular suena cada dos minutos, cuyo estéreo explota con sonidos estruendosos que registran un diez en la escala de Richter, mientras Britney Spears simula que se desviste en MTV. Muchas casas hoy día son caóticas más allá de lo que se puede creer, no sólo con las distracciones de multimedia, sino con los perros que ladran, los gatos que maúllan, los vendedores que van de puerta en puerta tocando el timbre, el ruido del microondas y el tumulto general que hace de la vida moderna algo tan desesperante.

Padres, su voz se pierde en el ruido del monstruo cacofónico de la multimedia que invade los sentidos de los adolescentes y preadolescentes. Usted no puede culpar a los niños, ya que nosotros pagamos por la mayoría de las distracciones culturales. Nuestros hogares ya no son castillos que proveen refugio. Trágicamente, la mayoría de los padres ni siquiera intentar pelear contra esto. Se rinden. Y este caótico estilo de vida y bombardeo externo ha contribuido en grande con la crisis actual en las familias. Es tiempo de hacer limpieza.

En el ciclo de una generación, los rituales alrededor de la mesa han desaparecido en una tormenta de comida rápida, refrescos extragrandes y despedidas apresuradas. *¡Ya vine, ya me voy!* En lugar de hablar y reforzar los comportamientos que queremos que nuestros hijos desarrollen, buscamos un poco de información compartida mientras cambiamos el canal de la televisión. Somos dueños del control remoto, pero por culpa de internet no tenemos control del material al que nuestros hijos tienen acceso e incluso de la gente con la que hablan. Los celulares son decididamente una bendición a medias. Nos permiten mantenernos en contacto con nuestros hijos como nunca antes, pero también crean interrupciones incesantes, conductos para los traficantes de drogas y planes de fiesta para los adolescentes en continuo movimiento.

También tenemos las marchas forzadas diarias a clases de ballet, lecciones de gimnasia, prácticas de futbol soccer, clases de canto, campamentos de voleibol y entrenamientos de béisbol. Cada actividad puede estar bien intencionada y diseñada para ayudar a nuestros hijos a desarrollar sus talentos, pero me pregunto qué es lo que la instrucción que se les da en la boca a los hijos le está haciendo a sus actitudes frente a la vida y a su capacidad para entretenerse. ¿Qué idea tan radical? Niños y padres yendo y viniendo siete días a la semana a todas horas del día es una forma extrema de locura.

Cualquier persona pragmática debe preguntar si nuestras vidas familiares realmente se ven mejoradas por el desgaste de los torneos, recitales, lecciones y ligas. La evidencia estadística es alarmantemente clara. Estamos fracasando como familias. La depresión en adolescentes está en su punto más alto. Los suicidios de adolescentes han aumentado en todas las categorías, excepto en los intentos con pistolas. El abuso de drogas en las escuelas es incontrolable. Virtualmente cualquier otra estadística demuestra que estamos pagando un precio muy alto por nuestros peripatéticos estilos de vida.

Miles de padres me han escrito acera de sus luchas por mantenerse unidos. Esta mujer, Mary, me contó la típica historia:

Querido Dr. Phil:

Estoy desesperada tratando de educar una familia buena y amorosa, pero fallo cada día. Mis dos hijas, de 13 y 15 años, nunca están en casa, y cuando sí están, con trabajos cruzamos más de dos palabras. Me doy cuenta de que esto es normal en los adolescentes, pero ha sido así desde el principio. Siempre hay algo más importante o más interesante que escucharme. Tratar de disciplinarlas es un chiste porque no hay nada que pueda usar como refuerzo. Las dos están interesadas en ser porristas y en las ligas de softbol. Y muestran sus buenas intenciones yendo a un grupo social con la misión de ayudar a los mayores. En realidad son muy buenas niñas, pero probablemente conozco mejor a mis vecinos que a mis propias hijas. Si alguna vez se meten en problemas, sería la última en saberlo. Me siento culpable porque no soy la madre que debería ser. Ayúdeme a aprender a hablar con mis hijas.

El futuro no pinta nada bien para la siguiente generación si esta locura continúa. Como padres, debemos levantarnos y tomar el control de nuestras familias. ¿Hacia dónde va todo esto? ¿Qué puede seguir? Sea lo que sea, no puede ser bueno si continuamos rindiéndonos antes las influencias no familiares o permitiendo lo que llamo cuidar la red en lugar de supervisión paterna, o incluso tener una niñera. Es cierto que un niño o niña pegado a la pantalla de la computadora es conveniente y no lo molesta con preguntas y comentarios mientras usted está viendo un programa insignificante en la televisión, pero créame, conveniente no es algo bueno en este contexto. Que su hijo esté desconectado y fuera de control tampoco es bueno.

Esta locura no tiene que continuar. Las familias se pueden componer una por una, si los padres establecen metas para el éxito en casa y se comprometen a alcanzarlas sacudiendo las cosas y reestructurándolas en un ambiente más sano. Me emociona el potencial para hacerlo, porque creo que cada vez más padres entienden la urgencia de tomar acción. Veamos tres áreas distintas en las que usted como padre controla el ambiente de la casa:

Asignar tiempo para prioridades

Controlar la estimulación externa

Establecer el horario en casa

ASIGNACIÓN DE TIEMPO

Haga una lista de las distracciones que perturban la comunicación padre-hijo y familiar en su casa. Le doy unos ejemplos, pero siéntase libre de agregar los suyos. Incluya incluso aquéllos que podrían tener un valor de compensación. La intención no es criticar estas distracciones, sino mostrar la magnitud de sus influencias perturbadoras en el desarrollo familiar. Por ejemplo, desde el tercer año de secundaria hasta el último de preparatoria, el niño promedio pasa un total de 3 600 horas dedicadas al trabajo escolar. Durante el mismo periodo, ya vio unas seis mil horas de televisión. ¡seis mil horas! Esto está fuera de control.

Distracciones temporales de las relaciones familiares

Marque las actividades que se han entrometido en el tiempo en familia, incluso si algunas tienen ciertos aspectos positivos.

Ver la televisión

"Chatear" en internet

Navegar en la red

Descargar música

Juegos de video

Mensajes instantáneos

Llamadas por celular

Ver DVD

Lecciones

Giras de equipos

Clubes competitivos

Torneos

Clases particulares

Ir al cine

Ir de compras

Excursiones

Fiestas

Estar en su cuarto con la puerta cerrada

Juntas de la iglesia o espirituales

Ir al centro comercial

Pasear en el auto

Cuando escriba sus propuestas, ponga el número de horas o minutos dedicados a relacionarse con los otros miembros de la familia o a estar juntos, en oposición a ver la televisión o hacer otra cosa. Cuando digo dedicados, quiero decir que, ninguna otra cosa tiene prioridad en ese momento. Se espera que la familia esté ahí con las ganas de conectarse, incluso en un nivel modesto. ¿Cómo se acumula el tiempo?

CONTROL DEL AMBIENTE DE ESTIMULACIÓN. ESTILO DE VIDA

Esta herramienta viene con un mensaje especial: Usted no tiene que competir con estas distracciones. La mejor manera de lograr su misión de control familiar es insistir en una limpieza del ambiente. Es su derecho legal proteger su ambiente en el hogar para que refleje sus valores familiares. Sin importar lo que Madison Avenue le haga creer, hay beneficios de vivir sin televisión todo el tiempo y no conectarse a internet a cada hora del día. Si ustedes los padres van a reclamar los corazones y las mentes de sus hijos, deben limpiar las distracciones externas que dominan sus vidas. Entre más pronto empiece este proceso, y entre más jóvenes sean sus hijos cuando cambie el ritmo de su vida, más fácil y más profundo será el impacto.

Nos hemos vuelto demasiado reaccionarios. Permitimos que nuestros ambientes nos controlen en lugar de que sea al revés. Como resultado, a menudo nuestros hijos están sobreestimulados. Nos hemos rendido ante el mito de que los hijos necesitan ser entretenidos constantemente o deben estar comprometidos en actividades estructuradas. Todas las casas tienen varias televisiones, generalmente prendidas al mismo tiempo, junto con radios, estéreos, computadoras y otros bombardeos. No estoy sugiriendo que sus hijos vivan en privación sensorial o cuartos a prueba de ruido desprovistos de toda distracción. Pero debe haber un equilibrio. Los hijos no necesitan ser bombardeados electrónicamente cada minuto del día y no necesitan estar involucrados en actividades estructuradas a cada minuto del día. No se van a morir, porque no están tomando lecciones, practicando algún deporte o afinando un talento. No se muera de miedo porque su hijo se retrasó un poco más que los otros niños. Deje de tratar de estar al parejo de los Jones haciendo que su hijo participe en cualquier actividad extracurricular o clase particular conocida por el hombre. ¿Qué importa si el niño de la esquina puede hacer un movimiento de baile mejor que su hijo? Tal vez si se quedaran en casa y tuvieran que entretenerse solos, sus hijos se adaptarían mejor para llevarse bien el uno con el otro o estar solos. Necesitamos calmarnos y reunirnos. Necesitamos simplificar nuestras vidas en familia. Los hijos deberían tener momentos de silencio para reflexionar y tener un flujo creativo, y necesitan aprender a entretenerse solos. Los seres humanos están diseñados para seguir ritmos de vida. Nuestras mentes requieren tranquilidad para fomentar la creatividad y enfocarnos a las metas de éxito como las que concibió para el regreso de su familia a la salud. Si nunca hay un momento de silencio en la vida de sus hijos, nunca podrán escucharse a ellos mismos. Eso podría ser un problema, porque tal vez tienen cosas importantes que decirse.

Por eso es tan importante desestresar su ambiente familiar. A partir de los resultados del siguiente paso de acción, determine qué puede hacer para simplificar las cosas en su casa. Después vea qué para quitar la presión de sus hijos para que ya no sientan que tienen muchos horarios y muchas tareas. Si, por ejemplo, sus mañanas son caóticas porque todos se revuelven en todas direcciones con horarios diferentes, resuelva levantar a todos treinta minutos antes y tal vez acostarlos treinta minutos más temprano en la noche. Pida una junta, más cooperación y mayor calma. ¿Se resistirán sus hijos? ¡Por supuesto! ¿Pondrán mala cara y se quejarán? ¡Más vale que lo crea! Los líderes deben dirigir y usted como padre debe levantarse. No siempre es una democracia y no es anarquía. Es su familia. Usted puede decidir cuándo necesita su familia empezar el día y cómo debe empezarlo. En un mundo *quid pro quo* es muy fácil decir: "Si el lunes es caótico, entonces todos nos levantaremos treinta minutos más temprano el martes". Es posible hacer que todos estén de acuerdo en prepararse para el día siguiente antes de irse a dormir. Sí, por sorprendente que parezca, hay casos reales registrados de niños sacando su ropa, poniendo sus mochilas y buscando cosas esenciales como zapatos *antes* de irse a dormir. Como dicen los de Ripley's: *¡Aunque usted no lo crea!*

Explíqueles a todos que la meta es acercar más a la familia, hacerlos más sanos y felices. Los padres pueden y deben controlar el ambiente en el que vive la familia como un paso para tomar la responsabilidad de su bienestar. Si quiere calmar su hogar para que todos los que viven en él estén menos irritables, frustrados, con horarios y estímulos en exceso, usted tiene el poder para hacerlo. También es importante asegurarse de que usted no es una fuente de estrés porque le falta organización o porque está tratando de hacer demasiadas cosas a la vez. Está bien documentado que los hijos reflejarán el estado de ánimo y la personalidad de sus padres. Si su casa es un caos, si sus hijos están estresados, véase en el espejo. Usted puede ser la fuente, o al menos contribuir al caos que interfiere con su eficiencia mental, emocional e intelectual. A un niño que vive en un ambiente caótico en casa, no le irá muy bien afuera en el mundo.

Para detener la disfunción de cualquier tipo, debe detener el comportamiento que la mantiene. Ya sea una familia desunida y estresada, con el problema de tener sobrepeso o una relación destrozada, debe cambiar el estilo de vida para componer los resultados no deseados. En este caso, significa limpiar el ambiente familiar en lugar de limpiar la grasa de la estufa. La tela desgarrada de la familia no se va a coser sola hasta que se deshaga del caos, el estrés y las comunicaciones contraproducentes como la de preocuparse, pelear, culpar y traicionar. Para comenzar el proceso de recuperación, los padres necesitan establecer reglas y límites. El buen comportamiento debe ser recompensado. El mal comportamiento debe ser penalizado. Tómese unos minutos y use el breve cuestionario que aparece más adelante para medir el estilo de vida que ha creado, y determinar qué haría diferente.

Las prioridades de la familia contra los compromisos del tiempo

Las familias que se encuentran luchando por encontrar o recuperar su ritmo nunca planearon permitir que sus relaciones y ambientes se desgastaran y se volvieran disfuncionales. Parece que se nos escapa un poco cada vez. Los padres pueden empezar con la firme convicción de tener una cena familiar diariamente e incluso juntas familiares con regularidad sin darse cuenta de que ellos son los primeros en darse por vencidos ante problemas de horario y otras prioridades. Nunca nadie toma la decisión consciente de detener los rituales, sólo dejan que lentamente se desplacen. Tal vez, decidió inconscientemente eliminar funciones familiares importantes pero, ciertamente, puede decidir conscientemente volverlas a instalar.

Comencemos echando un vistazo a las diez prioridades más importantes de su familia. Siendo completamente sincero y honesto, use el espacio de abajo para listar en orden descendiente de importancia las prioridades familiares o valores más importantes que perseguiría en un mundo perfecto. Por ejemplo, si ser una familia religiosa es su mayor prioridad, póngalo como número uno y, después, su segunda prioridad más importante y continúe así. Por favor, tome en cuenta que no estoy diciendo que necesariamente vive consistentemente con estas prioridades, sólo que —al menos filosóficamente— son importantes para usted. Las primeras serán fáciles, pero tal vez tenga que esforzarse un poquito para pensar en las demás.

Lista de las diez prioridades más importantes

1.
2.
3.
4.
5.
6.
7.
8.
9.
10.

Ahora cambie de velocidad y piense cuidadosamente cómo pasan el tiempo en familia. En el espacio de abajo, anote las diez actividades más importantes, que absorben la mayor cantidad del tiempo de los miembros de la familia. Por ejemplo, si el trabajo o la escuela son el número uno de consumo de tiempo de su familia, póngalo en primer lugar. Si dormir es el número dos, póngalo después y siga así hasta el diez.

Lista de las diez actividades que consumen más tiempo

1.
2.
3.
4.
5.
6.
7.
8.
9.
10.

Ahora debe comparar las dos listas para determinar si la forma en la que vive su familia y cómo invierte el tiempo en el mundo real es congruente o incongruente con lo que anotó en la primera lista y que sabe en su corazón que es importante. Entiendo completamente que en el mundo real no es posible vivir cien por ciento consistentemente con las prioridades ideales. Sin embargo, la vida se trata de buscar la excelencia, si no la perfección. Si encuentra que las prioridades y valores al principio de su lista se encuentran al final de su lista de tiempo, debe comprometerse conscientemente a reordenar sus compromisos de tiempo y energía de manera que pueda poner lo que usted considera importante en el centro de escenario. Cómo hacerlo es de qué se trata este libro en general y este capítulo en particular.

Programar el ambiente

La administración del tiempo es crítica para todas las familias. La mayoría vive en el carril láser, precipitándose por la carretera de la vida a la velocidad de la luz. El 70 por ciento de las familias ahora tiene dos ingresos. Eso puede significar el doble de ganancias, pero también significa el doble de estrés. Por eso, tenemos niños llenos de actividades hasta el cuello. Incluso las familias de un solo ingreso son llevadas a la competencia porque temen que sus hijos no pueden igualar a los hijos excesivamente entrenados de las familias de doble ingreso. Los padres se mueren de miedo al pensar que si su hija no empieza a tomar clases de ballet antes de que deje de gatear, nunca podrá entrar en el Ballet Bolshoi de la comunidad. Para los niños, hay una intensa presión para que se especialicen en un deporte y lo hagan su actividad principal desde que empiezan a caminar hasta que llegan a la adolescencia. La diversión ya no es un factor y el atleta completo está en peligro de extinción.

Un amigo me contó que una vez otro papá lo confrontó después de un juego de basquetbol de la secundaria de su hijo.

"Su hijo es el futuro del equipo", dijo el otro padre, que medía más de dos metros y tenía un cuerpo atlético. "No sé si cuente con los recursos económicos o no, pero su hijo necesita entrenamiento privado, jugar en las ligas de verano e ir a los campamentos. Yo jugué pelota en la universidad (el tipo lo mencionó por lo menos tres veces en nuestra corta conversación) y sé la dedicación que se necesita".

Mi amigo le agradeció su interés, y después ignoró sus consejos. Quería que su hijo jugara basquetbol por amor al juego, y quería que también disfrutara de otros deportes. También había visto jugar al hijo de ese padre. El niño estaba completamente desarrollado a la edad de 13 años, pero sólo medía 1.70 m. Le dijo a sus compañeros de equipo que estaba completamente fastidiado y que odiaba ser presionado para jugar. Por lo menos dos veces, el hijo de ese padre se había desmayado en clase, de cansancio o estrés, o simplemente para dejar la práctica o el juego. El niño estaba destinado a tener serios problemas.

El sentido común ya no es común. Claro que se necesita dedicación para sobresalir en algo, ya sea en los deportes, el arte o un trabajo. Pero nuestras vidas requieren de un equilibrio, y los padres deben entender que los hijos, y los adolescentes en particular, van con el reloj de la naturaleza, no el del gimnasio o el estudio de danza. No puede ignorar los biorritmos que controlan los niveles de energía naturales del hombre. En la mayoría de las personas, excepto en los adolescentes, cuyos cerebros continúan creciendo y que siguen un ciclo tardío que los mantiene despiertos por las noches y durmiendo hasta tarde en el día, las mañanas son las más productivas en el nivel cognitivo. El cuerpo y el cerebro se han recuperado y los niveles tóxicos de las actividades del día anterior han bajado. Las habilidades físicas tienden a aumentar en las tardes, y hay un paso relajante natural al acercarse la noche. Pero los adultos tienden a hacer horarios de acuerdo a sus relojes corporales o sus propias limitaciones de tiempo. Esto obliga a los niños a entrar en ritmos no naturales que los pueden dañar.

> Resultado de encuesta: Los tres grandes temores de los padres al educar una familia son explicar el sexo, inculcar valores y educar en pareja.

Cuando los padres limpian el ambiente familiar, deben ser sensibles a los ritmos naturales de sus hijos. No puede jugar a jalar la cuerda, aventar la pelota, jugar luchitas o hacer relajo y esperar que los hijos se vayan a dormir tranquilos de inmediato. Vaya bajando la intensidad conforme pasa el día para que sus hijos tengan actividades tranquilas que los preparen para ir a dormir. Use el tiempo con calma para reforzar las conexiones familiares leyéndole a sus hijos, contándoles de su día o haciendo planes para las actividades del día siguiente.

Teniendo en mente ese horario natural, haga esta pequeña prueba. En la forma de abajo, escriba las actividades que mejor quedan. Incluya las actividades familiares que construyen el mejor resultado, pero que son consistentes con el flujo de energía. Puse algunas sugerencias entre paréntesis.

Biorritmos diarios y horarios

Mañana (actividades cognitivas, como resolver problemas):

Medio día (actividades cognitivas y físicas, como deberes de trabajo):

Tarde (actividades físicas, como juegos):

Noche (actividades de meditación, como la contemplación y platicar, o contar historias):

Unir los puntos

¿Recuerda la carta de Mary al principio del capítulo, en la que detallaba su preocupación por perder contacto con sus hijas llenas de actividades? Le di la prueba que usted acaba de hacer y respondió después de hacerla. Dijo que ella y su esposo se sentaron un día y planearon su decisión de recuperar el control de su ambiente familiar. Evaluaron lo que habían estado haciendo y los resultados insatisfactorios que habían seguido. Se dieron cuenta de que sólo pasaban cerca de 30 minutos a la semana relacionándose con su familia. Ellos y sus hijas accedieron a programar más tiempo juntos. Establecieron juntas familiares de consejo en las que todos discutían sus planes y frustraciones (no con ellos) una vez a la semana, y al menos cuatro comidas en las que comerían juntos sin llamadas del celular o televisión. También decidieron salir a cenar a un restaurante o invitar amigos —de las hijas o los padres— a comer a la casa por lo menos una vez a la semana para poder conocer a los amigos más cercanos de los demás. Al principio, las hijas expresaron frustración porque casi ninguna de sus actividades favoritas encajaba en la lista de prioridades de la familia. Sintieron que eso era injusto. Pero accedieron a seguir el plan. Padres e hijas se reunían en una sesión semanal para organizar y compartir las actividades programadas de ayuda y reducir conflictos y caos. Todos en la familia estaban felices de aliviar el estrés. Resultó que las niñas encontraron una manera ordenada de conseguir casi todo lo que querían, pero se hacía dentro del contexto familiar. Programar los tiempos se volvió algo natural gracias al nuevo proceso diario.

Se sentirá desestresado una vez que haya limpiado el ambiente familiar. Si algunas de las sugerencias parecen cursis o anticuadas, está bien. Entre más extrañas se sientan, más deben hacerse. Si se siente raro o poco natural al hacer las cosas que sabe son sanas y productivas, debería darle una pista de lo lejos que está de la marca su estilo de vida reaccionario actual. Lo animo, por el bien del futuro de su familia, a superar esos sentimientos y comprometerse a eliminar el ruido, bajar el volumen, alentar el paso y unirse por el beneficio mutuo de su familia. Las recompensas serán sustanciales, se lo prometo.

13

HERRAMIENTA 7
PATERNIDAD CON EJEMPLO
PREDIQUE CON EL EJEMPLO

No se preocupe si sus hijos nunca lo escuchan; preocúpese
porque siempre lo están viendo.

ROBERT FULGHUM

El ejemplo a seguir más poderoso en la vida de cualquier
niño es el padre del mismo sexo. (Si usted es el padre del
sexo contrario, no se desespere; lo más probable es que sea
un segundo lugar muy cercano). Las niñas admiran principalmente a sus madres y los niños a sus padres. Y créanme,
los están observando a cada minuto. Puede correr, pero no
esconderse. Los niños son muy perceptivos. La frase "Haz
lo que digo, no lo que hago", no le da un pase gratis. No se
tragó esa tontería cuando era niño y sus hijos no se la van a
creer ahora. Sus hijos lo miran y aprenden de usted desde
que llegan al mundo. Para bien o para mal, observan, aprenden e imitan su comportamiento, sus acciones, sus valores,
sus creencias e incluso sus expresiones. Es un hecho que los
hijos aprenden indirectamente al observar el comportamiento
de otros y notar las consecuencias de sus acciones. Ven lo

que le pasa a los miembros de la familia cuando tienen éxito o fracasan y esas experiencias se convierten en parte de sus archivos de referencia sobre cómo vivir sus propias vidas.

En psicología, esto se conoce como modelado. Los hijos son producto de sus historias de aprendizaje y esas historias no están conformadas con lo que observan en usted.

La buena noticia es que usted está en una posición de gran poder, en cuanto a su influencia sobre el desarrollo de su hijo. La mala noticia es que está en una posición de gran poder en cuanto a su influencia en el desarrollo de su hijo. Sus hijos le dan tanto poder como su modelo a seguir en la edad adulta porque usted los protege y nutre y pasa la mayor cantidad de tiempo con ellos. La pregunta es: ¿Cómo está aprovechando esta oportunidad? Apuesto que no está consciente ni siquiera de una fracción de ese poder. ¿De cuántas formas su conducta se escribe en el libro en qué se convertirá su hijo? Usted es el primer maestro de su hijo y no se puede salir de esta escuela. Desempeñará ese papel por el resto de sus vidas. En los primeros años, por lo menos, sus hijos lo ven como si midiera tres metros. Siguen su guía para ver quién se supone que deben ser y qué se supone que deben hacer. Esto es bueno, porque necesitan de alguien a quien admirar, que los guíe y los ayude a ver más allá de las esquinas.

Las investigaciones dicen que los niños que no tienen un modelo a seguir tienen mayores problemas de comportamiento que quienes sí lo tienen. Ser un ejemplo para ellos es importante, porque es la manera principal en la que los hijos aprenden los valores que llevarán de por vida. Es cierto que los hechos dicen más que las palabras. Sus acciones les enseñan cómo tomar la responsabilidad personal de su propio comportamiento, sus elecciones, acciones, pensamientos y sentimientos. Observar que usted vive apasionadamente les da pasión por la vida. Ese poder no puede ser ignorado o descuidado, no si sueña con construir una vida extraordinaria para su hijo; no si quiere que su familia prospere a niveles fenomenales.

Educar a hijos perfectos es bastante fácil si usted, como su ejemplo a seguir, resulta ser perfecto. Desafortunadamente, como padres, estamos lejos de ser perfectos, por lo que nos queda hacer nuestro mejor esfuerzo con una gran sensibilidad con la idea de ser observados en todo lo que hacemos. Si quiere que su hijo sea ordenado, con un cuarto perfectamente ordenado todos los días, entonces usted debe ser ordenado. Si quiere que sus hijos lean, entonces tienen que verlo disfrutar de los libros. Si quiere que sus hijos aprendan a expresarse, entonces debe involucrar a su familia en las discusiones. Si quiere que sus hijos estén sanos y en forma, entonces deben verlo comiendo cosas saludables y creando un estilo de vida para usted y para ellos, que incluya el ejercicio regular y la recreación familiar. Si quiere que manejen el enojo de manera apropiada, entonces no puede maldecir al tipo que tomó "su" lugar en el estacionamiento. Si quiere que sus hijos sean honestos, debe exhibir honestidad en su vida diaria. Si quiere que sus hijos tengan disposiciones dichosas y bien adaptadas, deben verlo actuando, sintiendo y viviendo de esa manera.

PATERNIDAD MODELO

Mediante sus acciones, palabras, comportamiento y amor, puede dirigir a sus hijos hacia donde quiere que vayan. Usted les enseña a ser adultos felices, equilibrados y realizados. Pero como no es perfecto, sus hijos también van a adquirir sus imperfecciones. Nuestros hijos también pueden reflejar nuestro lado oscuro, nuestras vulnerabilidades y debilidades. Un renombrado psicólogo llamado Albert Bandura, que fue el arquitecto de lo que se conoce como "teoría social del aprendizaje", observó que los hijos se desarrollan al aprender de las personas que los rodean. Uno de los famosos experimentos del doctor Bandura consistió en hacer que un adulto pateara a un muñeco Bobo mientras un niño lo observaba. Un muñeco Bobo es uno de esos juguetes inflables de plástico con un peso en la base que rebota cuando se le golpea. Bandura después puso al niño a solas en el cuarto con el muñeco. Apuesto que sabe qué pasó. Obviamente, el niño empezó a patear y golpear a muerte al pobre Bobo, igual que como lo había hecho el adulto. El punto de Bandura en este experimento en particular, era que incluso una personalidad violenta podía adquirirse al mirar y aprender de quienes nos rodean.

No necesita un doctorado en ciencias del comportamiento para saber que demasiados padres en este tiempo de vida acelerada y familias de dos ingresos están fallando como modelos a seguir. Uno de los resultados son los comportamientos auto destructivos. Tómelo en serio: los hijos son tres veces más propensos a fumar si sus padres fuman. Los adolescentes con sobrepeso tienen una posibilidad del 70 por ciento de convertirse en adultos con sobrepeso u obesos, y esa posibilidad aumenta al 80 por ciento si uno de los padres es pesado u obeso. Un aproximado de 78 millones de personas han sido expuestas al alcoholismo (u otro abuso de drogas) en sus familias, y los hijos de alcohólicos tienen un riesgo cuatro veces mayor de desarrollar alcoholismo que los hijos de padres no alcohólicos. Debo señalar que, aunque el abuso del alcohol es una enfermedad a la que algunas personas están genéticamente predispuestas, el alcoholismo, o al menos su tratamiento, involucra un elemento de elección personal.

La depresión está también presente en las familias, y no siempre se debe a la estructura biológica heredada. Los padres que sufren de depresión no son buenos ejemplos a seguir. Tienen muy malas aptitudes para lidiar con las cosas y poca habilidad para resolver problemas nimios y tienden a expresar creencias negativas acerca de ellos mismos y de la vida en general. Cuando los hijos son expuestos a este nivel de comportamiento mal adaptado, lo interiorizan, aumentando su propio riesgo de depresión. De hecho, los hijos de padres deprimidos son tres veces más propensos a sufrir de depresión en algún punto de su desarrollo. También es cierto que el suicidio se está incrementando de manera exponencial. Las personas con una historia familiar de suicidio son dos y media veces más propensos a quitarse la vida que aquellos que no la tienen.

La onda expansiva de la violencia familiar presenciada por los niños es asombrosa. Los niños que crecen en un hogar abusivo empiezan a pensar que el hecho de que papi le pegue a mami es de alguna forma normal. El abuso es un comportamiento aprendido. Sus lecciones violentas se transmiten del padre al hijo.

Aunque el ejemplo a seguir más poderoso para la mayoría de los jóvenes es el padre del mismo sexo, aun así los hijos observan cuidadosamente cómo el padre del sexo contrario trata al otro padre. Las hijas, por ejemplo, observarán de cerca cómo sus padres tratan a sus esposas. Si la hija observa que el padre es condescendiente con la madre, ella esperará esto de los hombres en su vida. Si ve que su padre trata a las mujeres en general y a su madre en particular como objetos sexuales, es probable que desempeñe ese papel en su vida. Si es testigo de abuso mental, físico o emocional, establecerá ese estándar bajo en su vida. Papá, usted también puede modelar para su hija la forma razonable y decente en que los hombres la deben tratar. Si usted la trata con dignidad y respeto, si la trata como a una dama, no sólo está reforzando su relación con ella y haciéndola sentir especial y valorada, también está poniendo un estándar alto según el cual ella medirá a los hombres en su vida. Entienda que si modela frialdad y rechazo emocional y en general la ignora, no sólo pondrá una estándar bajo, sino que también tendrá hambre de atención y validación masculina. Esa hambre fácilmente la hará vulnerable a la explotación de los hombres depredadores.

Los padres necesitan ayudar a sus hijas a entender que los hombres buenos dan apoyo y son respetuosos, no abusivos. Eso también podría implicar abrirle los ojos a su hija a la naturaleza oscura de ciertos hombres. Si un padre ve que su hija se pone en posición de ser presa fácil, necesita levantarse y ayudarla a entender lo que eso podría significar para su reputación y su habilidad de atraer hombres responsables que la apoyen. Las palabras se escuchan, las acciones se experimentan.

¿Qué tal le va como ejemplo a seguir? Cuando se trata de manejar su propio comportamiento y emociones, ¿está entrenando a su hijo para manejar las suyas? Debe ser brutalmente honesto consigo mismo acerca de lo que está exponiendo. Tantos padres me dicen: "Yo, simplemente, tengo un hijo malo". Si esa es su actitud, se ha dado por vencido antes de haber empezado y está ignorando su propia habilidad de ser una influencia poderosa. Parte de este reto es aceptar la verdad: hay cosas que ha hecho o no para contribuir y moldearlos para que sean malos.

No estoy tratando de deprimirlo; estoy tratando de que sea realista porque no puede cambiar lo que no conoce.

CAUSALIDAD CIRCULAR

Empecemos a ser realistas reconociendo que, incluso en las interacciones uno a uno, usted es un ejemplo para sus hijos sobre cómo manejar cosas como el estrés, el enojo emocional y la presión. La formación es tan poderosa en estas interacciones uno a uno que su hijo de hecho reflejará exactamente el mismo comportamiento y las mismas acciones que usted muestra. Los científicos del comportamiento comúnmente se refieren a esto como causalidad circular. La causalidad circular es una secuencia en la cual lo que haces se regresa. Usted le dice a su hijo que es hora de dormir, pero no quiere, así que se resiste y se niega a obedecer órdenes. Así que usted se pone firme, listo para un enfrentamiento. El niño siente la tensión y la presión y grita "¡No!" Usted se siente frustrado porque tuvo un día pesado, así que sube el volumen. Él ve lo que pasa y que no se está saliendo con la suya. Así que igual que usted, se frustra y se pone de malas y hace berrinche, incluso pateando y rompiendo juguetes. Por su frustración y enojo, usted también aumenta y se pone a gritar y le da nalgadas a su hijo. Esto frustra más a su hijo, el berrinche empeora y se resiste. Para este momento, usted está histérico. Sus gritos se intensifican, con el desafortunado efecto de aumentar el mal comportamiento de su hijo. Ha seguido su ejemplo, reflejado su tono de voz y conducta, y no sólo la situación inmediata ha empeorado, sino que el niño graba en su mente exactamente cómo deben manejarse estas situaciones.

Los escenarios de causalidad circular como éste, son descritos como *auto-exacerbantes*, lo que significa que la situación y los que están en ella empeoran las cosas. Al no ser

398 <small>Dr. Phil McGraw</small>

capaz de controlarse frente a un niño fuera de sí, usted ejemplifica, aumenta y refuerza el comportamiento inaceptable. De hecho, moldea precisamente el comportamiento que quiere eliminar, haciendo que el otro se enoje más en el proceso. Puede que no supiera que estaba provocando, manteniendo y aumentando el comportamiento mal adaptado, pero así era.

La buena noticia es que, si usted comienza a dejar de ejemplificar el comportamiento inaceptable —y ejemplifica comportamiento aceptable en su lugar— comenzará a disminuir las situaciones en lugar de aumentarlas. Recuerde, usted es una de las dos influencias más poderosas en la vida de su hijo. Si ha puesto un mal ejemplo de comportamiento, lo ha hecho poderosamente. ¿Qué pasaría, por ejemplo, si su reacción inicial al mal comportamiento de su hijo fuera a ser un modelo de auto compostura y auto control en lugar de un modelo de precipitación? Lo invito a soltar su extremo de la cuerda y a dejar de jalar.

Confíe en mí, sus hijos adoptarán su patrón de respuesta más calmado y lo dibujarán en su propia conducta. Usted debe ser ejemplo de calma, o de cualquier otro comportamiento o emoción que se requiera, para poder cambiar la interacción. Una vez que empieza a involucrarse en comportamientos más positivos y controlados, literalmente alterará la naturaleza de sus interacciones con su hijo.

Con este nuevo patrón de respuesta, usted crea una atmósfera más calmada en la que puede reabrir las negociaciones que promueven cooperación. Se lo prometo, este cambio de actitud cambiará fundamentalmente el ambiente y el espíritu con el que interactúa con sus hijos. También manejará mejor los problemas de disciplina porque ahora estará enfocado en el objetivo correcto. No estoy diciendo que va a ser fácil. Pero usted tiene que decidir si vale la pena. (Pista: ¡Sí lo es!)

Tarea

- Basándonos en lo que hemos discutido hasta ahora, ¿qué clase de calificaciones se da como ejemplo a seguir de su familia? ¿Qué está mostrándoles a sus hijos a través de su propio comportamiento? La siguiente lista de preguntas puede ayudarlo a considerar su estándar de conducta como modelo a seguir. Sea realmente honesto, incluso, si da miedo admitir ciertas cosas de usted mismo.

- ¿Lleva una vida de pasión y objetivos, en la que se siente vibrante y con vida, o su vida incluye cosas, como su trabajo, por el que se queja constantemente y al que odia?

- ¿Usted muestra que se cuida físicamente, o come comida chatarra, continúa con sobrepeso, fuma y no hace ejercicio?

- ¿Resuelve conflictos con otras personas de manera efectiva, o se retrae, patea, azota puertas, se enoja y hace cualquier cosa para evitar la confrontación?

- ¿Su familia lo ve manejar las decepciones de la vida con una estrategia racional y positiva o cura sus problemas con comida, el alcohol, las drogas, las apuestas o cualquier otro comportamiento adictivo?

- ¿Muestra responsabilidad financiera con respecto a sus cuentas y tratos o consiente en extremo y vive más allá de sus posibilidades?

- ¿Muestra una moral alta evitando comportamientos como decir chismes, mentir a sus jefes, maldecir y tomar ventaja injusta?

- ¿Muestra responsabilidad social al ser voluntario en su iglesia, escuela o refugio local u hospitales?

- ¿Muestra el valor personal y la confianza en sí mismo propiamente definidos basados en los rasgos de la personalidad o persigue valor material de cosas como ropa de diseñador, autos lujosos y otros símbolos de estatus?

- ¿Su familia lo ve luchando por algo o está cómodo en la tranquila monotonía de su vida?

- ¿Muestra maestría y competencia en situaciones o teme caer en las interacciones y evitar hacer muchas cosas?

- ¿Se acerca a los problemas y retrocesos como si fueran oportunidades o etiqueta cada problema como una crisis?

- ¿Muestra relaciones con otras personas que son amorosas, de afirmación y apoyo o critica a otras personas, las destruye o habla a sus espaldas?

- ¿Vive el día con energía, sintiéndose vivo, o está constantemente cansado, estresado emocionalmente desinflado o incluso deprimido, preocupado e infeliz?

- ¿Pasa tiempo genuino con su familia, incluyendo involucrarse y apoyar sus actividades o da excusas porque "tiene mucho que hacer"?

Si no ha hecho un buen trabajo, no es demasiado tarde para entrar al juego. Ser un digno ejemplo a seguir significa que tiene que *superarse*. Simplemente debe exigirse más en cada categoría, incluso en las cosas mundanas como arreglarse, la salud, el auto control, el manejo emocional, las relaciones, la interacción social, el desempeño laboral, lidiar con miedos y cualquier otra categoría de la vida diaria. Si comienza a hacer las cosas con más energía, consideración y amor, créame, su nuevo nivel de desempeño inspirará a su familia entera a vivir con más pasión y entusiasmo.

No estoy recomendando una existencia artificiosa, de ir pasando por las emociones. Lo estoy retando a tomar responsabilidad. Primero, arregle su actuación para que realmente sea el adulto en el que quiere que sus hijos se conviertan. Comienza con usted. No puede esperar que sus hijos sean mejores de lo que les enseña. Si es sólido, bien. Si no, necesita arreglar su propia vida desordenada antes de exigir que ellos arreglen su cuarto, sin mencionar su vida. Deseche cualquier actitud negativa. Tire los patrones de comportamiento auto destructivos. Aumente la actitud positiva, salga y brille con la luz para que puedan seguirlo.

Tal vez no está lo suficientemente motivado para arreglar su actuación por su propio bienestar, ¿pero y el de ellos? Hágalo por ellos, para que tengan un ejemplo positivo a seguir hacia la madurez. Claro, va a tomar tiempo y el compromiso de poner su vida en el camino correcto. Tendrá que dar un buen vistazo, tal vez por primera vez, a las influencias en su vida y a porqué se ha convertido en lo que es. No piense simplemente en lo que podría significar para usted; sino en lo que significa para esos adultos en progreso que lo buscan por su liderazgo e inspiración. Esto es algo que puede y debe hacer. Los hijos necesitan que sus padres dibujen el camino. Usted tiene lo que se necesita para ser un gran ejemplo a seguir para su familia. No necesita nada que no tenga ya dentro de usted.

EJEMPLO Y MAESTRÍA

He mencionado anteriormente que cuando usted ejemplifica el comportamiento, usted obtiene cierto resultado. Pero, hay un segundo, un aspecto muy poderoso de ser un modelo que ayuda a sus hijos a relacionarse de manera más positiva y constructiva, no sólo para usted sino también para ellos mismos. Si su hijo elige adoptar un comportamiento que han observado en usted, hay un alto grado de apropiación del comportamiento de parte de ellos, porque fue elegido. En el capítulo de la negociación, hablé de lo importante que es que sus hijos perciban un grado sano de auto determinación y maestría en su vida y ambiente. Si usted constantemente predica a sus hijos acerca de lo que deben hacer, y por lo tanto, les asigna comportamientos, ellos tienen menos probabilidad de tener esa actitud que si hubieran elegido imitarlo basados en su experiencia con usted. Es muy importante que su hijo perciba que la personalidad de él es de su propiedad, llegó de manera natural por medio de sus propias experiencias de vida. No estoy diciendo que no deba entrenarlos, dirigirlos, aconsejarlos e instruirlos, porque definitivamente debe. Aunque, con el ejemplo adecuado, no tiene que encender fuego debajo de ellos con tanta frecuencia, porque ver su ejemplo enciende un fuego *dentro* de ellos.

Valores de ser un ejemplo

Estoy seguro que usted y la mayoría de los padres, quieren que sus hijos se desarrollen como gente de carácter que vive con valores como la honestidad, la empatía, la amabilidad, la compasión, el respeto y la responsabilidad. Pero, usted no puede enseñar valores de la misma forma en que enseñó a su hijo a andar en bicicleta, batear una pelota o amarrase las agujetas; ni siquiera se le acerca. Regresa a *usted* una vez más, y espero que esta vez sepa que debe ser el ejemplo de lo que quiere ver en sus hijos. *El secreto para educar un niño con carácter es ser una persona de carácter.* Ésta es una orden difícil, sin duda alguna. Cada vez que usted da un paso, es como si cargara a su hijo sobre los hombros. Los valores de ser un ejemplo se tratan de llevar a su hijo a cuestas con usted.

Mi padre solía decir: "Si no paras por algo, te caerás por nada". Esto es especialmente cierto, cuando se aplica en la educación de los hijos. Usted hace elecciones para sus hijos temprano en sus vidas, durante sus años críticos de crecimiento y aprendizaje. Las preguntas sobre qué comer, qué ponerse, cómo será su ambiente de crecimiento, y a qué escuelas irán son respondidas con poco o nada de aportación por parte de sus hijos. Usted maneja estos temas para su familia, y lo hace con el mejor interés en mente.

Pero llega un momento en la vida de sus hijos en que se enfrentarán con decisiones críticas y tendrán que hacer sus propias elecciones. Lo que usted haga ahora, los prepara de manera poderosa para elegir en el futuro. Usted les enseña cómo vivir al mostrarles cómo hacer elecciones. ¿Su hijo verá a su padre y aprenderá a rechazar el alcohol y las drogas? ¿Su hija lo verá y sabrá que tiene la opción de abstenerse del sexo o practicar sexo seguro cuando esté lo suficientemente grande para manejar los aspectos emocionales que conlleva?

Si usted ha hecho su trabajo, su hijo tendrá el valor y la conciencia para realizar elecciones correctas cuando no esté cerca. Las lecciones que moldea para ellos son importantes, si no percibe el sentido de urgencia al leer esto, le ruego que vaya con su hijo ahora mismo y se le quede viendo a los ojos. El reflejo que usted ve es el adulto en el que él se convertirá.

Aprendí lo poderosos que son los ejemplos de los padres desde temprana edad, aunque la lección tuvo un costo muy alto. Cuando tenía 13 años, todos mis amigos contaban con motocicletas, yo también quería una. Pero la verdad era que la mitad del tiempo, no reuníamos dinero para comida, así que era seguro que no teníamos dinero para una motocicleta. Mi única esperanza era ahorrar dinero suficiente de mi ruta de reparto de periódicos para comprar una bicimoto, que no era otra cosa que una bicicleta con motor, con pedales y todo. Cuando toqué el tema con mi padre, lo descartó. Pero me sorprendió que me ofreció un trato: "Si vas a andar en motocicleta, quiero que andes en algo razonable con el suficiente poder para sacarte del camino si lo necesitas, no una bicimoto. Yo seré aval del préstamo del banco para la motocicleta. Si tú puedes buscar una manera de pagar veinticinco dólares al mes, yo buscaré una forma de pagar lo mismo".

Estaba muy emocionado, por decir lo menos. Ahora, podía andar con mis amigos. Sin embargo, mi papá me impuso dos restricciones, "No andes fuera de los límites de la colonia y no dejes que nadie más maneje tu moto, porque no podemos pagar un seguro".

No siquiera tres semanas después ya tenía mi motocicleta; estaba en la casa de mi novia, muy lejos del vecindario, sentado en el jardín del frente. Uno de mis amigos llegó y me pidió dar una vuelta en mi motocicleta. Le lancé las llaves, considerando que manejaría hasta el final de la calle y de regreso. Se fue, no sólo hasta el final de la calle, sino varias cuadras más adelante. Manejando a más de cien kilómetros por hora, arremetió contra un Buick Riviera y voló cien metros en el aire, aterrizando boca abajo y estrellando su cara contra la banqueta. Aún a cinco cuadras de distancia, pude escuchar el choque. Sabía que era él y tuve una sensación horrible en el estómago. De manera sorprendente, estaba vivo pero casi inconsciente cuando llegué. Una ambulancia se lo llevó rápidamente al hospital. Esa noche mis amigos y yo nos quedamos junto a su cama, dando gracias a Dios de que nuestro amigo estuviera vivo. En ese momento entró mi papá. Yo estaba petrificado. Después de que preguntó por mi amigo y se aseguró de que iba a sobrevivir, sus pensamientos se voltearon hacia mí y la situación. Me miró hacia abajo y yo esperaba completamente que estallara en furia. En lugar de eso, me dijo muy tranquilo: "Hijo, espero y ruego que él haya tomado esa motocicleta sin tu permiso, o tú estás metido en grandes problemas y nuestra familia está en muchas dificultades".

En ese momento, mi papá había estirado las finanzas de la familia más allá de lo razonable para tratar de dar alguna luz a mi vida y yo, de manera irresponsable, lo había tirado todo poniéndonos en un gran peligro. Quise haber dicho: "Sí papá, eso fue lo que pasó". Pero sabía que no, porque él siempre me dijo que dos cosas mal no hacen una buena. Mentir para lavar mi error no ayudaría a la situación. Le dije: "Papá, ojalá que así fuera, pero sí, yo lo dejé andar en mi motocicleta, y sé que no es de gran ayuda pero, lo siento".

Mi papá se quedó viendo hacia fuera por un tiempo que se sintió como el infinito y un día más. Recuerdo pensar que nunca lo había visto tan viejo y cansado. Me senté ahí en lo que pensé que era como el banco de los acusados, esperando algún castigo terrible. Nunca olvidaré sus palabras. "Bueno, hijo, tendremos que solucionarlo". Por todos aquellos momentos que no estuvo disponible emocionalmente, con seguridad se hizo presente en ese momento de crisis, en la vida de un hombre joven.

Sabía que mi padre recordaba ese incidente también, porque unas semanas antes de su muerte en 1995, le dijo a su clase de religión de los domingos acerca del tema y lo orgulloso que estaba de que le hubiera dicho la verdad cuando pudo haber sido mucho más fácil mentir. Él no mencionó su sacrificio, sólo el mío.

He aprendido que para la mayoría de nosotros, los eventos que forman nuestro carácter son normalmente de carácter personal, que tienen poco interés y son poco dramáticos. Pero una vez que agregas ese elemento de participación e impacto personal, le agregas la relevancia, los eventos que apenas alcanzan la pantalla del radar del mundo toman un poder considerable. El evento singular, la lección aprendida de desobedecer a mi papá y elegir a no depender de mi brújula interna de valores, probaría que me daría forma y me cambiaría. No es una exageración decir que fue una buena llamada para despertar, ciertamente, no es una que desearía para un niño de 13 años, pero sé que creé valor personal con eso. Esa experiencia de construcción de carácter, aunque parecería trivial para otros, alteró la manera en que abordo la vida hasta hoy. Reconozco las consecuencias de no confiar en la brújula interna, porque si no lo hago, puedo dar un paso ciego hacia el desastre, con resultados que alterarán mi vida potencialmente. Al mismo tiempo, soy afortunado de que mi papá valorara la honestidad. El la moldeó y yo también la aprendí. Además, moldeó que los padres se quedan junto a sus hijos y que la lealtad del amor de un padre no está ahí sólo cuando es conveniente. Él creó una profundidad de compromiso a la familia. La vida sólo mejora cuando tienes el corazón para ser derecho y el compromiso para ser leal.

Mi punto es éste: No sobreestime el significado de los valores y creencias que usted moldea día a día. Un evento diario puede no significar una crisis, puede parecer un evento de rutina para usted, pero puede ser el punto clave en el desarrollo del carácter de su hijo.

Por cierto, la motocicleta fue pérdida total, pero aún tuvo que ser pagada. Mi papá no hizo los pagos porque su razonamiento era que éstos eran por la parte de la motocicleta que nadie manejaría.

Aquí está la conclusión: Por medio de su ejemplo, usted puede enseñar a sus hijos los valores que servirán de marco para manejar la vida, aun cuando ésta se convierta en una tormenta furiosa.

Viva lo que enseña y predica

Me apego al viejo dicho que dice "Es mejor ver un sermón que escuchar uno". Tenga cuidado de no decir una cosa y hacer otra. Usted podría decirle a su familia que es importante que sean voluntarios para buenas causas, pero si usted mismo casi no lo hace, entonces no está caminando conforme a sus palabras. Es un hecho que sus hijos generalmente escogerán un menor patrón de comportamiento. Así que viva sus exhortaciones.

Todavía pienso profundamente en nuestros antiguos vecinos, los Conway, porque eran un grupo muy lindo de gente. John Conway, el padre, era pastor en una iglesia local y tenía un sentido del humor grandioso. Podía hacer reír a cualquiera. John tenía el don de un buen pastor de presentar una lección moral disfrazada de historia divertida. Aquí hay una que él me contó:

> Normalmente, llego a casa a medio día para almorzar con mi esposa y mi hijo pequeño. Era durante esa hora del día cuando podía estar con mi familia, y dejar atrás los temas y el estrés que con frecuencia van de la mano de un pastor. En ese día en particular, tuve que lidiar con problemas de presupuesto, falta de voz en el coro y una maestra de religión de los domingos que amenazaba con renunciar. Unos

cinco minutos después de llegar a casa, el teléfono sonó. Era de la iglesia. Mi esposa contestó, puso la mano sobre el teléfono y susurró "¿Estás en casa?" "No", le respondí, entonces le dijo a la persona que llamaba "No está aquí". Mientras me sentaba para almorzar con mi familia, mi hijo rápidamente se ofreció a decir la bendición. "Querido Dios", comenzó, "Por favor perdona a mi papi por haber dicho una mentira, y perdona a mi mami por haberlo ayudado". Mi esposa y yo nos volteamos a ver, impactados. Fue uno de esos momentos de "¡te atrapé!". No me habría sentido más avergonzado si mi bragueta hubiera estado abierta enfrente de toda la congregación. Aún así, nos enseñó una lección de vida que nunca olvidaremos.

Cuando sus acciones y valores entran en conflicto así, confunde a su hijo, el resultado es que realmente no acepta o cree en ninguno de los valores que le está tratando de enseñar porque ninguno de ellos tiene sentido. Como lo demuestra la historia del pastor John, no puedes sólo dar sermones, también tienes que vivirlos.

EJERCICIO: VALORES PARA QUE SU FAMILIA VIVA CON ELLOS

Su hijo puede estar forzado a aprender valores mediante el proceso de ensayo y error, a menos que usted logre su meta al enseñarle con el ejemplo. Así que prepárese para ser su maestro del valores. Escriba en un papel aquellos que son importantes en su familia —valores que necesita moldear para sus hijos— que ellos estén equipados para tomar buenas decisiones y elecciones. No todas las familias valoran las mismas cualidades y atributos, así que ésta es una buena oportunidad para que usted defina los valores de ella con claridad y sin errores.

Mientras se prepara para hacer este ejercicio, pregúntese a sí mismo lo siguiente, después escriba sus respuestas en su diario:

¿En qué cree?

¿Qué principios han guiado su vida?

¿Qué defiende?

¿Qué hace significativa a la vida para usted?

¿Qué necesita en su vida para que esté completa?

1. De la lista a continuación, encierre en un círculo las diez frases o palabras que describen mejor la forma en que usted quiere que su familia sea:

solidaria

platicadora

afectiva

respetuosa

disciplinada

significativa

cariñosa

que acepta

controlada

bien portada

libre

con sentido del humor

creativa

silenciosa

energética

alivianada

involucrada

productiva

amorosa

gentil

religiosa

espiritual

caritativa

divertida

juguetona

exitosa

ganadora

que florezca

lucrativa

invencible

próspera

conquistadora

cooperativa

servicial

atenta

colaboradora

compartida

justa

imparcial

adecuada

aceptable

promedio

razonable

educada

decente

civilizada

honesta

con buenos modales

propia

correcta

moral

saludable

arriesgada

sana

natural

importante

fuerte

reverente

educada

cortés

graciosa

autónoma

independiente

autosuficiente

soberana

responsable

compasiva

devota

cálida

agradable

tolerante

paciente

que no se queje

complaciente

resignada

indistinta

imperceptible

negligente

empática

generosa

amable

liberal

conservadora

ahorrativa

valiente

fiable

2. Ahora, de esas diez palabras elija las tres que le parezcan las más importantes. Tome esas tres palabras y escriba tres oraciones que describan el valor implícito en la forma de una oración. Por ejemplo, si una de las palabras que seleccionó es *respetuosa*, entonces usted puede escribir: *Nuestra familia se trata a sí misma, unos a otros y a otra gente, con dignidad y respeto.*

Valor 1:

Valor 2:

Valor 3:

3. Por cada uno de los tres valores que describió anteriormente, escriba tres maneras en que usted se comportaría para ejemplificar estos valores. Al reconocer y articular la manera en que los vive, usted ayudará a incorporarlos en el corazón del sistema de valor de su familia.

Comportamientos requeridos para moldear ese valor

Valor 1:

Valor 2:

Valor 3:

Como comentario final, déjeme enfatizar que usted es responsable del ejemplo que le da a su familia. Usted siempre ha sido responsable y siempre lo será. Así son las cosas. Eso puede no ser cómo usted quiere que sea, pero así es. Lo aliento a llevarse a usted mismo hacia un estándar más alto. Tenga conciencia de la influencia que sus acciones, emociones, y comportamientos tienen en sus hijos, tanto externa como internamente.

Permítame recordarle que aunque usted sea el ejemplo a seguir más importante en la vida de su hijo, no es el único. Hay mucha gente en el mundo que se pondrá en sus zapatos y se convertirá en modelo para su hijo, buena o mala: su familia y amigos; las niñeras de sus hijos, maestros y entrenadores; y la gente que su hijo ve en la televisión.

Nunca pierda de vista lo que hay involucrado aquí. Sus hijos están formados profundamente por usted, y sus acciones resonarán, para bien o para mal, por el resto de sus vidas. Sea un padre que vive las cualidades, características y valores que a usted le gustaría que su familia imite. Permita que su vida sea un ejemplo vivo de lo que quiere ver en sus hijos.

EPÍLOGO

Creo que en cada vida y en la vida de cada familia hay pocos momentos preciosos cuando todas las cosas que van mal pueden hacerse bien, cuando todas las cosas buenas pueden ser reclamadas. Momentos en que las oportunidades son medidas o perdidas y comienzan a cambiar los hechos y consecuencias que se convierten en la esencia de nuestro tiempo en este mundo. Hay decisiones y elecciones críticas que cuando mira hacia atrás, parado al final de su vida, serían vistas con mayor claridad por haber sido esenciales para haber determinado quién y en qué se convirtió y, algo muy importante, qué hizo de sus hijos. Esos hechos se desenvuelven en su vida aun mientras lee esta página. Algunos hechos ocurren en un abrir y cerrar de ojos, mientras que otros acumulan poco, mientras los días se convierten en semanas, las semanas en meses y luego en años. Un gran regalo de vida sería la habilidad de reconocer esos momentos, oportunidades, decisiones y elecciones importantes por lo que son en el momento en que suceden. *Un gran regalo de vida sería saber qué elegir, qué hacer y cómo hacerlo en el momento crítico.*

Mi meta al escribir *La familia es primero* fue crear un libro que tuviera el potencial de convertirse en o por lo menos contribuir en uno de esos momentos, una de esas oportunidades para saber qué necesita hacer, cuando necesita saberlo. Mi esperanza era plantar la semilla de la habilidad para reconocer esos momentos importantes al incrementar su sensibilidad a ciertos elementos críticos para el sano desarrollo de su familia y sus hijos, para que usted pudiera responder de manera positiva y tuviera un impacto duradero en quienes ama tan profundamente. Creo que si puede incrementar su conocimiento sobre estos temas importantes, no puede ser otra cosa que un mejor padre.

Mi mayor esperanza es que este libro sea un llamado a las armas encendidas por lo que yo considero, personal y profesionalmente, como discernimientos significativos, establecidos decisivamente en términos de orientación a la acción para que usted pueda traducirlos en comportamientos que creen resultados positivos en su familia. Estas recetas de comportamiento no tienen la intención de ser una solución que les queda a todos. Pero, cuando usted agregue el conocimiento personal de su familia en particular y las personalidades, fuerzas y debilidades de sus hijos, logrará construir el plan necesario para el impacto máximo.

Mientras busque crecer como padre, la pregunta que debe responder es ésta: ¿Cuál es buena información y cuál no? Estos días probablemente usted ha sido bombardeado por una corriente infinita de teorías y sugerencias sobre las dinámicas de paternidad y familia. ¿Cuánta dirección es suficiente para sus hijos? ¿Quién debe dirigir a la familia y cómo? ¿Dar nalgadas o no? ¿Dormir con los padres, buenos vínculos o karma malo? ¿Cuándo y cómo enseñar a ir al baño? Todos tienen una opinión y muchas veces éstas causan conflictos.

¿Y qué hay de mí y *La familia es primero*? ¿La información que le doy es cierta y correcta y por lo tanto vale la pena ser adoptada? La respuesta a esa pregunta depende de usted. Yo nunca le pido a nadie que sustituya mi juicio por el suyo. Sólo que piense cuidadosamente en lo que le he sugerido aquí. Si no representa un reto vigoroso, entonces debe rechazarlo. Creo que *La familia es primero* representará el reto, y creo en usted y su habilidad para marcar la diferencia al usar los conceptos y planes de acción en su propia familia. Pero si no está de acuerdo, entonces busque las respuestas en otro lado. Si rechaza por completo todo lo que le he dicho en este libro pero le da sensibilidad, lo hace estar más alerta y buscar respuestas que se ajusten mejor en otros lados, que mejoren su vida familiar, entonces he tenido éxito. Todo esto se trata de resultados.

Asumiendo que usted cree que hay valor en estas páginas, su reto es reordenar o enfatizar nuevamente de manera consistente sus prioridades y emocionarse de dar los pasos para asegurar que ser miembro de su familia es una experiencia fenomenal para cada individuo. Usted no puede permitirse a sí mismo tomar el camino de la menor resistencia y vivir en una zona de confort cotidiana. La diferencia entre ganadores y perdedores es que los ganadores hacen cosas que los perdedores no. Los ganadores entran en acción y se toman el riesgo de buscar más. Todas las buenas intenciones del mundo no cambiarán el curso de una familia si no actúa. Los ganadores están dispuestos a decirse la verdad acerca de ellos mismos, así como acerca de su familia y las circunstancias. Usted no puede cambiar lo que no sabe. Puede ser un campeón en su familia con las herramientas en las que nos hemos enfocado aquí. Usted puede y debe. Intencionalmente, he sido muy directo acerca de mis experiencias en mi propia familia, porque

venir de un pasado fracturado no es algo para sentirse avergonzado, pero es algo que se debe superar. He compartido
con usted los factores necesarios para una familia fenomenal
formada de gente fenomenal, e incluí recetas de comportamiento específico para crear esa realidad. Hemos examinado
su legado familiar, reconociendo las cosas buenas y trabajando activamente para eliminar las malas. Usted ha dado una
mirada cuidadosa a la manera en que sus hijos probablemente
lo ven y ha aprendido cómo cambiar velocidades para sacar
los mejores resultados en sus interacciones con ellos.

Usted se ha ajustado un cinturón que tiene las herramientas poderosas de la paternidad. Éstas son las herramientas que
necesita, ya sea que esté en una familia tradicional, de padre
soltero o familia mixta. Comenzando con un sistema de guía
con objetivos para buscar su definición de éxito, ha aprendido a hacer de la comunicación una habilidad significativa establecida, en lugar de ser un término muy usado. Usted ha
asentado sus habilidades de negociación para ayudar a que
usted y su hijo hagan planes de vida importantes con los que
ambos se emocionen. Usted ha sido vestido con tecnología
poderosa para crear un cambio de comportamiento que lo pre-
pare para eliminar problemas y establecer los comportamientos deseados. Usted ha obtenido el plan y ha sido desafiado a
tener el valor de crear y un desequilibrio constructivo en su
hogar cuando el equilibrio del poder ha sido torcido.

Ahora tiene un plan para mejorar el ambiente en donde su
familia existe en una forma que atrae el éxito, la paz y la armonía. Incluso, ha identificado planes de acción específicos
para crear una personalidad auténtica, para asegurarse de que
ellos tengan una oportunidad de convertirse en una parte del
individuo que ellos están destinados a ser. Usted ha reconocido el hecho de que como ejemplo poderoso en la vida de su

hijo, sus acciones hablan más alto que las palabras, y sólo tiene que mirar a sus hijos para ver el reflejo de quién es usted y cómo vive su vida.

Todo este trabajo, aprender y prepararse para dirigir a su familia, debería estar en el centro de su misión en la vida. El momento de acción, el momento de liderazgo, es ahora. Mientras usted crea el ritmo de su familia, trátela con una reverencia que esté por encima de todo lo demás. El asunto de la familia —particularmente la relación entre padre e hijo— es que no existe esa identificación rara y pura, la habilidad de deleitarse sin envidia en el éxito de nuestro hijo. Oscar Wilde, comentando sobre el lado pequeño de los humanos, hizo una observación de que todos morimos un poco con el éxito o buena fortuna de un amigo. Pero, esto no es cierto para los padres y su hijo. En una familia verdaderamente fenomenal, cada miembro ve los intereses del otro como sobrepuestos; en particular, el éxito de nuestro hijo es *nuestro* éxito. La familia es la forma más pura de amor y debe ser preservada y nutrida como ninguna otra.

Alguien me dijo una vez: "Cuando miras hacia atrás en el álbum de recortes de tu vida, no verás a la gente con quien trabajaste. El álbum de recortes estará lleno de fotos *familiares*". Ella tenía razón. La familia tiene prioridad sobre todo. Piense en dos personas: Uno es un artista o presidente de una compañía o un atleta fabulosamente exitoso, pero un padre alejado de sus hijos, un extraño para ellos; el segundo es un hombre promedio, quizás un plomero o quizá chofer de camión, quien nunca escribió su nombre en los libros de historia pero quien dio el paso extra para su hijos, siempre llegando, obteniendo de ellos gran amor y respeto. ¿Qué persona le gustaría ser? Para mí, la respuesta es obvia y esto no es sólo meditación filosófica. Es una elección de todos los días.

Sus hijos salen al mundo diariamente. Ya sea su primer día en el jardín de niños o en una nueva escuela después de haberse mudado o su primera participación en un concurso de ortografía o de baile, ellos se llevan sus experiencias a casa. Quizás es un juego de béisbol de las Ligas Menores que los reta o un bravucón en la escuela muy cruel; ¿qué se dirían a sí mismos cuando la vida hace ciertas demandas? ¿Han sido enseñados por sus padres de manera que les causará salir al mundo confiados, valiosos, especiales, sanos y seguros? ¿Saldrán adelante con aceptación de sí mismos y una expectativa de éxito, porque han sido valorados, amados y nutridos cada día de sus vidas? O ¿saldrán al mundo con duda en ellos mismos, sentimientos de inferioridad, pena y culpa porque su realidad privada, su hogar, está arrugada y fea? ¿Se preocuparán acerca de decepcionarlo a usted o ser juzgados cuando experimenten las fallas inevitables de la vida, o mirarán hacia adentro de ellos mismos buscando la fuerza y habilidad que usted ha trabajado en implantarles para que ellos puedan sacarla cuando usted no está ahí para ayudar? Tiene al alcance de su mano la habilidad para asegurarse de que cada una de esas preguntas sea respondida de la manera correcta. Como dije cuando empezamos este viaje por medio de *La familia es primero*, el amor en su corazón le ha dado la energía y ahora usted tiene un plan.

Nunca olvide que es una energía y un plan que usted necesita, porque hay una constante competencia de jalar la cuerda y como padre; nunca debe darse por vencido. Esté dispuesto a pararse en el espacio y servir de ancla y fuerza para su familia. Su liderazgo será la brújula de su familia a través del viaje emocionante de la vida. Hasta hoy, a pesar de que ya murió hace mucho tiempo, todavía escucho la voz de mi padre en momentos difíciles: "Hijo, sé el hombre que Dios tuvo la intención que seas. A quien mucho le es otorgado, mucho se espera de él y tú has sido inmensamente bendecido". Usted puede ser la brújula; sé que puede y que no es muy tarde. La influencia positiva de mi padre en mi vida fue mucho más grande en los últimos y sobrios años de su vida, aún cuando yo ya había crecido y había hecho mi vida. Es verdad que no es muy tarde. Comenzando hoy, usted debe ponerse en pie y sin miedo ni culpa, tener el valor de decir no cuando deba. Debe tener el valor para decir que sí cuando el radio de riesgo para ganar lo apoye. Levántese y haga planes y llévelos a cabo. Creo que las cosas en la vida de las que más se arrepiente uno, son las cosas que no hizo. No permita que esta iniciativa de paternidad sea una de las cosas que no haga. Usted puede hacer que su familia esté orgullosa, lo sé absolutamente, lo sé.

Se ha dicho que nuestros hijos son mensajes que estamos enviando a un futuro que quizá nunca veamos. Puede ser cierto, pero nuestros niños lo verán, nuestros niños lo vivirán. Creé para ellos un cambio, guiando a su familia con pasión y compromiso. Y cuando lo haga, Dios le sonreirá.

APÉNDICE

Descripción breve de los métodos de encuesta

En el otoño de 2003, se aplicó un cuestionario a las audiencias en el estudio antes del programa *Dr. Phil*, así como en la página web del Dr. Phil. Los resultados entre los dos lugares donde se reunió información no eran muy diferentes. Más de diecisiete mil sujetos fueron voluntarios para participar en el estudio basado en la red o el cuestionario entregado durante el programa *Dr. Phil*. Muchos de los asuntos aprendidos de las encuestas reflejaban el tema importante de este libro. Los resultados de las respuestas fueron representados en categorías demográficas de género, grupo de edad, lugar de residencia, número de hijos criados en familia, exigencias de tiempo de paternidad y tipo de estructura familiar. Los voluntarios fueron tratados de acuerdo con el libro *Ethical Principles of Psychologists and Code of Conduct* (American Psychological Association, 1992). Los resultados citados en este libro se obtuvieron de algunos de los análisis de las encuestas que serán publicados en revistas especializadas revisadas por colegas. Para mayor información acerca de la encuesta, visitar la página «http://www.drphil.com».

REFERENCIAS BIBLIOGRÁFICAS

Capítulo 1: La familia importa

Belsky, J., et al. 1984. *The Child and the Family.* Reading, MA:Addison-Wesley.

Gladding, S. T. 2001. *Family Therapy: History, Theory, and Practice*, 3a ed. New York: Pearson Education.

Napier, A. Y., y C. A. Whitaker. 1978. *The Family Crucible.* New York: Harper & Row.

Capítulo 2: Estrategias especiales para familias divorciadas y mixtas

American Academy of Pedriatics. 1999. *Caring for Your Baby and Young Child: Birth to Age Five*, 4a ed. New York: Bantam.

American Academy of Pedriatics. 1999. *Caring for Your School-Age Child: Ages Five to Twelve.* New York: Bantam.

Capítulo 3: Los cinco factores para una familia fenomenal

Belsky, J., et al. 1984. *The Child and the Family*. Reading, MA:Addison-Wesley.

Bifulco, A., et al. 2002. Childhood adversity, parental vulnerability and disorder: examining intergenerational transmission of risk. *Journal of Child Psychology and Psychiatry*. 43:1075-1086.

Brook, J. S., et al. 1999. Transmission of risk factors across three generations. *Psychological Reports*. 85: 227-241.

McGraw, J. 2001. *Closing the Gap: A Strategy for Bringing Parents and Teens Together*. New York: Fireside Books.

—— 2000. *Life Strategies for Teens*. New York: Fireside Books.

Capítulo 4: Su legado familiar

Belsky, J., et al. 1995. Maternal personality, marital quality, social support and infant temperament: their significance for infant-mother attachment in human families. En R. R. Pryce y R. D. Martin (Eds.), *Motherhood in Human and Nonhuman Primates: Bisocial Determinants* (pp. 115-124). Basel, Suiza: Karger.

Bifulco, A., et al. 2002. Childhood adversity, parental vulnerability and disorder: examining intergenerational transmission of risk. *Journal of Child Psychology and Psychiatry*. 43:1075-1086.

Brook, J. S., et al. 1999. Transmission of risk factors across three generations. *Psychological Reports*. 85: 227-241.

Chen, Z. Y., y H. B. Kaplan. 2001. Intergenartional transmission of constructive parenting. *Journal of Marriage and Family.* 63: 17-31.

Freud, S. 1957. *Civilization and Its Discontents.* Londres: Hogarth Press. (Trabajo original publicado en 1929).

McGraw, P. 1999. *Life Strategies: Doing What Works, Doing What Matters.*New York: Hyperion.

—— 2000. *Relationship Rescue: A Seven-Step Strategy for Reconnecting with your Partner.* New York: Hyperion.

—— 2001. *Self Matters: Creating Your Life from the Inside Out (Importancia de uno mismo: creando su vida de adentro hacia afuera).* New York: Simon & Schuster.

Simons, R. L., et al. 1992. Gender differences in the intergenerational transmission of parenting beliefs. *Journal of Marriage and Family.* 54: 823-836.

—— 1991. Intergenerational transmission of harsh parenting. *Developmental Psychology.* 27: 159-171.

Capítulo 5: Su estilo de paternidad

Simons, R. L., et al. 1992. Gender differences in the intergenerational transmission of parenting beliefs. *Journal of Marriage and Family.* 27: 159-171.

Sweney, A. 1981. *Leadership: Management of Power and Obligation, Part 1.* Wichita, KS: Test Systems, Inc.

Capítulo 6: Encendiendo motores

Beck, J. 1999. *How to Raise a Brighter Child: The Case of Early Learning.* New York: Pocket Books.

Berk, L. E. 2001. *Awakening Children's Minds: How Parents and Teachers Can Make a Difference.* New York: Oxford University Press.

Calkins, L. 1998. *Raising Lifelong Learners.* New York: Perseus.

Caruana, V. 2004. *Giving Your Child the Excellence Edge: 10 Traits Your Child Needs to Achieve Lifelong Success.* Carol Stream, IL: Tyndale House Publishers.

Christensen, L., et al. 1993. Effect of meal composition on mood. *Behavioral Neuroscience.* 107: 346-353.

Dye, L., et al. 2000. Macronutrients and mental performance. *Nutrition.* 16: 1021-1034.

Editor, 1994. Smart glue: brain research. *The Economist,* octubre 15, pp. 114-115.

Eliot, L. 1999.Ä *What's Going On in There: How the Brain and Mind Develop in the First Five Years.* New York: Bintam Books.

Eysenck, H., et al. 1998. *Know Your Child's IQ.* New York: Penguin.

Friedman, D. 1997. Drumming to the rythmics of life. *U.S. News & World Report,* junio 9, p. 17.

Golinkoff, R. M., et al. 2004. *Einstein Never Used Flashcards.* Emmaus, PA: Rodale Books.

Gordon, N. 2003. Iron deficiency and the intellect. *Brain Development.* 25: 3-8.

Haly, J. M. 2004. *Your Child's Growing Mind: Brain Development and Learning from Birth to Adolescence,* 3a ed. New York: Broadway Books.

International Society of Sport Psychology Position Statement. 1992. Physical activity and psichological benefits. *The Physician and Sportsmedicine*. 20: 179-184.

Kanarek, R. B., et al. 1990. Effects of food snacks on cognitive performance in male college students. *Appetite*. 14: 15-27.

Lawlis, G. F., y G. Palumbo. 2004. *Upping the IQ*. Mindbodyseries.com

Levine, M. 2002. *A Mind at a Time: America's Top Learning Expert Shows How Every Child Can Succeed*. New York: Simon & Schuster.

Lloyd, H. M. 1996. Acute effects on mood and cognitive performance of breakfasts differing in fat and carbohydrate content. *Appetite*. 27: 151-164.

—— 1994. Mood and cognitive performance effects of isocaloric lunches differing in fat and carbohydrate content. *Psychology and Behavior.* 56: 51-57.

Schoenthaler, S. J., et al. 2000. The effect of vitamin-mineral supplementation on the intelligence of American schoolchildren: a randomized, double-blind placebo-controlled trial. *Journal of Alternative and Complementary Medicine*. 6: 31-35.

—— 1991. *Improve Your Child's IQ and Beahvior*. Londres: BBC Books.

—— 1999. Vitamin-mineral intake and intelligence: a macrolevel analysis of randomized controlled trials. *Journal of Alternative and Complementary Medicine*. 5: 125-134.

Scrimshaw, N. S. 1991. Iron deficiency . *Scientific American*, octubre, p. 48.

Sizer, F., y E. Whitney. 1997. *Nutrition concepts and controversies*, 7a ed. Belmont, CA: West/Wadsworth

Snyder, M., et al. 1999. Music therapy. *Annual Review of Nursing Research.* 17: 3 — 25

Stipeck, D. 2001. *Motivated Minds: Raising Children to Love Learning.* Nueva York: Owl Books.

Wesnes, K. A., et al. 2003. Breakfast reduces declines in attention and memory over the morning in school-children. *Appetite.* 41: 329 -331.

Zeisel, S. H. 2000. Choline: needed for normal development of memory. *Journal of the American College of Nutrition* . 19: 528S-531S.

—— 1997. Choline: essential for brain development and function. *Advances in Pediatrics.* 44:263-295.

Capítulo 8: Paternidad con claridad

Egeland, B., et al. 1987. International continuity of abuse. En R. J. Gelles y R. Lancaster (Eds.),

Child Abuse and Neglect: Biosocial Dimensions (pp. 255-276). Nueva York: Aldine de Gruyter.

Capítulo 10: Paternidad con recompensas

Gladding, S. T. 2001.

Family Therapy: History, Theory and Practice, 3era ed. Pearson Education.

Speigler, M. D. y D. C. Geuvremont. 2002. *Contemporary Behavior Therapy*, 4ta. Ed. Wadsworth Publishing.

Capítulo 13: Paternidad con ejemplo

Boszormenyi-Nagi, I. y J. IL. Framo. 1962. Family concept of hospital treatment of schizophrenia. En J. H. Masserman (Ed.), *Current Psychiatric Therapies,* Vol. 2. (pp. 159-166). Nueva York: Grune & Stratton.

Boyle, M. H., et al. 1992. Predicting substance use in late adolescente: results from Ontario Child Study follow-up. *American Journal of Psychiatry.* 149: 761-767.

Goslings, S. D. et al. 2004. Should we trust web-based studies? *American Psychologist.* 59: 93-104.

Speigler, M. D. y D. C. Geuvremont. 2002. *Contemporary Behavior Therapy*, 4ta. Ed. Wadsworth Publishing.

Straus, M. A., y R. J. Gelles. 1988. How violent are American families? Estimates from the National Family Violence Resurvey and other studies. En G. T. Hotaling et al. (Eds.), *Family Abuse and its Consequences: New Directions in Research.* (pp. 14-37). Newbury, CA: Sage.

FUENTES GENERALES DE PATERNIDAD

American Academy of Pediatrics. 1999. *Caring for Your Baby and Young Child: Birth to Age Five.* Nueva York: Bantam.

Brazelton, T. B. 2001.Ä*Touchpoints: Three to Six: Your Child's Emotional and Behavioral Development.* Cambridge, MA: Perseus Publishing.

—— 1992. *Toouchpoints: The Essential Refererence: Your Child's Emotional and Behavioral Development.* Nueva York: Addison-Wesley Publishing Company.

Brazelton, T. B. y J. D. Sparrow. 2003. *The Brazelton Way.* Cambridge, MA: Perseus Publishing.

Chapman, G., y R. Campbell. 1997. *The Five Love Languages of Children.* Chicago: Northfield Publishing.

Clinton, H. R. 1996.Ä*It Takes a Village: And Other Lessons Children Teach Us.*Nueva York: Simon & Schuster.

Covey, S. R. 1997. *The Seven Habits Of Highly Effective Families.* Nueva York: Goleen Books.

Eisenberg, A. 1994. *What to Expect: The Toddler Years.* Nueva York: Workman Publishing.

Eyre, L., y R. Lyre. 2003. *The Book of Nurturing.* Nueva York: McGraw Hill.

Faber, A., y E. Mazlish. 2002. *How to Talk So Kids Will Listen and Listen So Kids Will Talk.* Nueva York: Quill/HarperCollins.

Forehand, R. y N. Long. 2002. *Parenting a Strong-willed Child.* Nueva York: McGraw Hill.

Guthrie, E. y K. Matthews. 2002. *No More Push Parenting: How to Find Success and Balance in a Hypercompetitive World.* Nueva York: Broadway Books.

—— 2002. *The Trouble with Perfect.* Nueva York: Broadway Books.

Latham, G. J. 1994. *The Power of Positive Parenting: A Wonderful Way to Raise Children.* P & T Inc.

Lawis, G. F. 2004. *The ADD Answer.* Nueva York: Viking Press.

MacArthur, J. 2000. *What the Bible says About Parenting: God's Plan for Rearing Your Child.* Nashville, TN: W Publishing Group.

Shaw, R., y S. Wood. 2003. *The Epidemic: The Rot of American Culture, Absentee and Permissive Parenting, and the Resulting Plague of Joyless, Selfish Children.* Nueva York: Regan Books.

Siegel, D. J., y M. Hartzell. 2003. *Parenting From Inside Out: How a Deeper Self-Understanding Can Help You Raise Children Who Thrive.* Nueva York: Penguin Putnam.

Snyderman, N., y P. Street. 2002. *Girl in the Mirror: Mothers and Daughters in the Years of Adolescence.* Nueva York: Hyperion.

DORMIR CON LOS PADRES

Blair, P. S., et al. Babies sleeping with parents: case-control study of factors influencing the risk of sudden infant death syndrome. *British Medical Journal.* 319: 1457-1462.

Crawford, M. 1994. Parenting practices in the Basque country: Implications of infant and childhood sleeping location for personality development. *Ethos* 22: 42-82.

Farooqi, S. 1994. Ethnic differences in infant care practices and in the incidence of sudden infant death syndrome. *Early Human Development.* 38: 215-220.

Forbes, J. F. et al. 1992. The co-sleeping habits of military children. *Military Medicine,* 157:196-200.

Granju, K. A. 1999. *Attachment Parenting: Instinctive Care for Your Baby and Young Child.* Nueva York: Atria Books.

Hauck, F. R. et al. 1998. Bedsharing promotes breastfeeding and AAP Task Force on Infant Positioning and SIDS. *Pediatrics.* 102 Parte 1: 662-664.

Hayes, M. J., et al. 1996. Early Childhood co-sleeping : Parent-child and parent-infant nighttime interactions. *Infant Mental Health Journal.* 17: 348-357.

Heron, P. 1994. Nonreactive Co-sleeping and Child Behavior: Getting a Good Night's Sleep All Night Every Night. Tesis de Maestría, Universidad de Bristol, Bristol, UK.

Lewis, R. J., et al. 1988. The relationship between adult sexual adjustment and childhood experience regarding exposure to nudity, sleeping in the parental bed, and parental attitudes toward sexuality. *Archives of Sexual Behavior.* 17: 349-363.

McKenna, J. J. 1990. Evolution and sudden infant death syndrome: Infant Responsivity to parental contact. *Human Nature.* 1: 145-177. (Encuentre todas las referencias en «http://www.nd.edu/~alfac/mckenna»)

Mitchell, E. A., et al. 1997. Risk factors for sudden infant death syndrome following the prevention campaign in New Zealand: A prospective study. *Pediatrics.* 100: 835-840.

Mosenkis, J. 1998. The Effects of Childhood Co-sleeping on Later Life Development. Tesis de Maestría. Universidad de Chicago. Departamento de Desarrollo Humano.

Mosko, S., et al. 1997. Maternal sleep and arousals during bedsharing with infants. *Sleep.* 20: 142-150.

Nelson, E. A., et al. 1996. Child care practices and cot death in Hong Kong. *New Zealand Medical Journal.* 109: 144-146.

Oppenheim, D. 1998. Perspectives on infant mental health from Israel: The case of changes in collective sleeping on the kibbutz. *Infant Mental Health Journal.* 19: 76-86.

Richard, C., et al. 1998. Apnea and periodic breathing in bed-sharing and solitary sleeping infants."*Journal of Applied Physiology.* 84: 1374-1380.

—— 1996. Sleeping position, orientation and proximity in bedsharing infants and mothers. *Sleep.* 19: 685-690.

Sears, W. 1995 *SIDS: A Parent's Guide to Understanding and Preventing Sudden Infant Death Syndrome.* Nueva York: Little, Browm & Co.

Sears, W., y M. Sears. 2001. *The Attachment Parenting Book.* Nueva York: Little, Brown & Co.

Skragg, R. K., et al. 1996. Infant room-sharing and prone sleep position in sudden infant death síndrome. New Zealand Cot Death Study Group. *The Lancet* 347: 7-12.

Thevenin, T. 1987. *The Family Bed.* Nueva York: Perigee Books.

INVESTIGACIÓN ACERCA DE DAR NALGADAS

Bean, A. W., et al. 1981. The effect of time-out release contingencies on changes in child noncompliance. *Journal of Abnormal Child Psychology* 9: 95-105.

Bernal, M. E., et al. 1968. Behavior modification and the brat syndrome. *Journal of Consulting and Clinical Psychology.* 32: 447-455.

Day, D. E., et al. 1983. An analysis of the Physical punishment component of a parent training program. *Journal of Abnormal Child Psychology.* 11: 141-152.

Larzelere, R. E. 2001. Combining love and limits in authoritative parenting. En J. C. Westman, *Parenthood in America.* (pp. 81-89). Madison: University of Wisconsin Press.

—— Child outcomes of nonabusive and customary physical punishment by parents: An updated literature review. *Clinical Child and Family Psychology Review.*3: 199-221.

Larzerele, R. E., et al. 1998. Punishment enhances reasoning's effectiveness as a disciplinary response to toddlers. *Journal of Marriage and the Family.* 60: 388-403.

—— 1996. The Effects of discipline responses in delaying toddler misbehavior recurrences. *Child & Family Behavior Therapy.* 18: 35-57.

LaVoie, J. C. 1973. Punishment and adolescent self-control. *Developmental Psychology.* 8: 16-24.

McCord, J. 1988 Parental behavior in the cycle of agresión. *Psychiatry.* 51: 14-23.

Roberts, M. W., et al. 1990. Adjusting chair timeout enforcement procedures for oppositional children. *Behavior Therapy.* 21: 257-271.

—— 1988. Enforcing chair timeouts with room timeouts en. *Behavior Modification.* 12: 353-370.

—— 1982. Resistance to timeout: Some normative data. *Behavioral Assessment.* 4: 239-248.

Sears, R. R. 1961. Relation of early socialization experiences to aggression in middle childhood. *Journal of Abnormal and Social Psychology.* 63: 466-492.

Straus, M. A., y V. A. Mouradian. 1998. Impulsive corporal punishment by mothers and antisocial behavior and impulsiveness of children. *Behavioral Sciences and the Law.* 16: 353-374.

Yarrow, M. R., et al. 1968. *Child Rearing: An Inquiry into Research and Methods.* San Francisco: Jossey-Bass.

Fuentes en favor de las nalgadas

«http://www.geocities.com/spankwithlove3/»

¿Dar o no dar nalgadas?

«http://www.rtnfc.org/fs/fs0072.html»

«http://www.religioustolerance.org/spanking.htm»

C. I. Scofield, *Scofield Reference Bible,* nueva edición mejorada, p.672.

R. C. Dentan, "The Proverbs", en C. M. Layon, 1991. *The Interpreter's One-Volume Commentary on the Bible,* Abingdon Press, p.304.

El Consejo de Investigación de la Familia, una organización Cristiana fundamentalista tiene un artículo "Spare the Rod? New Research Challenges Spanking Critics" en «http://www.frc.org/frc/fampol/fp96ipa.html». Tienen material disponible en éste y otros asuntos sociales escritos desde la perspectiva fundamentalista cristiana. Su dirección es 801 G Street NW, Washington, DC 20001. número gratuito 1-800-225-4008.

La Fundación de la Familia Cristiana tiene una sección en su sitio web dedicada a este tema:

http://www.family.2b4.com/children/100Children.htm
http://www.family.2b4.com.letters/Q&A-hm.htm»

y «http://www.family.2b4.com/chidren/TheRod.htm»

Mack y Brenda Timberlake, "The Spanking Dilemma", en
«http://www.strang.com/cm/stories/ct197111.htm»

Servicio de Noticias Bautistas Fundamental, "Study Says
Spanking Is Destructive" en:

«http://www.wayoflife.org/~dcloud/fbns/study.htm»

Mark Benedict, "Ann Landers Advises Against Spanking,
But What Does God's Word Teach", en:

«http://www.family.2b4.com/children/ann-land.htm»

Red de Respuestas Cristianas, "When Is a Child Old Enough
to Be Spanked and How Should It Be Done?" en:

«http://www.christiananswers.net/q-flc/flc-f001.html»

Está en la Biblia, "Child Training/Parenting" en:

http://www.wolfe.net/-bibline/info/childtraining.html

Murray Straus, "Demystifying the Defenses of Corporal
Punishment" en:

«http://pubpages.unh.edu/~mas2/CP64E.pdf» Se
requiere de un software especial para leer estos archivos.
Se puede obtener sin costo en: http://www.adobe.com

James Dobson, 2002. *Complete Marriage and Family
Reference Guide.* Carol Stream, IL: Tyndale House
Publishers, pp. 114-115.